historias de developers

Un libro para developers y sus jefes

Publicado por Lulu.com

ISBN: 978-1-4466-2883-6

licencia

créditos

Coordinación:

Alberto de Vega Luna y Rafael de las Heras del Dedo

Autores:

*Carlos Domingo Soriano • Josep Lluis Jiménez Castelltort • Juan Lambea Rueda
Diego González Martínez • Rafael Pellón Gomez-Calcerrada
Jesús Gumiel Ramírez • Alberto de Vega Luna • Jesús Manuel González Espinilla
Stefano Marinelli • Daniel Micol Ponce • Sebastián Ortega Torres
Miguel Ángel Santiago Cabello • Juan de Bravo Díez • Jonatan Tierno Alvite
Eduardo Alonso García • Raúl Cumplido Domínguez • Marina Serrano Montes
Rafael de las Heras del Dedo • Toni Cebrián Chuliá • Fernando Navarro Gil
Francisco Jesús Gómez Rodríguez • Joaquín Guanter Gonzálbez
Roberto Pérez Cubero • Juan Roldán Parra • Germán Toro del Valle
Fernando Rodríguez Sela • Guillermo López Leal
Rubén González Blanco • Salvador de la Puente González • Cristina Santa Cecilia*

Portada, comics y diseño gráfico:

Cristina Santa Cecilia

Maquetación:

Alberto de Vega Luna

Tag Clouds generadas con Tagul.com

aviso

Todos los que aquí escribimos somos empleados de Telefónica I+D. Los artículos que puedes encontrar en este libro no deben tenerse en cuenta como la voz oficial de Telefónica. No obstante, el lector debe conocer nuestra vinculación laboral con Telefónica a la hora de juzgar la imparcialidad de nuestros contenidos.

índice

prólogo

por Carlos Domingo

En estos momentos en el mundo estamos ante una transformación tecnológica que solo tiene antecedentes en la revolución industrial del siglo XIX. En los últimos diez años hemos visto cómo finalmente Internet y, más recientemente, los teléfonos inteligentes han revolucionado todos los aspectos de nuestras vidas y de nuestra forma de trabajar, desde cómo hacemos una reserva de hotel o de un vuelo a cómo pedimos un taxi desde un *smartphone* viendo en tiempo real en un mapa dónde está y cuándo va a llegar a donde estamos. Productos que hasta ahora no han cambiado de forma sustancial en los últimos años como los mapas, los libros, los monederos, los coches o las gafas, están siendo reinventados y transformados en esta nueva era digital. Y debajo de toda esta revolución está el *software*. Y las empresas que sobrevivan y se reinventen para triunfar en este mundo digital al que nos estamos dirigiendo serán las empresas que entiendan y dominen el software. Como decían recientemente en un artículo en Forbes, hoy en día todo el mundo es una compañía de software y eso fue algo que entendimos en su momento y que nos pusimos a ejecutar para completar esa transformación.

Cuando llegué al centro de Barcelona de Telefonica I+D en 2006 recién contratado, había un término comúnmente usado en la compañía que yo desconocía y que me costó un poco entender. Era el llamado "apalancamiento". Ese término se refería a cuántos desarrolladores de software tenías subcontratados por cada empleado propio de la compañía. Como los subcontratados eran "más baratos", pues las propias finanzas de la empresa te forzaban a tener cierto nivel de apalancamiento en tu presupuesto anual para poder llevar a cabo los proyectos sin salirte del mismo. Y esos niveles de apalancamiento eran del orden de 1 a 6, es decir, había 6 desarrolladores subcontratados por cada empleado propio. En resumen: el desarrollo de software no se veía como una actividad *core* y se subcontrataba de forma masiva, intentando además hacerlo lo más barato posible. Para colmo, el laboratorio de Barcelona de Telefónica I+D para el cual yo había sido contratado como director estaba siendo usado como piloto para certificación de CMMI2[1]. Y, finalmente, en Telefónica I+D no existía una carrera profesional técnica (en contra de lo que el nombre de la empresa pudiera indicar) y solo una de gestión, con lo que los mejores

---

[1] http://es.wikipedia.org/wiki/Capability_Maturity_Model_Integration

perfiles técnicos y de desarrollo acababan pasándose a tareas de gestión para poder promocionar y progresar profesionalmente en la empresa.

El trabajo para el que había sido contratado consistía, en términos generales, en crear servicios innovadores más allá de la conectividad, con foco en servicios de Internet y multimedia, algo que empezó con el germen del centro de Barcelona de Telefonica I+D. En aquella época había unas 40 personas dedicadas a estos temas y durante los años hemos ido haciendo crecer esta actividad hasta dar lugar a la unidad de desarrollo de producto e innovación de Telefonica Digital de hoy en día donde tenemos más de 1.000 profesionales en 5 centros en España así como centros en Israel, Reino Unido, Brasil y California. Como os podéis imaginar, innovar en ese tipo de servicios (fundamentalmente servicios basados en software) sin tener tus propios desarrolladores y con metodologías *waterfall* como CMMI2 iba a ser algo muy complicado así que lo prioritario era cambiar la forma de trabajar, la metodología, los perfiles, crear una nueva carrera profesional para ellos, etc.

Así que mi equipo y yo nos pusimos manos a la obra con esta tarea. Durante estos años, hemos ido contratando más desarrolladores de software y formando a los que ya teníamos, cambiando la metodología para abandonar el CMMI2 y pasarnos a metodologías ágiles (*Scrum* en concreto) así como reforzar las otras disciplinas complementarias e igualmente necesarias para llevar a cabo el desarrollo de software con éxito como el grupo de experiencia de usuario, el departamento de QA, etc. Por otro lado, en 2007 Telefonica I+D creó una carrera técnica para dar oportunidades de promoción profesional y reconocimiento a los perfiles técnicos y de desarrollo que no querían convertirse en gestores.

Y así es cómo nos convertimos en una empresa de software *de verdad.* El resto es historia y desde entonces la transformación de la compañía ha sido increíble y este libro es un testimonio de esa transformación. En él, podéis leer las historias de los *developers* de Telefonica I+D donde a día de hoy podemos decir que la cultura del desarrollo de software ya forma parte de la cultura central de la compañía. Es un libro para developers escrito por developers donde se tratan todo tipo de temas, desde algunos más técnicos como el uso de APIs en REST a otros más culturales como el evitar la sobreingeniería o mejorar la comunicación, pasando por temas de rabiosa actualidad empresarial como la historia de Android, las nuevas tecnologías de bases de datos no relacionales o el trabajo que estamos desarrollando conjuntamente con Mozilla sobre Firefox OS.

Espero que lo disfrutéis tanto como lo he hecho yo.

 Carlos Domingo (Barcelona, 1971) es director de desarrollo de productos e Innovación, así como miembro del consejo de Telefónica Digital y presidente y consejero delegado de Telefónica Investigación y Desarrollo. Es además miembro de los consejos de administración de Jajah, Tuenti y TokBox. Doctorado en Ingeniería Informática por la UPC, y Máster en Ingeniería Informática por el Tokyo Institute of Technology, ha cursado también estudios de postgrado en dirección de empresas en la Stanford Graduate School of Business.
Durante el poco tiempo libre del que dispone, es un mentor de startups y ángel inversor en más de 10 startups de tecnología.

sobreingeniería, el enemigo en casa

por Josep Lluis Jiménez Castelltort

La sobreingeniería y sus consecuencias

La *sobreingeniería* es la consecuencia de desarrollar intentando dar solución a funcionalidades futuras. Pasa en las mejores familias. ¿A quién no le ha ocurrido esto alguna vez? A mí personalmente, unas cuantas.

La experiencia nos dice que los requisitos de un proyecto suelen cambiar y esa es una realidad que hemos de asumir desde el inicio del desarrollo. Los cambios realizados durante la fase de desarrollo implican modificar, adaptar o incluso desechar partes del código implementado. Por lo tanto, desarrollar teniendo en cuenta tanto el espacio –contexto concreto– como el tiempo –pensar demasiado en el futuro- no parece una buena idea.

Imaginemos que estamos desarrollando un componente propio para nuestra aplicación, una librería *open source* o un *plugin* para nuestro *framework* favorito. En estos casos, solemos implementar funcionalidad extra porque creemos que nos será útil más adelante. Todo un clásico en el mundo software.

El resultado final es la acumulación de fragmentos de código que nunca van a ser usados. Estamos engordando el número de líneas y dificultando la legibilidad. Esto es nefasto a nivel individual y mucho más a nivel de equipo.

Recapitulando, estas son las consecuencias de aplicar sobreingeniería en nuestro diseño software:

1. Mayor coste de tiempo (en su implementación) y en consecuencia, de presupuesto
2. Aumento de la complejidad del código haciéndolo menos legible y menos mantenible
3. Peor rendimiento de la aplicación (dependiendo de la complejidad añadida)
4. Aumento del riesgo a tener nuevos *bugs* ya que hay funcionalidad que nunca se prueba

Suena bastante mal, ¿verdad? ¿Cómo podemos protegernos de los cambios sin caer en las garras de la sobreingeniería?

Alternativas para protegernos de los cambios

En esta sección vamos a ver una serie de principios y buenas prácticas que nos ayudarán a desarrollar un código más "a prueba de cambios".

Empecemos viendo un par de técnicas para mejorar nuestra comunicación e interacción con el personal (cliente) que se encarga de definir los requisitos.

El método MoSCoW (Must, Should, Could, Won't)

Se aplica antes de iniciar la fase de desarrollo y sirve para priorizar los requisitos de las entregas en 4 niveles:

1. Mínimos para considerar la entrega completada (*Must*)
2. Importantes pero negociables (*Should*)
3. Deseables pero no prioritarios (*Could*)
4. Descartados para esta entrega (*Won't*)

Con este método se fija el alcance del producto a priori y así se evitan malentendidos en el momento de la entrega. Además, el cumplimiento de los tres primeros puntos nos puede servir para cuantificar el éxito del entregable.

La filosofía RERO (Release Early, Release Often)

Esta filosofía apuesta por una política de despliegues muy frecuentes para poder recibir *feedback* del usuario o cliente lo antes posible.

Esta forma de trabajar suele utilizarse en entornos cerrados donde el acceso está restringido a los desarrolladores, el equipo de pruebas y algunos usuarios finales, pero algunas veces, sobretodo en *startups*, también se usa en entornos de producción.

La finalidad de esta metodología es no desviarnos de lo que el cliente realmente quiere. Al tener un entorno siempre actualizado con los últimos cambios, éste tiene la oportunidad de supervisar los avances y detectar cualquier desviación en la entrega.

La experiencia nos demuestra que seguir estas técnicas se acaba traduciendo en una clara mejora en la relación desarrollo - producto que acaba resultando beneficiosa para ambas partes.

Una vez cubiertos los requisitos, veamos cómo mejorar nuestras habilidades de programación a través de tres de los principios más populares del mundo del desarrollo:

DRY	**D**on't **R**epeat **Y**ourself: No repitas código, abstráelo y reúsalo.
KISS	**K**eep **I**t **S**imple, **S**tupid!: Mantén tu código simple y evita complejidad innecesaria.
YAGNI	**Y**ou **A**in't **G**onna **N**eed **I**t: No añadas ninguna funcionalidad que no vayas a usar.

Pueden sonar triviales pero aplicarlos en el día a día no es tan sencillo como parece. Las fechas de entrega juegan en nuestra contra y su aplicación suele posponerse a la fase de *refactor*, una de las más importantes del ciclo de desarrollo.

Veamos una serie de consejos prácticos para cumplir estos principios en la siguiente tabla.

DRY	Usa patrones de diseño software, en especial los estructurales como por ejemplo el adaptador (*Adapter*), el objeto compuesto (*Composite*) o el envoltorio (*Decorator*).
KISS	Evita el *spaghetti code*[2] dividiendo las funciones enormes en subfunciones y minimiza las dependencias siempre que puedas.
YAGNI	Escribe las pruebas primero (*Test First Development*) y desarrolla el código después. Esta práctica se conoce como *Test-Driven Development (TDD)*[3].

---

[2] Código spaghetti: http://es.wikipedia.org/wiki/C%C3%B3digo_spaghetti
[3] http://es.wikipedia.org/wiki/Desarrollo_guiado_por_pruebas

Para terminar, no podemos olvidarnos del anti-patrón RSW (*Reinventing the square wheel*).

Este se cumple cuando desarrollamos una funcionalidad que ya nos proporciona una solución existente (reinventar la rueda) y obtenemos un resultado peor (rueda cuadrada).

Tal y como hemos visto en el principio DRY, es muy importante no repetir nuestro código, y como acabamos de ver, es igual de importante no repetir el de los demás. Reutilizar código de fuentes fiables suele ahorrarnos mucho tiempo y un buen número de bugs.

En definitiva, reinventemos la rueda cuando las soluciones existentes no satisfagan nuestras necesidades o cuando queramos aprender más sobre ruedas.

Conclusiones

El propósito de este artículo es analizar la sobreingeniería, uno de los problemas que surgen durante la fase de desarrollo de cualquier proyecto software, y buscar alternativas para evitarla o minimizar al máximo su impacto.

Para entender mejor la sobreingeniería hemos visto las consecuencias de aplicarla y se han expuesto varias propuestas para evitarla en dos ámbitos distintos: comunicación y programación.

Existen más propuestas al respecto e incluso algunas que contradicen a las expuestas. No hay que olvidar que el desarrollo software no es una ciencia exacta y como sucede en otros sectores, como la economía o la medicina, no todos los expertos se ponen de acuerdo en cuál es la mejor forma de afrontar los problemas más comunes.

 Pepe (Barcelona, 1984) es desarrollador en Telefónica I+D. En su corta vida profesional ha programado, diseñado, maquetado, flirteado con arquitecturas varias e incluso ha intentado emprender montando Buscopista, una startup relacionada con el mundo del deporte. Entusiasta del código abierto y del trabajo cooperativo, colabora en proyectos sin ánimo de lucro en su tiempo libre.

la creatividad en el diseño y desarrollo de software

por Juan Lambea Rueda

¿Qué es la creatividad?

La creatividad según la Real Academia Española de la lengua4, es la facultad de crear o capacidad de creación. Así que como esto no nos dice mucho, veamos qué significa el verbo crear (proviene del latín *creāre*) según la misma fuente:

1. Producir algo de la nada
2. Establecer, fundar, introducir por vez primera algo; hacerlo nacer o darle vida, en sentido figurado. Crear una industria, un género literario, un sistema filosófico, un orden político, necesidades, derechos, abusos.

Esta definición ya sí que nos ofrece un detalle aplicable 100% a nuestra profesión de desarrollo de software. Cualquier ingeniería otorga al estudiante unos mínimos conocimientos y capacidades para resolver problemas, además de ofrecer las herramientas básicas para que se ejecute la implementación de un proceso creativo. Porque el desarrollo de software es algo muy creativo y debemos convencernos de ello.

Realmente esto enlaza directamente con lo que llamamos innovación y aquí está una de las claves de la creatividad. Puede haber muchas ideas, productos, servicios, programas o aplicaciones nuevas pero pocas de ellas pueden ser innovadores. Por otro lado, a veces pasa lo contrario y es que realmente la innovación no se encuentra en la creación en sí, sino en la ejecución, implementación y desarrollo de algo ya conocido o implementado por otro. En este último caso se puede ofrecer un valor añadido difícil de superar en el mercado aplicando la excelencia en la implementación en algún aspecto realmente diferencial. Un ejemplo de sobra conocido son los productos de Apple, ensalzados por unos y criticados por otros: en muchos casos la creatividad e innovación que aportan es básicamente, la excelente implementación de un valor añadido que es clave: la experiencia de usuario.

---

4 http://www.rae.es/

El proceso creativo de un producto

Hoy en día se producen muchísimos avances a diario y se innova constantemente. Parece que es muy difícil encontrar una idea para un producto que realmente sea innovador, pero tampoco hay que encontrarse frustrado. Muchas veces la innovación proviene de enlazar creaciones e ideas existentes que aportan un valor y aplicación nuevos al encontrarse juntas. Hay que resaltar que no estamos hablando de copiar productos o servicios que ya existan en el mercado sino de enlazar conceptos o productos que, al estar integrados, aportan un novedoso valor añadido. Así pues, no es cuestión de encontrar "la idea feliz" sino más bien de tener un conocimiento previo de otros productos o servicios novedosos que existan en el mercado y que juntándolos creen algo nuevo y revolucionario.

Como vemos, la estrategia a medio o largo plazo consta de un trabajo de fondo de investigación y conocimiento de los productos que hay en el mercado, aunque obviamente hay chispas de creatividad que acaban en el lanzamiento de productos totalmente disruptivos y novedosos.

Diseño del software y creatividad

En el diseño de la arquitectura de los sistemas a alto nivel siempre hay que tener en cuenta el estudio previo de soluciones exitosas que se han aplicado con anterioridad. Es decir, antes de poder innovar y ser creativos en aspectos de diseño tiene que existir un estudio previo de otras arquitecturas que hayan funcionado no solo sobre el papel (por ejemplo, patrones de diseño). Como se dice mucho en el mundo del desarrollo "hacer cajas es muy fácil".

Desde mi punto de vista es muy importante que las personas encargadas de realizar los diseños hayan experimentado el esfuerzo del desarrollo software para tener conciencia de las implicaciones en cambios de diseño y esa experiencia debe haber sido real, con productos que han estado en producción en los que hayan surgido problemas reales, urgencias, cambios de requisitos, etc.

Todos tendemos a olvidar el esfuerzo necesario para realizar trabajos pasados y esta experiencia ayuda a recordar que las elecciones en el diseño pueden tener consecuencias de peso en nuestros productos. Además, estas elecciones permiten tomar conciencia de la deuda técnica en la que se suele incurrir al diseñar y no implementar ciertas características técnicas necesarias en nuestros productos. Características que por cuestiones de priorización a veces se relegan a un segundo o tercer plano y no se implementan. Esto es un riesgo real que aumenta con el tiempo y crecimiento del producto y nueva funcionalidad.

Por otro lado, a nivel de diseño de software, constantemente hay nuevas tendencias y un error muy común por querer construir algo novedoso a nivel técnico es el adoptar para todo las tecnologías que están en boga en un momento determinado. La creatividad en el diseño de software tiene que ir de la mano de los requisitos del producto. Es decir, podemos pensar en un diseño muy creativo y novedoso pero no olvidar ciertas restricciones en relación a la implementación del producto que invalidan dicha solución en un momento dado.

Un ejemplo muy claro es la necesidad de tener en cuenta la variable tiempo. Habitualmente el éxito en el lanzamiento de un producto depende entre otros factores del momento de oportunidad. La ventana de oportunidad en el tiempo es crucial y está marcada por nuestros compañeros de marketing y negocio, cuyo conocimiento debe estar compartido con el equipo técnico para que todos los implicados en la construcción del producto tengan conciencia del *time to market* (el tiempo que se tarda en llegar al mercado).

También para ser creativo en relación al diseño creo importante lo que comúnmente se llama tener la mente abierta. Parece algo obvio, pero con el trabajo diario, tendemos a especializarnos y profundizar en tecnologías y en diseños, de forma que retrasamos los cambios sin poder evitarlo.

De alguna forma hay que abstraerse de nuestra experiencia pasada y pensar en cómo podríamos resolver esos mismos problemas cambiando el foco. Esto no quiere decir que siempre sea necesario realizar cambios en el diseño para cosas que funcionan demostradamente. Pero en cualquier caso ese ejercicio de análisis cambiando el foco es muy valioso pues puede aportarnos puntos de vista que anteriormente no habíamos tenido en cuenta. Como decía Albert Einstein: "Si quieres resultados distintos, no hagas siempre lo mismo".

Actualmente está en auge en psicología lo que se conoce como *PNL* (programación neuro-lingüística). Básicamente permite reeducar ciertos comportamientos no muy asertivos para cambiar y obtener mejores resultados a todos los niveles. Relacionado con estos temas recuerdo hace unos años el libro *Quién se ha llevado mi queso* que permite extraer conclusiones sobre cómo enfrentarnos al cambio constante y lo que aporta tener esa predisposición al mismo (ya que la vida es un cambio constante).

Desarrollo e implementación de software, creatividad y realidad

En relación a la implementación de software, generalmente aplica lo comentado a nivel de diseño anteriormente. Podemos ser muy creativos definiendo una arquitectura de clases con un diseño magnífico, que sea muy académico, organizado, ordenado e incluso elegante. Pero si al hacer unas pruebas de prestaciones no cumplimos los requisitos del producto por haber demasiadas capas de clases o no estar lo suficientemente optimizado de cara al rendimiento que debe ofrecer, no nos sirve de nada. O por ejemplo utilizar una base de datos no SQL (que no soporte ACID) para almacenar transacciones económicas y tener un problema en producción y perder el registro de dichas transacciones económicas por falta de transaccionalidad, integridad, etc (con el problema que esto implica). Hay que tener en cuenta el contexto y contorno de cada componente a desarrollar dentro del producto y negocio en el que se encuentra así como la naturaleza de los datos que se manejan.

Enlazando estas dos últimas secciones, diseño e implementación creativa de software, se puede aplicar el mismo principio o recomendación siguiente: Si realmente crees que una tecnología o implementación novedosa puede ser exitosa, antes de ponerte manos a la obra estudia, sopesa ventajas e inconvenientes y reserva un tiempo extra. Ese tiempo extra hay que contemplarlo en muchos aspectos que no suelen ser despreciables en absoluto: nueva tecnología en la que no tenemos experiencia, un posible cambio de paradigma y un tiempo mínimo de adaptación (desde el más alto nivel hasta el más bajo técnicamente hablando), así como un tiempo extra final de validación de tu nueva solución e implementación.

Es decir, antes de llevar a la práctica dicha implementación habla con tu equipo y con tus responsables para que se gestione la incertidumbre de tu apuesta. El equipo ha de ser consciente que es necesario hacer un especial hincapié en el chequeo de la calidad de software y de pruebas de prestaciones. Realmente se trata de un último paso forzoso de validación de cara a realizar una serie de pruebas que garanticen el resultado y el éxito del componente dentro del producto.

Por último, resaltar que la toma de conciencia creativa en todos los aspectos de un producto, desde su concepción hasta su implementación tiene mucha importancia. La implementación a veces despreciada, muchas veces es más creativa y constructiva que la propia definición del producto. Todos sabemos que a veces llegan requisitos indefinidos al equipo de desarrollo. Por tanto, el desarrollador en este caso, conociendo las tripas del producto se pone en el rol del creador del producto para concretar ese requisito. Se trata de una mezcla entre dar la mejor solución técnica proporcionando una creatividad extra para contemplar además de los requisitos funcionales los requisitos técnicos. Así que es un trabajo complejo que requiere un esfuerzo intelectual muy importante.

Por este motivo se entiende que los programadores rehúyen las reuniones, evitan las interrupciones y necesitan mucha concentración para su trabajo. La pérdida de esa concentración implica perder y olvidar cosas que tienen en la cabeza y que pueden tener impacto en la implementación. La tendencia actual de trabajar en espacios abiertos para este tipo de tareas tan intensas - intelectualmente hablando - desde luego que no son un beneficio para el desarrollador en este aspecto y es algo que debe considerarse con la perspectiva adecuada.

 Juan Lambea (Madrid, 1972) es *Solution Architect* en Telefónica I+D. Inició su profesión realizando programación en diversos lenguajes así como otras labores junto al desarrollo de software: definición de arquitecturas e interfaces, gestión de ofertas, gestión de equipos, consultorías, investigación tanto en proyectos internos de Telefónica como en proyectos internacionales europeos, desde prototipos y pruebas de concepto hasta puesta en producción y soporte. También ha participado como coautor en la escritura de varios capítulos del libro *Service Level Agreements for Cloud Computing* (Springer ISBN: 978-1-4614-1613-5[5]).

---

[5] http://link.springer.com/book/10.1007/978-1-4614-1614-2/page/1

mejores prácticas en APIs en REST: uso pragmático

por Diego González Martínez

Conceptos de REST: lo que todos sabemos y alguna cosa mas

REST (*Representational State Transfer*[6]) no es un protocolo, sino unos principios de arquitectura, un estilo y unos patrones de diseño para la descripción de interfaces web. No hay unas normas completamente cerradas, sino una serie de guías que, si se siguen, permiten obtener interfaces o APIs RESTful. O RESTlike, si aplican las guías con algo de imaginación y flexibilidad cuando REST no encaja como un guante al API que se necesita implementar.

Los conceptos básicos de REST son los siguientes:

- Lo principal son los recursos. Un recurso es igual a una URI. La URI indica donde está el recurso, por ejemplo un libro en una biblioteca:

  `http://mibiblioteca.com/biblioapi/v1/libros/libro1234`

- De forma general, una URI puede identificar a dos tipos de recursos: una colección o un recurso individual. Una colección es simplemente una agrupación de recursos del mismo tipo.
- Las colecciones se deben nombrar en plural y con nombrados concretos. Además deben usarse nombres, puesto que el verbo lo define el método HTTP[7]. Los recursos individuales tienen su propio identificador, que debe ser único dentro de la colección. Así, el identificador del recurso sirve como indexador en la colección.
- Como hemos dicho, los métodos HTTP sirven para realizar operaciones sobre las colecciones y recursos. Los métodos HTTP nos permiten operaciones *CRUD*: *Create, Retrieve, Update y Delete*. POST para Crear, GET para Obtener, PUT para actualizar y DELETE para borrar. Esto de forma básica, pero siempre hay matices: ¿qué ocurre si se intenta POST sobre un recurso que ya existe? ¿cómo puedo actualizar solo algunos atributos de un recurso? ¿y borrarlos? ¿debo permitir todas las combinaciones? Estos matices

---

[6] Representational State Transfer (REST),
http://www.ics.uci.edu/~fielding/pubs/dissertation/rest_arch_style.htm
[7] RFC 2616: "Hypertext Transfer Protocol -- HTTP/1.1",
http://www.ietf.org/rfc/rfc2616.txt

y su solución los veremos posteriormente desde un punto de vista pragmático.

Analizando temas algo más avanzados, surgen aspectos como:

- Manejo de errores, que es un tema fundamental para obtener un buen API. En REST lo fundamental es utilizar los códigos de error HTTP: *400 Bad Request* si la petición es sintácticamente invalida, *401 Unauthorized* para problemas de autenticación, *403 Forbidden* para problemas de autorización o limitación por políticas, *404 Not Found* si se intenta acceder a un recurso que no existe (o que se quiere ocultar), *5xx* cuando hay algún problema en el servidor. Otros códigos se pueden usar, pero no es recomendable usar todos, sino aquellos cuyo uso está más extendido. Para complementar al código HTTP es muy útil incluir un *body* HTTP con un formato definido que incluya por ejemplo el código del error (útil para la máquina), un texto descriptivo (para el humano) y una URL donde obtener más información del error. Por ejemplo:

```
HTTP 403 Forbidden

Content-Type: application/json

{ "errorId": "SVC1000",

"errorInfo": "Falta parámetro obligatorio: autor",

"masInfo":
http://mibiblioteca.com/biblioapi/v1/utils/error/svc1000 }
```

- Filtrados y búsquedas, útiles para obtener recursos de una colección que cumplan ciertos criterios y para obtener solo los atributos de los recursos que se requieran. Tanto los filtrados como las búsquedas, así como la paginación, se consiguen a través de *query strings* o *query parameters*. Hay diferentes formas de conseguirlo; las siguientes son formas sencillas y útiles:
  - o Para obtener solo los atributos requeridos de un recurso, basta con incluir el *query* `?fields=param1,param2,param3`
  - o Para obtener solo los recursos que cumplan uno o varios criterios, basta con incluir el criterio como *query:* `?crit1=2&crit2=3,4`. Diferentes valores y criterios pueden combinarse para obtener lógica AND y OR.

o   Para paginar, usando dos *query parameters* se puede hacer todo. Con un parámetro *offset* se indica el desplazamiento en el listado de recursos y con un parámetro *limit* se indica el número máximo de resultados deseados.

• Un aspecto fundamental para el mantenimiento y evolución de un API es el **versionado**. Existen muchas estrategias, pero una sencilla y recomendable es incluir el número de versión del API en la propia URL, justo después del nombre del API. Cuando se hagan cambios compatibles hacia atrás no se evoluciona la versión en la URL, solo cuando se haga un cambio que haga incompatible la nueva versión con la antigua. Existen métodos probablemente más ortodoxos y potentes como utilizar las cabeceras HTTP para señalizar la versión del recurso y las versiones soportadas. Estos métodos también son más complicados, y en un API REST la sencillez y usabilidad es pieza clave.

• Otro aspecto interesante es, ¿cómo indicar la **URL de un recurso cuando éste es creado**? Dos son las principales técnicas: una es incluir una cabecera *HTTP Location* en la respuesta a la petición de creación del recurso. En la cabecera se incluye la URL donde se ha creado el recurso. Otra es incluir en la respuesta la representación del recurso creado, que incluirá entre sus atributos el identificador del recurso. O, de forma alternativa, devolver solo el identificador del recurso en vez de su representación completa. Una práctica recomendable es incluir tanto la cabecera Location como el identificador del recurso en el body HTTP; así se consigue de forma sencilla una solución válida para distintos clientes, los que quieran hacer uso de cabeceras HTTP y los que no.

• Formatos y representaciones. El formato que mejor encaja en un **API REST es JSON**[8], así que en general elígelo como formato de representación de tus recursos. También puedes hacer un API REST representando los recursos en **XML**[9], y puedes asociar un esquema que defina el XML para definir el tipo de tus recursos y sus atributos. Es posible que quieras ofrecer ambas representaciones, en cuyo caso tienes que tener unas reglas claras para la transformación entre formatos, lo cual puede no ser obvio salvo que fijes algunas reglas como no usar atributos en XML.

---

[8] JavaScript Object Notation (JSON), http://www.json.org/
[9] Extensible Markup Language (XML), http://www.w3.org/XML/

- Por último, usar **URLs sencillas y entendibles** es fundamental. Recopilando los conceptos tratados en puntos anteriores, se obtiene el siguiente esquema:

```
https://host:puerto/nombre/{version}/coleccion/{Id}?quer
ies
```

  o nombre: sitúa aquí el nombre del API.
  o {version}: variable para indicar la versión del API, con las normas comentadas anteriormente.
  o colección: nombre en plural para indicar el nombre de la colección. Por ejemplo 'libros'. Puede añadirse jerarquía adicional como colecciones de colecciones. Pero conviene no abusar de la jerarquía, pues complica el entendimiento del API.
  o {id}: Variable con el identificador del recurso, que lo indexa dentro de la colección.
  o queries: para filtrar o buscar (en GETs y DELETEs), paginar, etc. Las queries pueden situarse también detrás del nombre de la colección, cuando definen escenarios aplicables a la colección.

Uso pragmático de REST: Situaciones y soluciones

Las bases de REST son sencillas y claras, pero no siempre es obvio aplicarlas. Diferentes escenarios o casos de uso requieren un uso imaginativo de REST. No siempre se pueden aplicar las reglas a rajatabla, pero la solución no es ni optar por soluciones no-REST ni obviar los principios de REST. La solución es el REST pragmático. Los siguientes son casos que pueden ocurrir a la hora de diseñar un API y sus soluciones, a veces obvias y a veces pragmáticas:

Restringir y elegir. No se debe permitir todo

Aplicar CRUD sin contemplaciones puede suponer algunos problemas. No hay que permitir CRUD totalmente, si alguna operación no tiene sentido en tu API, simplemente restríngela. Tu API no será menos REST porque no permita todas las operaciones CRUD.

Algunos escenarios no encajan como recursos, ¿qué hacer?

No intentes ser pragmático nada más empezar, piensa bien tus recursos tratando de ser RESTful. Si aun así sigue alguno de los escenarios sin encajar como un recurso, diferéncialo claramente. ¿Cómo? Pon un verbo en tu URL e indica lo que hace esa URL. Sí, así estarás rompiendo los principios de REST, pero estarás siendo coherente puesto que no es posible modelar en un recurso tu escenario. A esto lo podemos llamar "atajos de funcionalidad" y algunos casos típicos son cálculos, conversiones o traducciones. Por ejemplo:

```
http://miapi.com/diccionario/v1/traducir?texto=hola&de=ESP&
a=ING
```

¿Has aplicado un atajo? Lo has pensado bien, ¿no? Una cosa es ser pragmático y otra es hacer trampas…

Crear un recurso 'eligiendo su identificador' frente a 'el servidor elige el identificador':

Generalmente un recurso se crea con POST hacia la URI de la colección. El servidor del API devolverá el identificador del recurso en una cabecera HTTP *Location* o en el *body* de la respuesta *201 Created*, o en ambos.

Pero algunos APIs requieren que el cliente que envía la petición elija el identificador que indexa al recurso dentro de la colección. En este caso en vez de usar POST simplemente se usa PUT y en vez de enviarlo a la URI de la colección se envía a la URI del recurso a crear, poniendo el identificador tras el nombre de la colección.

No estamos inventando nada, ¡es la definición de lo que debe hacer un PUT según el RFC de HTTP!

PUT para actualizar un recurso completo, POST y DELETE para actualizaciones parciales:

Observando muchos APIs existentes esto suena raro, pero una buena estrategia es usar PUT solo cuando se pretende sustituir un recurso enviando su nueva versión de forma completa. De nuevo, ¡así debería ser según la RFC de HTTP!

Con POST se deberían hacer actualizaciones parciales: los atributos enviados sustituyen a los existentes en un recurso y si no existen los crean. No se borra nada.

DELETE completa las actualizaciones parciales: los atributos indicados son borrados de la representación del recurso

De hecho, usa DELETE como GET:

DELETE borrará lo mismo que obtendría un GET a la misma URL. Por ejemplo, si un GET con un *query* obtiene solo ciertos atributos de un recurso, un DELETE con el mismo *query* borrará solo esos atributos de un recurso.

Los atajos de usabilidad:

Una vez implementado un API, pasa el examen de su usabilidad. El examen puede destapar carencias o fallos de diseño, pero también puede mostrar que hay algunos casos especiales: una operación que es utilizada mucho más que cualquier otra, una combinación de POST+DELETE que se hace constantemente, un GET previo que sea necesario para poder hacer una actualización, etc.

Si alguno de estos casos ocurre en el API, es razonable añadir un 'atajo de usabilidad'. De nuevo, aunque no sea RESTful, es pragmático y razonable añadir un verbo a la URL y exponer tal cual esa funcionalidad especial que tanto requieren los consumidores del API. No será RESTful, pero los consumidores del API tendrán exactamente la herramienta que requieren para la operación que más utilizan.

Otros consejos:

Las siguientes son otras decisiones que se pueden tomar, o no. El criterio es simplemente hacer lo que mejor encaje en tu API:

- En un GET a una lista, devuelve solo los indexadores.
- Generalmente no permitas una actualización a una colección, maneja los recursos uno a uno.
- Si permites DELETE a una colección, fuerza a que se metan criterios, permitir el borrado de una colección no suele ser buena idea.
- Permite la actualización parcial (POST, DELETE) o completa (PUT), pero no ambas.

Qué pasos seguir para definir un API REST, un procedimiento

Para definir un API REST, es posible seguir una metodología como la siguiente:

- Identifica los recursos: colecciones y recursos individuales. Dibuja tu árbol de recursos, simplemente un esquema jerárquico donde visualices las colecciones y recursos.
- Identifica las operaciones permitidas y las no permitidas sobre los recursos.
- Intenta hacer todo RESTful, no busques los atajos.
- Detalla los recursos y los atributos de los recursos.
- Detalla los usos avanzados: filtrados, paginación, búsquedas, borrados parciales, etc.
- Es normal que cuando detalles los recursos, sus atributos y sus usos, te des cuenta de errores en tu planteamiento. Haz iteraciones y vuelve al paso inicial tantas veces como sea necesario para cambiar lo

que sea necesario. Un API puede ser complejo, y es muy importante conceptualizarlo bien.

- A la vez que defines el API, impleméntalo. Así conseguirás validar o desechar las decisiones de diseño. No se debe ni diseñar un API que no se valide implementándolo ni implementar sin haber trabajado mínimamente en el diseño.

- ¿Ya está? Revisa qué no ha encajado bien, qué queda forzado o qué no has podido modelar. Solo en ese caso, añade los 'atajos de funcionalidad'. Si has llegado a este paso rápidamente y tienes que añadir muchos atajos, entonces no lo estás haciendo bien, ¡vuelve a la casilla de salida!

- Ahora sí, ya está. ¿y luego? Usa el API, que lo usen otros y entre todos identificad sus carencias. Tal vez tengas que replantear algún concepto.

- Haz un seguimiento del uso del API. Identifica los 'atajos de usabilidad'. Extiende el API para soportar estos casos concretos.

A lo largo de este artículo hemos visto unas pinceladas de REST, lo básico y algunos usos avanzados. Hemos visto también cómo algunas decisiones pragmáticas ayudan a definir APIs más potentes y a la vez sencillas y operativas. Finalmente, hemos planteado una metodología a seguir, que esperamos te sea útil cuando tengas que definir un API REST.

Diego González (Vitoria, 1982) es *Solution Architect* en Telefónica I+D. A lo largo de su vida profesional ha trabajado en proyectos relacionados con SIP e IMS, habiendo contribuido en el organismo OMA en la estandarización de *PoC* (*Push-to-Talk over Cellular*) y en los organismos OMA y GSMA en la estandarización de APIs REST de red. Actualmente se centra en la especificación y desarrollo del estándar de APIs de red en Telefónica (UNICA APIs), y realiza labores de arquitectura en el producto TuBlue y en la incorporación de nuevos operadores de fuera del grupo Telefónica al sistema de pagos contra factura móvil de BlueVia.

map reduce: el camino hacia bigdata

por Rafael Pellón Gomez-Calcerrada

Introducción

Algunos conceptos: Big Data, Hadoop, Data Scientist y Map Reduce

En la actualidad, nos rodea una gran cantidad de información por la irrupción de fenómenos como las redes sociales, aplicaciones móviles, páginas web, comercio electrónico, localizaciones GPS, etc. Además, existe otra información que procede de sensores instalados en aparatos como coches, trenes, aviones, autobuses, centrales de energía, incluso electrodomésticos,... para medir el rendimiento y las actividades de dichos aparatos. Por *Big Data* se hace referencia al tratamiento y análisis de enormes cantidades de información (como la que mencionábamos en el párrafo anterior) que resulta imposible tratar empleando las herramientas de bases de datos y analíticas convencionales. Tras este concepto se esconden las *"4V"* que lo definen: Volumen (gran cantidad de información), Variedad (múltiples fuentes), Velocidad (procesamiento en tiempo real o en un tiempo razonable y finito) y Valor (búsqueda de conclusiones beneficiosas descartando la información no útil).

Apache Hadoop es un entorno de software de código abierto que permite desarrollar aplicaciones de computación masiva permitiendo su ejecución de forma distribuida en hardware de bajo coste. Se basa en dos tecnologías liberadas por Google conocidas como *MapReduce* y *Google File System (GFS)*.

MapReduce es un paradigma de programación para procesamientos de datos en paralelo, basado en la combinación de operaciones map y reduce para resolver un problema. Lo veremos en más detalle en el siguiente apartado.

El profesional capaz de analizar grandes volúmenes de datos empleando técnicas de Big Data y Análisis (estadística y lenguajes como R) para proporcionar resultados valiosos para los departamentos de negocio se conoce como *Data Scientist* o Científico de Datos.

Big Data: Una realidad ya

Múltiples sectores están adoptando soluciones Big Data. Los primeros en adoptarlas fueron los sectores de distribución y financiero. Por ejemplo, la empresa US Xpress[10] realizó una optimización del uso de su flota de vehículos, reduciendo el tiempo de inactividad y el consumo de combustible basándose en la información obtenida de multitud de sensores en sus camiones.

En el sector financiero, nos encontramos, entre otras, aplicaciones para mejorar las **capacidades de venta cruzada** de productos, el **control de fraude** y de **ofertas personalizadas**. Otros sectores donde se está empezando a aplicar son la medicina[11], tanto para analizar patrones como para prevenir enfermedades y las aseguradoras (para proporcionar mejores ofertas y más personalizadas dependiendo de los patrones de uso).

Finalmente, cabe destacar la iniciativa colaborativa *The Human Face of Big Data*[12]. Se basa en la premisa de que la visualización en tiempo real de datos recopilados, en todo el mundo, por satélites, millones de sensores, etiquetas RFID, *smartphones* y cámaras con GPS, permite a la humanidad percibir, calcular, comprender e influir en aspectos de la existencia como nunca se hubiera imaginado: los hábitos de las personas al levantarse, cómo mejorar el consumo eléctrico, el porqué del ruido de los radares en los aeropuertos, el comportamiento de algunas especies animales,...

El paradigma MapReduce

El concepto. Partes que lo componen e implementaciones

El único enfoque viable para hacer frente a los grandes problemas de datos de hoy en día es emplear la idea de "divide y vencerás", un concepto

---

[10] http://www.computerweekly.com/news/2240146943/Case-Study-US-Xpress-deploys-hybrid-big-data-with-Informatica
[11] http://tecnologia.elpais.com/tecnologia/2012/08/30/actualidad/1346316706_668335.html
[12] http://humanfaceofbigdata.com/

fundamental en la informática desde hace mucho tiempo. La idea básica es dividir un problema grande en pequeñas tareas. En la medida que las tareas son independientes, se pueden ejecutar en paralelo (en diferentes procesos y en una o múltiples máquinas). Los resultados intermedios de cada tarea individual se combinan para producir la salida final deseada[13][14].

Las dificultades de la programación distribuida radican en la sincronización de la ejecución de las tareas, la obtención de los datos adecuados para cada uno de ellas y la combinación de resultados parciales. MapReduce proporciona una abstracción que oculta muchos de estos detalles a nivel de sistema al programador. Por lo tanto, un desarrollador puede concentrarse en las tareas que se tienen que realizar, en lugar de cómo se ejecutan y/o cómo se obtiene la información que necesitan (ya sea directamente o de otras tareas).

El paradigma MapReduce deriva de las funciones *map* y *reduce* que existen en el lenguaje de programación funcional LISP. En este lenguaje, la función *map*, recibe como argumentos una función y una serie de valores y luego aplica dicha función a cada uno de los valores de la serie; luego la función *reduce* aplica alguna operación básica para resumir (o reducir) los datos de la secuencia. En el modelo MapReduce que implementa Hadoop, tenemos

Función map

Se encarga del mapeo y se aplica en paralelo para cada ítem de la entrada de datos. Esto produce una lista de pares (clave, valor) por cada llamada. Si por ejemplo tenemos un fichero de texto como entrada, el número de línea sería nuestra clave (k1) y el valor (v1) sería la línea de texto.

```
Map (k1, v1) -> lista (k2, v2)
```

---

[13] http://lintool.github.com/MapReduceAlgorithms/ed1n/MapReduce-algorithms.pdf
[14] http://youtu.be/bR2LOic_mAM

Función reduce

Se aplica en paralelo para combinar todos los valores intermedios (v2) asociados con la misma clave (k2) para reducirlos y generar la salida correspondiente para cada uno de ellos (k3). El resultado global será el conjunto de todas las salidas de los reduces.

```
Reduce (k2, lista (v2)) -> lista (v3)
```

Veamos un ejemplo en la *Figura 1*: Disponemos de un conjunto de formas geométricas con un color determinado y queremos saber cuántas hay de cada una de ellas. Las formas se pueden leer fila a fila. Para cada fila, se aplica la función *map*, obteniendo cada una de las formas (clave) y el valor será 1 (una ocurrencia de una forma) ya que lo que estamos haciendo es contar. Posteriormente, los datos se reorganizan de forma transparente al programador, para servir de entrada a la función *reduce* que se encarga de sumar el número de veces que aparece cada forma.

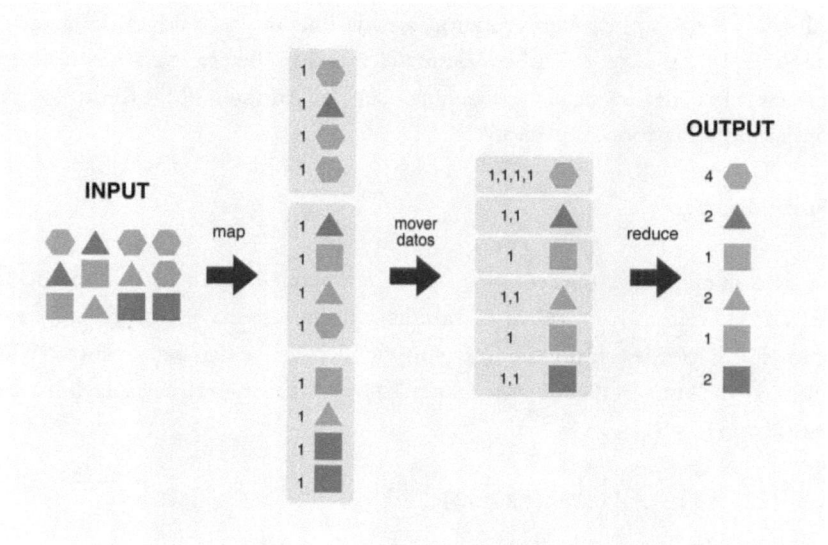

Figura 1: Ejemplo MapReduce de cuenta de formas

Los problemas habituales en donde se emplea son la búsqueda de coincidencias de patrones, frecuencia de variables y la obtención de índices invertidos.

Dentro de Hadoop, existen múltiples implementaciones de MapReduce en distintos lenguajes, desde la versión nativa en Java a otras en C++ o Python. Los ejemplos descritos en este artículo utilizarán la implementación descrita en Python por ser la más sencilla de comprender. Dicha implementación se conoce con el nombre de *Dumbo*[15]. La instalación del mismo no tiene ningún problema y simplemente es seguir las indicaciones que se explican en la documentación.

Ejemplo Básico: Vamos a contar palabras

El objetivo de este ejemplo es contar el número de ocurrencias que hay de cada palabra en un fichero de texto. El carácter separador entre palabras será el espacio. El fichero se llamará wordcount.py.

```python
# Cuántas veces ocurre cada palabra en un fichero de texto

def mapper(key,value):

    for word in value.split():

        yield word,1

def reducer(key,values):

    yield key,sum(values)

if __name__ == "__main__":

    import dumbo

    dumbo.run(mapper,reducer)
```

---

[15] https://github.com/klbostee/dumbo/

Para ejecutarlo, simplemente ejecutaremos el comando siguiente:

```
dumbo start wordcount.py -input <fichero_entrada> -output
<fichero_salida>
```

La idea es la misma que en el ejemplo descrito previamente de las formas. En este ejemplo, la lectura de líneas del fichero es transparente al programador, que se puede centrar en realizar la operación que desea implementar. Veámoslo con más detalle.

Operación Map

En nuestra definición de Map (k1, v1), v1 se corresponde con cada una de las líneas del fichero de texto que será, mientras que k1 no nos interesa (será el número de línea del fichero pero la implementación de Hadoop/MapReduce nos los abstrae). La salida de la operación Map, será una lista (k2, v2) donde k2 será cada una de las palabras de la línea y el valor en este caso será 1 ya que lo que queremos hacer es contar palabras. Así, por ejemplo para la línea "la casa roja es la tuya" tendremos las palabras siguientes: "la", "casa", "roja", "es", "la", "tuya". Para cada una de ellas generaremos una salida *[la, 1], [casa, 1], [roja, 1], [es, 1], [la, 1], [tuya, 1]*.

Operación Reduce

En nuestra definición de Reduce (k2, lista (v2)), k2 se corresponde con cada una de las palabras a contar, mientras que lista (v2) será una lista de 1's (las ocurrencias de la palabra). La salida de la operación Reduce será cada una de las palabras con la suma de los 1's. Así, por ejemplo tendremos distintas ejecuciones de la función Reduce para cada una de las palabras *[la, {1,1}], [casa, {1}], [roja, {1}], [es, {1}], [tuya, {1}]* y los resultados respectivamente para cada una de estas entradas serán *[la, 2], [casa, 1], [roja, 1], [es, 1], [tuya, 1]*

Si imaginamos, por ejemplo, que esta operación se puede hacer para todos los libros de la biblioteca nacional para obtener la palabra que más aparece en el castellano en sus libros, nos encontramos ante un problema de Big Data, que con esta técnica se puede resolver fácilmente.

Ejemplo Avanzado: Secuencia de maps y reduces

Una empresa de paquetería, tiene organizada su información en tres tipos de ficheros:

* Ficheros de usuarios, que contienen el nombre del cliente el código del pedido que tiene asociado.
* Ficheros de pedidos, donde se almacena para código de pedido, su estado
* Fichero de estados de un pedido, donde se tiene el código de estado y la descripción de dicho estado.

La empresa de paquetería quiere tener un informe, en el que se le indique para cada usuario, su pedido y el estado del mismo en texto.

Los datos para cada uno de los ficheros serán los siguientes:

Delivery_users.txt

P123,Jim

P456,Tom

P789,Harry

P111,Richa

delivery_details.txt

P789,002

P123,001

P456,004

P111,003

delivery_statuscodes.txt

```
001,Delivered
```

```
002,Pending
```

```
003,Failed
```

```
004,Resend
```

El fichero se llamará *delivery_report.py*

```python
import sys

import dumbo

from dumbo import main, identityreducer, identitymapper

from dumbo.lib import MultiMapper

def users_parser(key, value):

    tokens = value.split(",")

    k = tokens[0]

    v = ('US', tokens[1])

    yield k, v


def deliveries_parser(key, value):

    tokens = value.split(",")

    k = tokens[0]

    v = ('ST', tokens[1])

    yield k, v


def status_parser(key, value):
```

```
        tokens = value.split(",")

        k = tokens[0]

        v = (tokens[1],)

        yield k,v

def reducer1(key, values):

        user = ""

        status = ""

        for v in values:

                if v[0] == 'US':

                        user = v[1]

                elif v[0] == 'ST':

                        status = v[1]

        # Generate the exit

        if (user != "" and status != ""):

                yield status, (user, key)


def reducer2(key, values):

        status = ""

        info = []

        for v in values:

                if len(v)==2:

                        info = v
```

```
            elif len(v)==1:

                status = v[0];


    # Generate the exit

    if (status != "" and len(info)>0):

        yield info, status


# Jobs workflow function

def runner(job):


    # Step 1: Prepare users, details deliver

    opts = [ ("inputformat","text"), ("outputformat","text")
    ]


    multimapper = MultiMapper();

    multimapper.add("users", users_parser)

    multimapper.add("details", deliveries_parser)


    o1 = job.additer(multimapper, reducer1, opts=opts )


    # Step 2: Get status description

    multimapper = MultiMapper();
```

```
multimapper.add("status", status_parser)

o2 = job.additer(multimapper, identityreducer,
opts=opts, input=[job.root] )



# Step 3: Join results

o3 = job.additer(identitymapper, reducer2, opts=opts,
input=[o1, o2] )



if __name__ == "__main__":

    from dumbo import main

    dumbo.main(runner)
```

Para ejecutarlo, simplemente ejecutaremos el comando siguiente:

```
dumbo start delivery_report.py -input <path_ficheros_entrada> -
output <path_fichero_salida>
```

En este ejemplo, se crea un trabajo compuesto por tres pasos:

1. Se ejecuta un paso map/reduce para juntar los ficheros de usuarios y de pedidos, empleando para ello dos maps dependiendo del nombre del fichero y un único reduce donde se juntan las salidas. las funciones que corresponden a este paso son users_parser, deliveries_parser y reducer1. La salida será el código del estado del pedido y el nombre del usuario y el código de pedido. Este paso sería equivalente a una función JOIN en una base de datos.
2. El segundo paso, consiste en un map/reduce para organizar el fichero de código de estados de pedidos y descripción con un formato similar al primer paso. Las funciones asociadas a este paso son el status_parser y un tipo especial de reducer conocido identityreducer que genera una salida por cada entrada.

3. Finalmente, se juntan ambas salidas de los pasos intermedios para conseguir el resultado final. las funciones asociadas a este proceso son un `identitymapper` y el `reducer2`.

Más cosas a explorar

Como hemos visto, existe la posibilidad de construir flujos de operaciones más complejas donde se encadenan una serie de operaciones MapReduce[16] o realizar distintos tipos de join entre varios datasets. Dumbo realiza realmente bien este tipo de operaciones. Existen múltiples técnicas para ejecutar los map/reduces, pero quedan fuera del ámbito de este artículo. Lo importante es que conozcas la técnica y hayas entendido en qué escenarios puede ser más útil; ahora sólo queda que comiences a resolver problemas con MapReduce.

Rafael Pellón Gómez-Calcerrada (Madrid, 1974) es *Data Scientist* en Telefónica I+D. Durante su vida profesional ha trabajado en proyectos web en múltiples tecnologías (ASP, JSP, Java, Flex) y BI; desde soluciones tradicionales (informes, cuadros de mando,...) hasta soluciones novedosas relacionadas con Big Data (Hadoop, Hive, MapReduce,...), especialmente en temas de visualización de datos.

---

[16] http://dumbotics.com/

de apple pie a jelly bean:
la dulce historia de Android

por Jesús Gumiel Ramírez

Introducción

Este artículo tiene como principal objetivo hacer un repaso de la historia de Android, desde su concepción hasta el día de hoy (Noviembre 2012). La intención del mismo es dotar al lector del contexto suficiente para entender la evolución del sistema operativo, y las razones que lo han llevado a ser lo que es.

¿Qué es Android?

A día de hoy es difícil encontrar alguien que no sepa que Android es un sistema operativo basado en Linux y diseñado para correr principalmente en dispositivos móviles, tales con *smartphones* o *tablets*, pero quizás no es tan conocido, que el desarrollo de Android es realizado por Google, en colaboración con la *OHA* (*Open Handset Alliance*).

La OHA es una alianza comercial de 84 empresas de todos los ámbitos (proveedores de telefonía, fabricantes de chips, fabricantes de terminales, desarrolladores, etc.), que se dedica a desarrollar estándares abiertos para dispositivos móviles.

Cómo comenzó todo: Andy Rubin, el papá de Android

No se puede hablar de los comienzos de Android sin mentar al hombre que le dio la vida, Andy Rubin. Un licenciado en Ciencias de Computación por la Universidad Utica de Nueva York, que curiosamente empezó a trabajar como ingeniero de Apple.

Tras Apple, vino General Magic, donde participó en el desarrollo de Magic Cup, que pretendía ser un sistema operativo para teléfonos. De ahí pasó a Artemis Research (comprada posteriormente por Microsoft) antes de fundar Danger Inc, la empresa que desarrolló el Hiptop, un teléfono que marcaría las pautas de los actuales smartphones.

Así que tenemos que entre 1989 y 2003 Andy pasó por Apple, Microsoft, fundó su propia empresa y participó en proyectos de desarrollo tanto hardware como software relacionados con telefonía móvil. ¿Que sería lo siguiente? Pues fundar Android Inc en 2003.

En agosto del 2005 Android fue comprada por Google, donde Rubin ostenta actualmente el puesto de Vicepresidente de Ingeniería supervisando el desarrollo de Android.

El porqué del nombrado de versiones

A nadie se le escapa el tirón comercial de los nombres de las versiones de Android, y todo el juego que da en cuanto a marketing, pero pocos saben qué llevó a los chicos de Google a seguir esta nomenclatura.

Empecemos por el principio, el comienzo del desarrollo, allí cuando las primeras versiones se identificaban por una "M" de *Milestone*, seguida del número de hito. El siguiente paso fue añadirle una "wb" de *Weekly Build*, debido a que las compilaciones por aquel entonces eran semanales, y para rematar "tc" de *Test Cycle*, con lo que acababas teniendo algo como M3-WB22-TC3. Sencillo de recordar, ¿no?

Los desarrolladores vieron que era inviable usar esta nomenclatura, y buscaron un criterio divertido y sencillo de recordar. Se decidió que el orden de nombrado fuera alfabético, y tras un primer intento de usar nombres de robots famosos - de ahí que las primeras versiones fueran conocidas como Astro Boy y Bender - se optó por los pastelitos. ¿La razón? El gusto por los *Petit Four* del manager de producto, que decidió dar este nombre interno a la versión 1.1. A partir de las siguientes versiones y una vez decidido seguir la temática de los dulces, se estandarizó el orden alfabético para continuar con CupCake, Donut...y así hasta la actual Jelly Bean. Posteriormente se ha conocido la versión 1.0 como Apple Pie, aunque según explica Google oficialmente, tanto las versiones 1.0 como 1.1 no tenían *codename*; el inicio de la dulce saga fue la 1.5.

En el siguiente listado aparecen las versiones liberadas a día de hoy (noviembre 2012):

- Versiones preliminares, entre ellas las nombradas Astroboy y Bender.
- 1.0 – Sin nombre oficial, nombrada a posteriori como Apple Pie.
- 1.1 – Sin nombre oficial, internamente se la llamó Petit Four.
- 1.5 – Cupcake.
- 1.6 – Donut.
- 2.0/2.1 – Éclair.
- 2.2 – Froyo.
- 2.3 – Gingerbread.
- 3.0 – Honeycomb.
- 4.0 – Ice Cream Sandwich.
- 4.1/4.2 – Jelly Bean.

La evolución de Android

Desde la primera versión de Android hasta el día de hoy, el proceso de evolución y aparición de nuevas versiones ha sido continuo e increíblemente rápido: 11 versiones en 5 años nos dan una idea de la seriedad con que se toman los californianos de Google la evolución de su sistema operativo móvil.

La primera versión en salir a la luz, la **1.0**, la pudimos ver en el primer móvil Android, el HTC Dream, allá por Octubre del 2008. Poco más de un año después de que su gran competidor Apple presentara el iPhone. Ahí empezaría la lucha de poder entre estos dos gigantes, lucha que ha vivido su último hito en Octubre del 2012 con la presentación de la versión **4.2** de Android, anunciada como un nuevo sabor para **Jelly Bean** y preinstalada en su flamante Nexus 4.

En la tabla siguiente se esquematiza la evolución de Android, mostrando sus versiones, fecha de lanzamiento, versión de la API que implementan y la cuota de distribución que tienen a fecha de Noviembre 2012. Hay que tener en cuenta que estos porcentajes corresponden con alrededor de 400 millones de dispositivos Android activados.

Versión	Nombre	Liberada	API	Cuota
1.5	Cupcake	Abril 2009	3	0.1%
1.6	Donut	Septiembre 2009	4	0.3%
2.1	Eclair	Enero 2010	7	3.1%
2.2	Froyo	Mayo 2010	8	12.0%
2.3 – 2.3.2	Gingerbread	Diciembre 2010	9	0.3%
2.3.3- 2.3.7			10	53.9%
3.1	Honeycomb	Febrero 2011	12	0.4%
3.2			13	1.4%
4.0.X	Ice Cream Sandwich	Octubre 2011	15	25.8%
4.1	Jelly Bean	Junio 2012	16	2.7%
4.2		Octubre 2012	17	Sin datos

Tabla 1. Distribución versiones de Android[17]

Android y la fragmentación

Una vez repasados los orígenes de Android y su evolución, tenemos suficiente datos para analizar la principal problemática con la que sus desarrolladores se encuentran a día de hoy, la fragmentación.

11 versiones en 5 años, 400 millones de dispositivos activados, cientos de diferentes modelos de terminales con Android instalado, y más de 300 socios en diversos ámbitos: hardware, software, proveedores de telefonía,…

Este crecimiento vertiginoso sufrió una aceleración exponencial durante el año 2011, justo el año en que los chicos de Google empezaron a darse cuenta de la imperiosa necesidad de imponer unas guías de estilo

---

[17] http://developer.android.com/about/dashboards/index.html

sobre las aplicaciones que corrieran sobre sus sistemas operativos, y de proporcionar compatibilidad con las versiones más antiguas de su API. Y es que, qué desarrollador iba a lanzar su producto utilizando el SDK 15, si no iba a poder ser usado por casi el 75% de los usuarios.

El perfil de los usuarios de Android es otro de los factores que han facilitado sobremanera la existencia de tantos terminales ejecutándose con versiones de Android de hace más de dos años. A diferencia de los usuarios de iPhone, que están siempre al día de actualizaciones, y corren a la tienda en cuanto sale una nueva actualización, el usuario de Android entiende el móvil como una herramienta, y mientras cubra sus necesidades no lo va a cambiar. Tampoco son muy dados a estar al día de las novedades en cuanto a aplicaciones, ni a descargarlas compulsivamente. En datos, sólo el 13% de los usuarios tiene más de 50 aplicaciones instaladas, y menos de un 3% tienen aplicaciones de pago.

La importancia de Honeycomb

Estamos hablando de la fragmentación de Android, de cómo intentan estandarizar sus desarrollos, y de pronto aparece un punto dedicado a Honeycomb; parece un tema fuera de contexto, pero nada más lejos de la realidad.

Cómo comentamos en el apartado dedicado a la evolución de Android, en 2011 Google se sumergió en el mercado de las tabletas y liberó Honeycomb, una versión específica para estos dispositivos, pero que sin embargo supuso un punto de inflexión en la evolución de Android.

Con Honeycomb aparecieron los **Fragments**, orientados a apoyar diseños de interfaz de usuario más dinámicos y flexibles en las pantallas de gran tamaño, pero tremendamente útiles, además, a la hora de reutilizar componentes entre actividades y liberar de código a estas.

Otra de las grandes novedades de la versión fue la **ActionBar**, implementada con un claro objetivo: intentar estandarizar la apariencia de las aplicaciones desarrolladas para Android. De esta manera la ActionBar se convierte en el lugar desde el cual se maneja la navegación de la aplicación, dejando claro en cada momento, donde estás, de dónde vienes, y qué puedes hacer en la pantalla en la que te encuentras.

Y ahora que tienes Fragments, y tienes ActionBar, por destacar las dos principales novedades introducidas por HoneyComb, cómo le dices a los desarrolladores que no pueden usarlas en dispositivos con una API inferior a la 11. Simplemente no puedes, y ahí radica la importancia de esta versión.

ICS, Estandarizando el diseño

Tras Honeycomb llegó ICS, que se podría considerar casi una mezcla entre Gingerbread y éste, ya que su principal característica es aunar el mundo tableta con el mundo móvil.

Google empezó a darle una importancia máxima al diseño, y a crear una imagen fácilmente reconocible en sus aplicaciones; el objetivo es que cualquiera que viera una aplicación para Android supiera a que sistema operativo pertenecía.

En enero del 2012 Google lanza unas guías de estilo para el desarrollo de Apps sobre ICS, algo muy en la línea de Apple. Es algo que desde hace tiempo reclamaban tanto los usuarios como los desarrolladores, y durante este año se convirtió en una obsesión.

Unos meses más tarde lavan la cara de la web de Android developers para seguir el estilo ICS, una decisión controvertida inicialmente, pero que al final ha resultado ser acertada, y que ha dotado al mundo Android de una línea clara de diseño en todos sus frentes.

Soluciones contra la Fragmentación

En este apartado se hablará de las medidas que desde el año 2011 está tomando Google para acabar con el problema de la fragmentación. En los siguientes puntos veremos cómo las soluciones pasan principalmente por los desarrolladores, y por intentar que estos sean los encargados de hacer aplicaciones compatibles con el mayor número de cantidad de dispositivos posibles, manteniendo una apariencia y una navegabilidad uniforme en todas ellas.

Aunque no podemos olvidar decisiones comerciales como podrían ser el lanzamiento del Nexus 4 libre y a un precio bajísimo, sin duda una buena manera de convencer a los usuarios con un móvil antiguo (digamos con una versión de Android 2.3), que ya es hora de cambiar de terminal. Será interesante ver la evolución de la tabla 1 en los próximos meses.

Android Support Library

En marzo del 2011 se liberó la primera versión de la librería de compatibilidad android-support. El objetivo de esta librería es proporcionar a los desarrolladores una serie de bibliotecas estáticas de apoyo, de manera que puedan seguir desarrollando sus aplicaciones para una determinada versión de la API, o con compatibilidad para ésta, pero utilizando características de una versión de la API de Android superior.

Por ejemplo gracias a la librería de soporte, es posible implementar una aplicación ejecutable en un dispositivo con Froyo instalado (API 8), pero que haga uso de Fragments, incorporados en la versión 11 de la API de Android.

La primera versión de la librería de soporte, llamada android-support-v4, debe su sufijo v4, a que ofrece compatibilidad desde la API 4 hacía arriba. A día de hoy van 11 revisiones de la librería, que cada par de meses más o menos va siendo incrementada con nuevas funcionalidades.

A partir de la revisión 3 del paquete, se incluye la biblioteca android-support-v13, que ofrece compatibilidad para versiones con un nivel 13 o superior de la API. Esta librería es un superconjunto de la v4, e incluye clases adicionales para trabajar con las API v13.

Hay que tener cuidado qué versión de la librería utilizar, porque si bien podrías utilizar la v13 para todo, ya que contiene a la v4, si se utiliza alguna de las clases que requieren a la API 13, la aplicación dejará de ser compatible con móviles corriendo versiones inferiores de Android.

Otras librerías de soporte no oficiales. Compatibilizando la ActionBar

Con la aparición de HoneyComb también surgieron varias librerías "no oficiales" para ofrecer soporte a los nuevos diseños introducidos en la versión para tabletas. Dichas librerías se centraron sobre todo en ofrecer compatibilidad con la ActionBar, un elemento que había sido olvidado por la librería de soporte de Android. Probablemente el olvido no sea tal, sino que vieron inviable ofrecer desde la librería el soporte gráfico que la ActionBar requiere.

Así a principios de 2011 surgieron algunos proyectos que han acabado siendo imprescindibles para el desarrollo de cualquier aplicación que pretenda implementar la ActionBar en dispositivos con una versión de Android inferior a la 11.

De todos los proyectos de este tipo, el más utilizado sin duda ha sido Actionbarsherlock[18], una extensión de la biblioteca de soporte diseñado para facilitar el uso del patrón de diseño ActionBar a través de todas las versiones de Android con una única API. La biblioteca utiliza automáticamente la barra nativa cuando es posible (API >=11) o utiliza la implementación de sherlock en caso contrario.

Android y el diseño

Cómo hemos comentado al hablar de ICS, en Enero del 2012 Google lanzó unas guías de estilo para Android, y comenzó su lucha por intentar que todos los desarrolladores las siguieran. Parte de esa estrategia de plantear una línea común fue el rediseño del portal de desarrolladores de Android, lugar de referencia dónde se puede encontrar toda la información que Google proporciona sobre Android.

---

[18] http://actionbarsherlock.com/

De esta manera Google intenta responder a la principal reclamación que históricamente ha tenido Android, y es que sus diseños no seguían una línea común, que cada desarrollador hacía las cosas de una manera, y que en muchas ocasiones el resultado final era bastante poco atractivo, y daba sensación de dejadez gráfica.

Ahora se anima al desarrollador a cuidar estos aspectos con frases como: "Tu aplicación debe esforzarse por combinar la belleza, la sencillez y la intención de crear una experiencia mágica, sin esfuerzo y poderosa".

La muestra definitiva de cómo Google ha puesto el foco en el diseño se ha visto en el Google I/0 del 2012, dónde gran cantidad de las ponencias y los talleres estaban dedicados a este aspecto.

En resumen, la web sobre patrones en Android[19] debería ser la cabecera de todos aquellos que trabajamos con Android. Si todos seguimos sus consejos, quizás en el próximo libro sobre Android que leas, la fragmentación sea descrita como un problema del pasado.

Jesús Gumiel (Badajoz, 1982) es Ingeniero I+D en Telefónica I+D. Comenzó su carrera profesional desarrollando *backend* para provisión de servicios, y poco a poco fue evolucionando hasta el mundo del desarrollo móvil, aunque sin olvidar los servicios de comunicación y la VoIP. Fan del mundo emprendedor, en el cual se ha introducido con el proyecto Footballtracker[20].

---

[19] http://developer.android.com/intl/es/design/patterns/index.html
[20] http://www.football-tracker.com

la comunicación, ese gran desconocido

por Alberto de Vega Luna

Y esto, ¿qué tiene que ver con el desarrollo?

Hay muchas cosas que pueden impactar en que un proyecto de desarrollo software llegue o no a buen puerto: la tecnología utilizada, la experiencia del equipo, la coordinación del mismo, el trato con el cliente,… Y casi todos estos factores tienen en común una única cosa: la comunicación.

Por tanto, como desarrolladores o arquitectos o coordinadores de equipos (o cualquier otro rol que se te ocurra), tenemos que asegurarnos de que todo el mundo sepa lo importante que es la comunicación. Todo el mundo tiene que saber la tecnología que se usa, en qué tiene experiencia cada miembro del equipo, qué se espera de cada uno, qué tareas quedan por hacer, las expectativas del cliente,… ¡Comunicación, comunicación, comunicación!

Qué no es la comunicación

Cuando nos damos cuenta de que algo no ha ido bien debido a un problema de esta índole, la solución parece clara y siempre hay alguien que dice "Necesitamos más comunicación". Y la siguiente mente brillante dice eso de "Podemos hacer reuniones de seguimiento periódicas". En sí misma, esta idea no es mala, pero debemos tener cuidado con no morir por "reunionitis". Por tanto, ¿son las reuniones una manera de mejorar la comunicación?

Sí, pero siempre que tengamos en cuenta las siguientes condiciones:

- Aprovechando las herramientas de calendario existentes hoy en día, es bueno enviar la convocatoria con antelación para que a todo el mundo le aparezca en la agenda y la acepte o la rechace. También es bueno indicar si la asistencia es obligatoria u opcional a cada participante. Una convocatoria enviada así recibe más atención que un correo electrónico diciendo algo como "Nos vemos a las 7 para ver el tema de…".
- Hay que empezar a la hora acordada, pero también terminar en el momento que se había programado. El tiempo es una de las cosas

más valiosas que hay, así que no se lo hagas perder al resto mientras te esperan ni les hagas llegar tarde a las siguientes reuniones.

- Las reuniones tienen que tener un objetivo y todos los asistentes tienen que saber cuál es el objetivo concreto de esa reunión. El que la ha convocado tendrá también que presentar dicho objetivo nada más empezar.

- Las reuniones deberían tener una agenda que se haya enviado con antelación para que la gente pueda prepararse los contenidos a debatir. Si sale algún tema que tenga ramificaciones fuera del ámbito de esta reunión, es mejor convocar otra reunión separada para ello (con los asistentes adecuados, como comento en el siguiente punto).

- El organizador de la reunión solo debería invitar a aquellas personas que es imprescindible que vayan. A veces es posible que una persona tenga que estar solo en un momento determinado para explicar o aclarar una cosa: pues bien, para eso tenemos una agenda. Así esa persona puede saber a qué hora tiene que entrar y salir de la reunión. Otra posibilidad es que le llamemos por teléfono para hacer esa aclaración y luego le dejemos seguir con sus tareas habituales; obviamente, hay que avisarle con suficiente antelación para que tenga preparado lo que tiene que contar y pueda planificarse también su agenda de ese día teniendo en cuenta esa reunión.

- Tras la reunión, tiene que haber unas conclusiones y unos puntos de acción y que esté claro quién tiene que llevar a cabo esos puntos de acción y las fechas esperadas para su cumplimiento o revisión. Por supuesto, es importante que esto quede escrito en algún sitio para futuras consultas. Lo que me lleva a hablar de…

Herramientas: cuando tenemos un martillo todo nos parecen clavos

No por tener la herramienta más impresionante del mercado en los servidores de la compañía vas a conseguir una mejor comunicación. Y si no, fíjate en tu entorno: sistemas de control de versiones, wikis, carpetas compartidas, herramientas colaborativas, foros, *microblogging*,… Estamos desbordados de herramientas y pese a todas esas posibilidades, en muchos proyectos sigue pasando eso de "Pero eso, ¿cuándo lo habéis decidido? A mí no me lo habéis dicho…".

Está claro que una herramienta es solo un medio de comunicación y debemos usar la más adecuada en cada caso. Lo ideal sería tener una herramienta común con una vista para los gestores (con el seguimiento de tareas, lo que falta por hacer, las prioridades, etc.) y otra vista para los desarrolladores (con el código fuente, los parches, las revisiones de código, etc.) que estuvieran relacionadas (cuando subas un trozo de código, que el bug corregido se refleje en el seguimiento de tareas) que tuviera también un repositorio de documentación asociada a las tareas. Pero mientras buscamos esa herramienta, no podemos dejar abandonada esta parte, así que aquí van una serie de consejos basados en la experiencia para seleccionar el medio de comunicación a emplear en cada ocasión.

- El código fuente debe estar en un repositorio compartido con su control de versiones correspondiente, eso es obvio. Pero no adelantemos acontecimientos, porque vamos a dedicarle su propio apartado a este punto.

- Lo que nos ha servido para hacer ese código fuente (diagramas de arquitectura, flujos, especificaciones de requisitos, validaciones por parte de cliente, actas de reuniones, etc.) tiene que estar en un repositorio de documentación. Este término tan genérico puede significar una wiki, una carpeta compartida o una herramienta tipo Alfresco o Sharepoint. El caso es que cuando tengamos dudas, podemos ir ahí a consultarlas o al menos, ver qué persona ha hecho un documento en concreto y hacerle cualquier pregunta que tengamos. Lo que no es eficiente es compartir esta información únicamente por mail y luego estar rebuscando en nuestro cliente de correo la información cuando ni siquiera recordamos el asunto del correo o quién lo envió.

- El correo es una mala herramienta para el debate. En cuanto un asunto provoque tres correos seguidos, hay que usar el teléfono o hacer una reunión con los implicados. Si no, corremos el riesgo de provocar una oleada de SPAM que ríete tú de las *botnet* de las mafias rusas. El resultado de la reunión sí podemos mandarlo por email. O mejor aún, debemos meterlo en el repositorio de documentación y mandar un mail para decir dónde está disponible.

- El correo también es una mala herramienta para hacer un documento entre varios. Olvida eso de mandar adjunto el documento (o la hoja de cálculo o la presentación) para que cada uno aplique los cambios y te los mande. Eso produce más caos que un imán en un disco duro. Seguro que te suenan frases como "Perdona, te mando otra vez el fichero que faltaban por integrar los cambios de Juan". "¡Eh! He añadido dos filas más en verde para que las integres con la última versión". Y, ¿cuál será la última versión? Para estos casos, tener una audio conferencia mientras el "dueño" del documento lo comparte mediante join.me (por ejemplo, también se puede usar Skype, Lync o Webex) permite que todo el mundo vea a la vez los cambios de los demás y pueda haber debates. Y otra posibilidad es alojar el documento (si no es confidencial, porque incluso con las opciones de privacidad hay riesgos) en Google Docs para que todo el mundo pueda ir añadiendo a la vez las modificaciones y ver las de los demás. Incluso puedes combinar ambas opciones, usando Google Docs para una primera ronda de contribuciones y luego hacer el remate final en esa audio conferencia.

- El correo es bueno cuando no podemos tener una comunicación síncrona con nuestro interlocutor (o interlocutores) y necesitamos pedir algo. Y, ¿cómo deberíamos estructurar un correo? Pues deberíamos explicar el contexto, el problema que tenemos, la solución que proponemos (si la tenemos) y lo que estamos pidiendo (puede ser la propia solución, una autorización, un dato, una reunión, etc.). Y el correo si breve, dos veces bueno. Siempre puedes poner un enlace al repositorio documental o a una wiki donde des más contexto o incluir un adjunto o cosas así.

- Los chats (como Skype o Lync) también son útiles para resolver dudas rápidas en el momento. Si la cosa se complica (malentendidos en el texto, conversación con varios interlocutores simultáneos), usa la voz. Y respeta a las personas que tienen su Estado como Ocupado o No disponible. Mejor aún, si quieres tener concentración, cierra la aplicación (avisando a los que puedan necesitar contigo que estarás desconectado durante la próxima hora, por ejemplo). Si te gestionas el tiempo con algo como la técnica Pomodoro (y la gente sabe que la usas), estarás de acuerdo en este punto.

El código fuente como medio de comunicación

Ya que con lo que más estamos en el día a día es con nuestro código fuente, ¿qué podemos hacer para mejorar la comunicación con él?

Escribir código fuente es como escribir un libro entre varios, así que lo primero que tenemos que haces es acordar una línea editorial, una guía de estilo que describa cómo nombrar las variables, las clases y demás. También es necesario que tengamos una estructura para ese código fuente (igual que cuando se divide un libro en secciones o capítulos), empezando por la organización en carpetas y módulos que tendrá el proyecto. Además, esta organización debería ser la misma en todos los proyectos que usen esa tecnología concreta, de tal manera que sea más fácil que un programador se pueda mover de un proyecto a otro con impacto mínimo.

Está claro que también necesitaremos que haya un acuerdo en cuanto a las librerías que vamos a utilizar (sean comerciales, *open source* o desarrolladas en otros proyectos internos), así como servidores de aplicaciones, bases de datos, ORM, etc. Y estos acuerdos tienen que estar en ese sitio donde compartimos los documentos de los proyectos, en una carpeta fácilmente identificable.

Y con todo esto, ya tendríamos las bases para que a la hora de escribir código, todos vayamos a hacerlo de manera similar. Y para que sea lo más fácil posible coger código de otra persona, necesitamos que este conjunto de letras y números sea auto explicativo en la medida de lo posible. Eso implica:

- Comentar en el código las clases y los métodos, con los parámetros de entrada y salida correspondientes. La mayoría de entornos de desarrollo permiten hacerlo de manera sencilla: por ejemplo, en Visual Studio 2010 basta introducir /// para que aparezca la plantilla del comentario para el método.

- Además, cuando haya un fragmento de código particularmente complejo, deberíamos aclarar por qué está así implementado
- También es útil marcar las cosas que se han dejado pendientes de alguna manera especial (la etiqueta *TODO* está bastante extendido). Puede ser porque se esté esperando a que se implemente otra parte, porque hayamos metido algo temporal (por ejemplo, haciendo un *mockup* de un método para que otras partes del código puedan llamarlo, iríamos remplazando los *TODO* por la implementación real), etc.

Evidentemente, el código no puede explicarlo todo y de ahí que necesitemos también diagramas de arquitectura y de flujos para explicar cómo interactúan las diferentes partes del código entre sí, como ya hemos visto más arriba.

Bien, ¿qué más podemos hacer con el código para mejorar la comunicación? Pues que cuando lo subamos al control de versiones, todo el mundo sepa por qué lo hemos subido: ha sido para arreglar el bug AAA, para mejorar la documentación, para implementar la funcionalidad XXX correspondiente a la tarea YYY del Sprint, hemos hecho un refactor del módulo ZZZ, etc. Esto podría facilitar el tener un *changelog* entre versión y versión del producto, el aviso de pasar pruebas de regresión al módulo objeto del refactor por parte del grupo de QA, etc. Un caso de éxito de comunicación en este sentido es la manera en que funciona GitHub, que anima a los programadores a compartir sus comentarios sobre el código de los demás, haciendo de la programación algo realmente social.

La comunicación debe ser bidireccional

Es decir, es cosa de dos. Eso implica que el inicio de la comunicación puede partir de cualquiera de ambas partes: yo puedo decir cómo va mi tarea o puede ser el *Scrum Master* / jefe de proyecto el que esté todo el rato invitándome a compartir con el resto del equipo cómo voy con mis tareas. ¿Qué crees que es más efectivo?

Si hay algo que promueve la filosofía Agile[21] es la comunicación constante: tenemos reuniones breves diarias del equipo para ver el estado de las tareas y los posibles bloqueos, tenemos *Sprint plannings* para que todo el mundo sepa las tareas a realizar, su estado (por si hay que echar una mano) y cuáles de ellas se van a tener completadas al final del Sprint y tenemos comunicación con el cliente al final de cada Sprint para que el cliente pueda darnos su opinión sobre lo que tenemos implementado hasta el momento para que no nos tiremos 3 meses de proyecto y luego el cliente diga que no se parece a lo que él esperaba.

Y en metodología Lean[22] lo que hacemos es buscar más información por parte del cliente para saber hacia dónde dirigir nuestro producto, ofreciéndole una mínima funcionalidad en un principio para luego ir orientando dicho producto a cubrir las necesidades detectadas, incluso a veces cambiando radicalmente el objetivo inicial del producto (o el segmento de mercado). Lean además nos propone eliminar todo lo sobrante, lo que podríamos aplicar también a las reuniones no productivas (ver más arriba).

Así que tenemos que dar visibilidad siempre de las tareas que estamos haciendo (por si hay cosas más prioritarias) y de los posibles bloqueos que detectemos. Y eso implica pedir ayuda para resolver esos bloqueos y aceptar feedback sobre lo que estamos haciendo. No parece tan complicado, ¿verdad?

Solo con comunicación a todos los niveles (cliente, usuario, responsable del producto, responsable del proyecto, arquitectos, desarrolladores y demás participantes en el desarrollo del producto) conseguiremos estar al tanto de lo que está pasando; no solo se trata de saber cómo van las tareas, sino cómo se siente la gente dentro del proyecto. ¿Se sienten realizados? ¿Motivados? ¿Qué inquietudes tienen? ¿Saben lo que se espera de ellos? ¿Les has hecho saber lo que hacen bien y en qué cosas podrían mejorar?

---

[21] Consultar el manifiesto ágil:
http://es.wikipedia.org/wiki/Manifiesto_%C3%A1gil
[22] http://es.wikipedia.org/wiki/Lean_software_development

Quizá te parezca algo secundario frente a tener un equipo con altas capacidades técnicas, pero lo cierto es que muchas veces nos volcamos en ir avanzando con el desarrollo del software día tras día y no reservamos un hueco para tomarnos un café con esas personas que trabajan con nosotros de manera distendida para detectar cosas que a lo mejor están afectando al producto o incluso a otros compañeros.

Francamente, creo firmemente en que la comunicación es tan importante como una buena arquitectura o unas buenas prácticas de desarrollo. Y por eso tenemos que promoverla entre todos: una comunicación abierta, bidireccional, orientada a conseguir mejor software. Espero que estas breves líneas te hayan ayudado a ser consciente de la importancia de ello y que los consejos aquí comentados puedas aplicarlos en tu actividad diaria.

Así que ya sabes: ¡Comunicación, comunicación, comunicación!

Alberto de Vega (Logroño, 1975) es *Development Manager* en Telefónica I+D. A lo largo de su vida profesional ha programado, ha escrito en revistas de videojuegos y hardware, ha diseñado arquitecturas, ha hecho preventas a clientes tanto de empresas como de administraciones públicas y ha prestado servicios de consultoría. Actualmente está compaginando la gestión de personas con tareas técnicas. Ha participado en el libro *INprendedores*[23] (EOI – ISBN 9788415061137) y es coautor de *El Arte de la Presentación*[24] (Lulu - ISBN 9781447676553).

---

[23] http://www.eoi.es/blogs/open/inprendedores-un-libro-un-acto-y-un-proyecto-colaborativo/
[24] http://www.presentacionesartesanas.com/index.shtml

cómo la programación genérica puede ayudar a reducir el volumen de código

por Jesús Manuel González Espinilla

Introducción

Durante el desarrollo de un proyecto, el desarrollador debe enfrentarse con muchos problemas, pero no solo puramente técnicos sino también del contexto en que se desarrolla dicho proyecto de software. Los plazos reducidos y los requisitos que cambian continuamente hacen que en ocasiones el desarrollador se vea obligado a introducir *workarounds* (soluciones de contingencia) en la codificación dejando de lado las buenas prácticas y la evolución futura de la arquitectura.

A corto plazo estos atajos pueden salvar la entrega de una versión, pero pueden hacer que a medio y largo plazo el proyecto adquiera una deuda técnica que ponga en peligro la evolución del software e incluso haga imposible su modificación.

A lo largo de este capítulo veremos cómo es necesario introducir etapas de revisión del código (*refactoring*) pensando en la arquitectura de forma genérica, de manera que el software se haga más flexible y pueda reducirse su volumen y sea más fácilmente *mantenible* y *evolucionable*.

El peligro del "copy-paste-modify"

Un ejemplo típico de workaround en la programación es el excesivo *copy-paste-modify* que podemos ver a menudo en los proyectos de desarrollo. Su origen puede ser muy diverso:

1. Un developer que se ha fijado en otro código para poder aprender y obtener ideas de los demás o de sí mismo cuando se vuelve a enfrentar a un problema parecido al que tuvo en el pasado.
2. Unos plazos de entrega o unos tiempos excesivamente acelerados que hacen tomar estos atajos de manera que "lo dejamos así y ya lo revisamos más tarde". Y lo que suele pasar es que después posiblemente se tienen otras cosas urgentes que hacer y no se llega nunca a arreglar adecuadamente.
3. O incluso simplemente developers inexpertos que no afrontan una forma de pensar más crítica con el código existente y simplemente se dejan llevar.

Sin querer entrar en otros problemas como la falta de orden y estructuración que nos lleve al *spaghetti code*, esta mala praxis simplemente hace que nuestro código sea excesivamente grande, haciendo saltar todas las alarmas en herramientas de integración continua como SONAR, cuando nos dice: "¡Eh!, tienes 253 clases similares...".

Un ejemplo que lo ilustra

Veamos un ejemplo sencillo para ilustrar este problema. Supongamos una serie de clases que representan tablas de una base de datos.

```java
package es.jmge.dao;

import java.util.*;

public class Country implements java.io.Serializable
{
        protected Long countryId;
        protected String name;
        protected Long currencyId;
        protected String languageId;
        protected String countryCode;

        public Long getCountryId() { return countryId; }
        public void setCountryId(Long countryId) {
        this.countryId = countryId; }
        public String getName() { return name; }
        public void setName(String name)
        {
                if (name!=null)
                {
                        name =
                        name.length()<=64?name:name.substring(0,64
                        );
                }
                this.name = name;
        }
        … // Other getters/setters
}
```

Como podemos ver, esta clase representa una tabla de la base de datos del sistema que contiene la información de países. Un país tiene una serie de propiedades que lo definen dentro del sistema: su identificador, su nombre, la moneda que se utiliza, el idioma, etc...

Además, tenemos una serie de métodos *set* y *get* para acceder a los mismos, lo que se denomina una clase *POJO* (*Plain Old Java Object*) en Java que estamos utilizando para representar una tabla de base de datos. Esto es algo muy común en sistemas *DAO* (*Data Access Object*) como Hibernate, por ejemplo.

Por otra parte tenemos una clase adicional `CountryDb` que proporciona métodos útiles para poder operar contra base de datos utilizando esta clase `Country`:

```
package es.jmge.dao;

import java.io.*;
import java.sql.*;
import java.util.*;
import org.apache.log4j.Logger;
import es.tid.myProject.base.*;
import es.tid.db.*;

public class CountryDB
{
        …
        public static int updateCountry(Country obj, Connection
conn) throws SQLException {
                …
        }

}
```

En este caso, simplemente se muestra la declaración del método que nos permitiría actualizar un registro de la tabla de países en la base de datos.

Dejando de lado la implementación interna (mediante JDBC o cualquier otra librería de acceso a bases de datos relacionales en Java), se aprecia en este ejemplo que estos métodos necesitan de una conexión con la base de datos, de modo que el establecimiento de la conexión con la misma así como la gestión de la *transaccionalidad* quedan fuera.

Esto es algo bastante habitual, puesto que la gestión de conexiones y transaccionalidad de la base de datos se suele unificar para, por ejemplo, utilizar un *pool* de conexiones de modo que se pueda operar con la base de datos de forma más eficiente.

Más allá del refactoring: programación genérica

Las clases del ejemplo anterior son típicas de una capa de acceso a datos que debe ser utilizada por la capa de negocio. Como se ha comentado, en el ejemplo anterior, falta añadir algunas propiedades para que la capa de acceso a datos sea completa. A continuación, se va a utilizar la funcionalidad de gestión de transacciones como ejemplo de cómo la programación genérica es el enfoque adecuado para minimizar la cantidad de código, de forma que el software sea más mantenible y evolucionable.

Si siguiéramos un enfoque ad-hoc, sin programación genérica, se podría crear una clase controlador de la tabla de países que abra la conexión y posteriormente realice el *commit/rollback* correspondiente:

```java
package es.jmge.ctrl;

...

public class CountryCtrl {
    public static void updateCountry(Country country)
    {
        try {
            // Start a database transaction
            Connection conn =
            Database.getConnection();

            // Request to the database
            CountryDB.updateCountry(conn);

            // Commit the database transaction
            conn.commit();

        } catch (DatabaseException e) {
            log.error("BD connection failure: " +
            e.getMessage());
            conn.rollback();
        }
        finally {
            conn.close();
        }
    }
```

```
}
```

Utilizar la clase `CountryCtrl` y concretamente `updateCountry` puede parecer directo y limpio: por ejemplo, si el día de mañana se cambia la capa de acceso de datos, solamente se deben mantener las clases POJO y adaptar los controladores.

Crear un controlador para una tabla consiste en la mayoría de los casos en copiar, pegar y modificar otro... ¡ups!, ya está aquí el problema... Efectivamente, en una base de datos grande, se puede llegar a tener una gran cantidad de controladores que hacen esencialmente lo mismo: gestionar la transaccionalidad.

Un simple *refactoring* no es suficiente para resolver este problema puesto que hay que ir más allá, pensar en genérico y utilizar alguna técnica de programación que reduzca el código de forma drástica. A forma de ilustrarlo, se opta por Java Reflection para la creación de un controlador genérico que permita gestionar la transaccionalidad de cualquier tabla del sistema.

```
package es.jmge.ctrl;

…

public class GenericCtrl
{
    // In this generic method, you can invoke any method of
    any class with a list
    // of arguments in a generic way.
    private static Object _invoke(
        String dbClassName, String methodName, Object[]
        parameters)
    throws MyProjectException
    {
        Connection conn = null;
        try
        {
            // Start a database connection
            (transaction management)
            conn = Database.getConnection();

            // Generic process
            Class<?> dbClass =
            Class.forName(dbClassName);
```

```java
Object result = null;

// If I don't have parameters, the method
"methodName" of class
// "dbClassName" is invoked only with a
Connection parameter.
if( classes == null || parameters == null)
{
        Method method = dbClass.getMethod(
                methodName,
                Class.forName("java.sql.Conn
                ection"));
        result = method.invoke(null, conn);
}

// If I have parameters, the method
"methodName" of class
// "dbClassName" is invoked with these
parameters and a Connection
// parameter.
else
{
        // Array with the parameter classes
        Class<?>[] classes = new
        Class[args.length];
        for( int i = 0; i <
        parameters.length; i++)
                classes[i] =
                parameters[i].getClass();

        // Add the connection class to this
        array
        Class<?>[] classes2 = new
        Class<?>[classes.length+1];
        System.arraycopy(classes, 0,
        classes2, 0, classes.length);

        classes2[classes.length] =
        class.forName("java.sql.Connection"
        );

        // Get the method with this
        paratemeters from
        // class "dbClassName"
        Method method = dbClass.getMethod(
        methodName, classes2);

        // Prepare the parameters array
        with the connection object
```

```
                    Object[] parameters2 = new
                    Object[parameters.length+1];
                    System.arraycopy(parameters, 0,
                    parameters2, 0, parameters.length);
                    parameters2[parameters.length] =
                    conn;

                    // Generic invocation with
                    parameters
                    result = method.invoke(null,
                    parameters2);
            }

            // Commit the connection (transaction
            management)
            conn.commit();

            return result;

        } catch (Exception e) {
                // Rollback the connection (transaction
                management)
                conn.rollback();
        } finally {
                // Close the connection (transaction
                management)
                conn.close();
        }
    }
}
```

Se ha realizado un ejercicio de refactoring mediante programación genérica, puesto que no se maneja una tabla concreta, ni una clase concreta, sino que por medio de Java Reflection (aunque se podría haber utilizado cualquier otra técnica como polimorfismo, *templates*, etc...) conseguimos abstraer qué datos estamos manejando en un caso determinado para resolver el problema de forma genérica: proporcionar a todas las clases de la capa de datos, un control de transaccionalidad en un único controlador.

Una forma de pensar más allá del problema concreto

Es muy importante entonces plantearse los problemas más allá de lo que se necesita a corto plazo. Hay que tener en cuenta la estructura de nuestra arquitectura y adelantarse a las probables aunque desconocidas evoluciones futuras del sistema.

En muchas ocasiones, las pistas de cómo llevar esto a buen término se extraen de los requisitos de cada versión. Cuando nos los proporcionan, vemos cómo se debería implementar esto en nuestra actual arquitectura, qué podemos reaprovechar de lo que está hecho, qué podemos generalizar para simplificar el código ya existente.

Así tenemos que, si la programación genérica es el método con el que debemos pensar los nuevos desarrollos, el refactoring es la forma de poder aplicarlo en el software existente.

Por contra, las pruebas de regresión son el precio a pagar para no acabar con una deuda técnica que a medio plazo haga imposible evolucionar nuestro sistema. Una forma de rebajar este precio es disponer de una batería de pruebas automatizada correctamente mantenida, pero el coste sigue estando ahí.

Lo realmente difícil para un desarrollador es saber hasta qué punto nos compensa realizar un refactoring sobre un código de forma que el software sea más general, flexible y extensible y admita de mejor manera los cambios que han de venir. La experiencia en los proyectos nos demuestra que lo más razonable es realizar un proceso iterativo de mejora continua del software, manteniendo un equilibrio entre las necesidades concretas de una versión y las reformas mediante refactoring y programación genérica que hagan que dicha versión pueda evolucionar de forma sencilla.

 Jesús M. González Espinilla (Valladolid, 1976) es *Initiative Tech Leader* en Telefónica I+D. Desde el año 2000 ha estado involucrado en desarrollo software de sistemas de diversos tipos dentro de la compañía, desde sistemas de gestión telefónica (prepago, portabilidad, control de consumo, etc…) hasta proyectos en internet como BlueVia o un *payment enabler* para poder realizar pagos de muy diversas formas. Sus tareas han estado principalmente enfocadas al desarrollo de software en todos sus niveles: desarrollador, arquitecto y líder técnico en multitud de tecnologías.

desarrollo personal

por Stefano Marinelli

vamos
objetivos
compromiso
contrato
persona
nosotros
reunión
situación
ejemplo
deseos
técnico
quiere
tiempo
podemos
proyecto
poder
formación
People
queremos
partes
tareas
caso
desarrollo
gustaría
mejorar
personal
mismos
ejercicio
forma
posible
cara
futuro
están.
camino
claro
trabajo
seguimiento
siguiente
Realizar
presentación
incluso
cuenta
empresa
estamos
laboral individual
consecución
Manager
plan
realmente
consideramos

Quiero cambiar… pero lo haré mañana.

Quiero aprender… pero no tengo tiempo.

¿Cómo lo voy a poder hacer?

Decisión de empezar el camino

La mayoría de nosotros hemos pasado por unos años de formación casi de manera pasiva, en parte impuestos por nuestras familias y por las condiciones a nuestro alrededor marcadas por la sociedad en la que vivimos.

Como adultos, es hora de pensar a dónde hemos llegado y lo que nos proponemos para nuestro futuro en la vida privada y en la vida laboral.

A veces nos hemos encontrado con la sensación de estar haciendo algo y preguntarnos cómo hemos podido llegar hasta ese punto. O simplemente, hemos estado reflexionando sobre lo lejos que estaba lo que nos encontrábamos haciendo respecto a lo que realmente nos apasionaría.

Por otro lado, ¿cuántas veces hemos pensado e incluso dicho de querer aprender algo nuevo o de mejorar según qué habilidad?

El ser humano en general tiene siempre la tendencia a buscar su desarrollo individual, para que se pueda sentir más realizado personalmente y también tener reconocimiento y prestigio dentro del grupo humano en el que se mueve.

Esta inquietud de fondo hace que busquemos un camino de evolución, que vaya más allá de los cursos de formación, masters, etc., que siempre están allí para ayudarnos. Este camino es como si fuera un mapa de ruta que nos ayudara a llegar a un lugar que en este momento conseguimos visualizar aún de forma borrosa.

Pues, ¡así empieza el camino!

Visualiza tus objetivos

Un ejercicio muy interesante que podemos hacer de cara a concretar hacia dónde queremos evolucionar, es escribir en post-its nuestros deseos de cara al desarrollo individual, aunque estén aún en una forma embrionaria, pero que representen de alguna manera cómo nos gustaría vernos en un futuro más o menos cercano.

Para dar una pista, en el caso de un desarrollador, además de temas relacionados con sus habilidades no técnicas, debería haber curiosidad en seguir y aprender nuevas tecnologías que vayan apareciendo para mantenerse siempre puesto al día. También podría existir deseo de reciclarse como desarrollador si la tecnología que conoce está cayendo en desuso o ya no es parte integrante del plan tecnológico de la compañía. O en otros casos, habrá alguien que querrá empezar a tocar temas de arquitectura SW y/o profundizar en TDD, por ejemplo, para poder desempeñar otro rol en el futuro.

Sean cuales sean las inquietudes, los deseos mencionados anteriormente representan nuevos aprendizajes y conocimientos que nos gustaría adquirir o cosas relacionadas con nuestras características personales que queramos pulir, consolidar o eliminar.

Una vez tengamos los post-its, podemos clasificarlos por conocimiento técnico y por habilidades no técnicas.

A veces nos daremos cuenta de que podemos aunar varias cosas en una, o que incluso no estamos interesados en algo que anteriormente habíamos apuntado en los post-its. Además, si vemos que un deseo resulta demasiado grande, quizás sea mejor desmenuzarlo en piezas más pequeñas que apuntaremos en los post-its. En cualquier caso, arreglamos nuestro conjunto de post-its como mejor nos plazca: tengamos en cuenta que seremos los beneficiarios/usuarios de lo que nos estamos proponiendo.

En cuanto lo tengamos, vamos a priorizar la lista de nuestros deseos y, si es necesario, detallamos un poco más cada uno de ellos.

Llegados a este punto, debería quedar ya bastante claro en qué queremos centrarnos y con qué prioridad.

Si lo que ha salido nos parece mucho, apartamos unos cuantos post-its de prioridad más baja, hasta que nos sintamos cómodos con lo que nos queda por hacer. Por supuesto, cómodo no quiere decir que nos quedemos con cosas que consideramos prácticamente ya hechas o de poco valor, sino con las que pensamos que realmente nos van a beneficiar y que estamos convencidos de poder acometer.

Por otro lado, hay que tener cuidado con cosas que consideramos imposibles de alcanzar, ya que acabaremos dejándolas por el camino y nos generarán desmotivación.

El ejercicio mencionado solo es una sugerencia, en la realidad lo que tenemos que hacer en esta fase es sentarnos con nosotros mismos y ver hacia dónde queremos ir y lo que queremos abarcar. Cada uno puede utilizar el método que considere más oportuno.

Una cosa que no hay que olvidar es que para ello podéis contar con el apoyo de un experto en *People Management*, que os ayude a aterrizar vuestros deseos que a partir de ahora llamaremos objetivos.

De aquí en adelante mencionaremos al *People Manager* como la persona que os puede asesorar durante todas las fases del plan de desarrollo individual. En caso de que en tu empresa no exista esta figura, quizá tu responsable o algún compañero más *senior* – un coordinador técnico – podrán ayudarte en este camino.

Responsabilidad personal

Realizar un plan de desarrollo individual quiere decir adquirir un compromiso con nosotros mismos para llevar a cabo unas acciones cuyo beneficiario seremos nosotros mismos.

No es algo impuesto por la empresa en la que trabajamos o algo que tengamos que cumplir para llevar a cabo el expediente. Si así fuera, os recomiendo no hacerlo, no perder tiempo y no hacer perder tiempo a otras personas.

Con lo que, os invito a repasar una vez más los objetivos que hayáis definido para ver si realmente os lo creéis y estáis dispuestos a trabajar para conseguirlos.

Si es así, pues, adelante, el camino ya está abierto. Estáis a punto de firmar un contrato con vosotros mismos.

En el caso de que la empresa en la que estéis utilice el plan de desarrollo como un elemento más para evaluar vuestras prestaciones anuales, os aconsejo ser muy honestos: si realmente no queréis realizarlo, decirlo abiertamente, seguro se podrá llegar a un acuerdo en lugar de generar falsas expectativas y perder tiempo.

Mi recomendación personal es que, si la empresa os brinda esta oportunidad, deberíais tomarla como un regalo y hacer lo posible para que vuestros objetivos se hagan realidad.

Como voy a plasmar mis objetivos en un plan de desarrollo individual

De cara a la preparación de nuestro plan de desarrollo individual, nos ayuda analizar la situación actual en la que nos encontramos y la situación deseada en la que nos gustaría encontrarnos una vez hayamos podido conseguir nuestros objetivos.

Es importante que describamos claramente estos dos estados y que nos marquemos un plazo temporal para alcanzar la situación deseada. Marcar el plazo nos desafía a lograr las metas y hace que nuestro plan sea un contrato con nosotros mismos, cuyo "tiempo de entrega" y "calidad" solo podremos garantizar si estamos realmente comprometidos en su consecución.

Para cada uno de los objetivos que hemos decidido mantener en nuestro plan, vamos a definir una serie de tareas que contribuirán a su consecución. Estas tareas tienen que representar algo que realmente podamos hacer nosotros mismos, que esté en nuestras manos y cuyo logro dependa de nuestra labor.

Por ejemplo, si queremos mejorar nuestro nivel en un lenguaje de programación, podríamos poner las siguientes tareas:

- Realizar autoformación utilizando el portal XYZ hasta el apartado 7
- Revisar mi código periódicamente con expertos de mi entorno e incorporar los consejos que voy recibiendo
- Desarrollar una librería que pueda ser reutilizada por más de un proyecto

Una vez tengamos definidas las tareas, tenemos que especificar a partir de cuándo vamos a trabajar en ellas y cuándo queremos terminarlas. Se recomienda poner puntos de verificación intermedia, que pueden ayudarnos a ver cómo vamos y, si es necesario, a recalibrar las tareas.

Además, para cada una de ellas tenemos que estimar lo que nos va a costar en tiempo y quién va a ser quien nos dé información sobre cómo lo estamos haciendo (puede ser una persona, el resultado de una encuesta, un informe sacado de una herramienta que usamos en nuestro trabajo, etc.).

De cara a esta información sobre cómo vamos, es muy importante que contrastemos lo que recibimos con nuestra percepción personal: a veces este ejercicio nos puede dar unas cuantas sorpresas comparando cómo nos consideramos y cómo nos percibe la gente a nuestro alrededor.

El análisis periódico del estado de vuestro plan de desarrollo individual se realizará a través de una reunión con vuestro People Manager.

Aprender haciendo

El plan de desarrollo individual se complementa con acciones formativas de tipo tradicional (cursos, asistencias a ponencias, etc.) de

100

forma armónica: no son formas excluyentes de ir avanzando en nuestra evolución personal.

La diferencia sustancial radica en que en un curso de formación vamos de asistentes más o menos activos, sin tener muy claro qué partes del curso nos beneficiarán más, qué partes menos. Mientras en el plan de desarrollo individual nos comprometemos en ir aprendiendo mediante el trabajo en tareas concretas que realmente consideramos que facilitarán la consecución de nuestros objetivos.

Es muy importante que seamos los dueños absolutos de nuestras tareas, que podamos llevarlas a cabo de forma bastante autónoma y no dependamos de terceras partes cuyo rol quede poco definido. Si existe alguna tarea que implica la colaboración de otra persona, tenemos que asegurarnos de haber contactado previamente con ella, explicado de que va la cosa y tengamos su compromiso en ayudarnos, incluso aunque se trate simplemente de darnos *feedback* sobre cómo hemos realizado nuestro trabajo.

Las tareas deberán estar relacionadas lo más posible con el trabajo que realizamos diariamente. Es el proyecto en el que estamos trabajando y el entorno laboral cercano donde vamos a encontrar un gimnasio para poder entrenar y mejorar, donde confrontarnos con otras personas y saber realmente cómo lo estamos haciendo.

Por ejemplo, si queremos mejorar nuestra capacidad de realizar presentaciones en público, podríamos ponernos las siguientes tareas:

* Realizar en los próximos 6 meses dos presentaciones de análisis técnico del proyecto XYZ
* Una vez tengamos disponible cada presentación y una semana antes de realizar la exposición, acudir a un compañero más veterano o a mi responsable para que la revise y nos dé sus comentarios (aquí hay que consensuarlo antes ya que implica un compromiso por parte de la persona que nos va a ayudar)
* Preparar una encuesta y recoger la opinión de los asistentes a la presentación, analizarlo y utilizarlo como material valioso para

preparar la siguiente presentación (recomendación: esta opinión se recoge al terminar la presentación y no después....somos humanos y nos olvidamos de las cosas pasado un tiempo)

Quiero modificar mi plan de desarrollo individual

Como comentado anteriormente, el plan de desarrollo individual es como un contrato y como contrato tiene fecha de vencimiento y hay que realizar un seguimiento. Pero también como algún contrato, tiene cláusulas de modificación. Esto, ¿qué quiere decir?

Si durante la ejecución nos damos cuenta que un objetivo ya está conseguido o que otro objetivo no lo vamos a poder abarcar, en la siguiente reunión de seguimiento podemos modificar nuestro plan consensuándolo con nuestro People Manager.

Esto no quiere decir que si tenemos un plan que abarca un año laboral, lo vayamos a modificar diez veces. Realmente es otro ejercicio de honestidad con nosotros mismos: si lo modificamos es para que nuestro plan sea de más utilidad y más efectivo de cara a la consecución de los objetivos que nos hemos marcado.

Existe otra situación en la que no cambian los objetivos, pero nos damos cuenta que las tareas definidas en el comienzo ya están obsoletas, o están conseguidas, o queremos añadir unas nuevas tareas. En este caso, también en la siguiente reunión de seguimiento, realizaremos las modificaciones pertinentes y empezaremos a trabajar con nuestro plan revisado.

¡Objetivo conseguido! Y ahora, ¿qué?

Si a la fecha de vencimiento hemos conseguido cumplir con los objetivos que nos habíamos marcado, pues:

¡ENHORABUENA!

...así como enhorabuena si no hemos cumplido todos los objetivos y sentimos que hemos realizado todo el esfuerzo posible para acometerlos. También éste es un ejercicio de aprendizaje, y lo que nos queda pendiente lo vamos a tener en cuenta de cara al siguiente plan que preparemos.

Nuestro nuevo plan de desarrollo, además de contener lo que nos ha quedado pendiente del anterior, modificado y actualizado con la experiencia que hemos adquirido, se compondrá de objetivos que sean el resultado de un ejercicio de visualización similar a cuanto se ha descrito en el apartado titulado "Visualiza tus objetivos".

Ahora ya tendréis más claro cuáles son los ámbitos donde queréis centrar vuestro desarrollo y seréis más expertos en definir tareas concretas cuya ejecución os ayude en seguir evolucionando personal y laboralmente. Así que, ¡ánimo y adelante!

Stefano Marinelli (Roma - Italia, 1966) es *Development Manager* en Telefónica I+D. A lo largo de su vida profesional ha trabajado en la innovación de procesos, productos y servicios en Telefónica I+D, ONO y Orange España. Ha liderado el área de tecnología de la red de transmisión óptica, radio y cable coaxial en AUNA. Ha liderado el centro nacional de asistencia técnica *wholesale* de Telecom Italia. Ha definido y validado sistemas de gestión de redes de trasmisión, sistemas de soporte al negocio y bases de datos en Retevisión y Telecom Italia.

procesos para escribir código mantenible y estable

por Daniel Micol Ponce

Introducción

A la hora de escribir código que será llevado a producción, es necesario seguir un cierto grado de disciplina que permita que dicho código sea legible, *mantenible* y correcto. Para esto proponemos una serie de procesos que son, en cierta medida, estándares de facto en empresas punteras en el mundo del desarrollo de software. La aplicación de éstos de una forma correcta y estricta facilitará la escritura de código que podrá ser mantenible a lo largo de los años, mientras que la no aplicación de dichos procesos y disciplina dificultará en gran medida que el código en cuestión llegue a ser un producto estable y fácil de mantener.

El objetivo final de este capítulo es permitir entender cómo realizar modificaciones controladas y seguras del código, con el objetivo de poder evitar su desestabilización, así como intentar no llegar a un punto en el cual sea demasiado difícil de mantener. Para ello, vamos a describir una serie de buenas prácticas para usar sistemas de control de código, ya que es un elemento fundamental para poder aplicar el resto de prácticas o procesos y tener una buena gestión del código. Seguidamente pasaremos a detallar el proceso de revisiones *pre-commit*, que nos ayudarán, además de a compartir conocimiento y escribir código de mayor calidad, a tener un cierto grado de orden y control sobre los cambios que se realizan sobre el código. Una vez tenemos dicho proceso, podemos empezar a hablar del ciclo de vida del desarrollo de software, el cual establece una serie de fases así como distintas medidas de calidad requeridas para el código que se modifica. La aplicación de este ciclo de vida será posible gracias al correcto manejo de los sistemas de control de código, así como la aplicación de revisiones de código que permitirán el control de los cambios que se suban al repositorio.

El SCM: ese gran desconocido

Antes de pasar a describir los procesos en cuestión, conviene recordar cuál es la finalidad de un sistema de control de código (*SCM* por sus siglas en inglés) como puede ser Subversion o Git. Un error común es concebir al SCM como un sistema de copia de seguridad externo, al cual se intentan enviar tantos cambios y tan frecuentemente como sea posible.

Este error es facilitado por sistemas más sencillos como puede ser Subversion, donde el comando `svn commit` permite subir al repositorio todos los cambios que se hayan hecho, sin tener que decidir de antemano cuáles se subirán y cuáles no. Por lo tanto, una práctica común es realizar cambios y cada cierto intervalo de tiempo ejecutar `svn commit`, a modo de copia de seguridad. Sistemas más avanzados como Git incluyen una gestión de cambios a subir al repositorio, en su caso conocido como *staging area* (área de montaje), en parte para evitar este tipo de malas prácticas.

La finalidad de un SCM es la de servir como punto de gestión de versiones relativamente estables, atómicas y completas del código. El grado en el que esto debe cumplirse dependerá de la estructura del repositorio en cuestión, procesos de desarrollo, y el producto que se esté desarrollando. Por lo tanto, únicamente los cambios de código que pasan un cierto grado de medidas de calidad deben ser subidos al repositorio. Otro de los objetivos de un SCM es servir de historial de los cambios realizados en el código. Esto resulta muy útil a la hora de averiguar quién introdujo una determinada funcionalidad y cuándo lo hizo, cuándo se arregló un *bug* o problema, o cuántas veces se ha *refactorizado* una porción de código. También es muy útil a la hora de deshacer cambios. Si el desarrollador en cuestión ha realizado muchos *commits*, será complicado utilizar esta capacidad de historial que tan útil puede llegar a resultar. Por otro lado, si los commits no son atómicos y contienen varios cambios que afectan a diferentes funcionalidades, será difícil distinguir qué cambios pertenecen a una u otra funcionalidad, y también será complicado revertir las modificaciones a una funcionalidad concreta.

Las revisiones de código: cuatro (o más) ojos ven mejor que dos

Una vez detallada la funcionalidad de un SCM, podemos entender los beneficios de la aplicación de las revisiones de código. Se trata de uno de los procesos más importantes a la hora de desarrollar software correcto y mantenible, y consiste en solicitar a uno o más miembros del equipo que revisen el código escrito. Existen dos tipos de revisiones de código, *pre-commit* y *post-commit*. Las primeras ocurren antes de enviar el código nuevo al repositorio, ya que sólo se podrá hacer el commit cuando los revisores hayan aprobado los cambios. Por otro lado las post-commit se realizan después de haberse subido los cambios correspondientes. La finalidad de ambas es muy distinta.

Por una parte, las revisiones pre-commit tratan de identificar posibles bugs, aspectos que se podrían mejorar, inconsistencias en la arquitectura o el estilo de código, duplicidades, etc. Realizar este tipo de revisiones ayudan a compartir el conocimiento del código entre los distintos miembros del equipo, ya que más de una persona habrá visto cualquier línea que haya sido escrita, fomenta las discusiones sobre la mejor manera de diseñar e implementar código, ayuda a tener uniformidad y sirve para que todo el equipo aprenda del resto habiendo mayor sincronismo entre el código que escriben los distintos miembros del equipo. Por lo tanto, las revisiones pre-commit introducen todas las ventajas del proceso de *peer-reviewing* (revisión en grupo). Esto es habitual en las publicaciones científicas y la programación extrema. Además, y como se explicará más adelante, facilita la tarea de tener commits controlados en las fases de estabilización del código.

Para obtener el máximo beneficio de las revisiones pre-commit, hay una serie de requisitos que deben cumplirse. La primera es que todos los cambios que vayan a ser subidos al repositorio pasen una revisión previa y no sean añadidos a un commit hasta que los revisores hayan aceptado dichos cambios. Además, será necesario el compromiso de los miembros del equipo de intentar realizar la revisión tan pronto se les haya solicitado, con el fin de no bloquear a los autores de los cambios en cuestión y permitir que el código se suba al repositorio lo antes posible. Por último, los cambios deberán ser lo más pequeños posibles con el fin de permitir revisiones eficientes, ya que cambios largos dificultan el entendimiento de todo el código y ralentizan el proceso de revisión.

Hay distintas herramientas que se integran con SCMs para realizar el proceso de revisión de código, como por ejemplo Reviewboard, la funcionalidad de *pull request* de GitHub, *rietveld*, etc. Estas herramientas permiten visualizar las diferencias que van a ser "commiteadas", y realizar comentarios en las líneas en cuestión para así permitir la discusión entre autor y revisores.

Las revisiones post-commit, a diferencia de las pre-commit, sirven para realizar discusiones en grupo sobre cambios en el código que ya han sido "commiteados" al repositorio. Tienen varias desventajas, como el hecho de que cambios posteriores requerirán nuevos commits para solventar los problemas detectados, lo cual choca con la definición realizada anteriormente de buenas prácticas para el uso de SCMs. Además, al estar el código ya subido al repositorio, cabe la posibilidad de que estas revisiones nunca se realicen o que los cambios tampoco se produzcan. Por lo tanto, más que para mejorar la calidad del código, sirven para compartir conocimiento entre los miembros del equipo.

El ciclo de vida: estabilizar para triunfar

Otro proceso importante a la hora de escribir código de producción es tener un ciclo de vida definido, con distintas fases en las cuales el grado de permisividad de los cambios que se pueden realizar varíe. Es importante que haya una o varias fases dedicadas a la estabilización del código, donde el objetivo es tratar de resolver problemas o fallos sin introducir funcionalidad nueva. Para ello habrá que realizar un proceso conocido como *bug triaging* o *bug council*, donde se determinará la severidad de cada uno de los bugs, el coste y riesgo de arreglarlo, y el tiempo restante para liberar una nueva versión. Por lo tanto, cuanto más cerca esté la fecha de release, más severos tendrán que ser los bugs arreglados y menor el riesgo de poder introducir regresiones. Esto supone una política de commits controlados que sería muy difícil de hacer sin las revisiones pre-commit. Además, esto permitirá que el número de commits decrezca conforme nos acercamos a la fecha de release para así minimizar la variabilidad del código y conseguir que la calidad se vaya estabilizando. Es frecuente observar que, en proyectos donde no existen este tipo de procesos, el número de commits se mantiene estable conforme se acerca la fecha de release, o incluso aumenta, incrementándose la posibilidad de introducción de fallos nuevos y dificultando en gran medida la estabilización de la calidad del producto.

El objetivo final de los procesos descritos en este documento es conseguir un ciclo de vida estricto con fases de desarrollo bien diferenciadas que permitan crear software estable y mantenible. Esto es posible si se tiene un buen entendimiento de las mejores prácticas de uso de los sistemas de control de código, y además se emplean revisiones pre-commit que permitan controlar la calidad del código que se modifica en el repositorio. Esto conlleva grandes beneficios no solo para el producto, sino para los desarrolladores también.

 Daniel Micol (Murcia, 1984) es Experto Tecnológico y *Tech Leader* en Telefónica I+D, habiendo trabajado previamente de ingeniero de software en Google, Microsoft, el CERN y Caltech. Compagina el trabajo con una tesis doctoral que espera leer en breve. Durante su carrera profesional ha publicado más de veinte artículos en revistas científicas, congresos, capítulos de libros, y patentes.

la programación funcional te hace más fuerte

por Sebastián Ortega Torres

En este capítulo veremos como la programación funcional es una herramienta útil en el cinturón del programador imperativo aunque no se utilicen lenguajes funcionales ya que las ventajas provienen de los principios de este paradigma y no del lenguaje utilizado.

Programación funcional, ¿de qué estamos hablando?

El concepto de programación funcional es bastante antiguo dentro de la breve historia de la informática. Desde sus primeras encarnaciones en los 60 y 70, con lenguajes como LISP y ML, hasta la actualidad el concepto ha evolucionado sustancialmente aunque siempre ha girado sobre los conceptos de orden superior y transparencia referencial.

Es bastante común definir en negativo la PF, enfatizando que un programa funcional no utiliza las asignaciones y otros efectos laterales. Sin embargo, esto es tan pobre y engañoso como definir la programación estructurada como la prohibición de utilizar instrucciones GOTO o que un diseño modular consiste en *simplemente* evitar que ciertas partes de un diseño no hagan referencia a otras.

Podemos definir la PF en positivo como el estilo de programación en el que la *transparencia referencial* permite explotar los poderosos medios de composición que son el *orden superior* y la *evaluación perezosa*.

El concepto de transparencia referencial suena mucho más complicado de lo que en realidad es: se trata de que las expresiones se puedan sustituir por su valor. En el caso de las funciones, éstas sólo dependerán de sus argumentos y que no tendrán más efecto que generar su valor devuelto. De lo contrario perderíamos algo al realizar la sustitución.

En la *Figura 2* se ilustra una función transparente o **pura**, $f(x)$, junto a otra impura, $g(x)$. En la práctica, el estado que pueda tener la función f(x) es constante o inmutable porque si pudiese ser actualizado las siguientes evaluaciones podrían devolver respuestas diferentes. Por contraposición, g(x) sí que posee un estado que puede actualizar y que se denomina mutable.

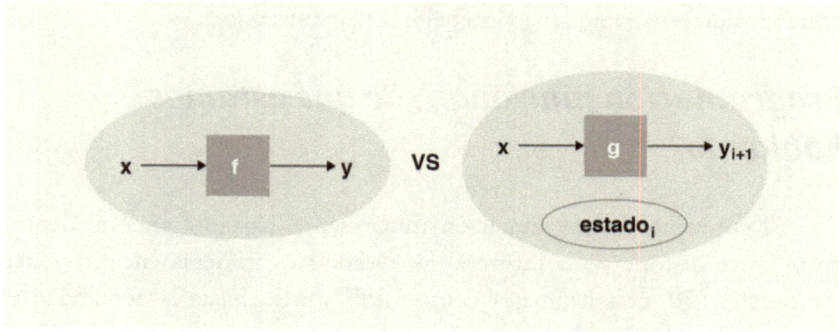

Figura 2: Función pura versus impura

De esto se deriva que, para bien o para mal, todo el estado que deba evolucionar se tiene que definir explícitamente en las interfaces de las funciones, objetos y módulos (bien en los constructores, bien en los parámetros).

Evaluación perezosa

Como consecuencia directa de lo anterior es posible reemplazar la evaluación impaciente por otras estrategias como la evaluación perezosa en la que sólo se realizan los cálculos si el valor es realmente consumido y otras opciones más exóticas como la ejecución concurrente. Es decir, abre la puerta a diferentes abstracciones del flujo de control que ilustraremos con un pequeño ejemplo.

La siguiente función `getId` ofrece identificadores únicos crecientes con cada llamada. Es capaz de hacerlo mediante su estado interno, la variable `nextId`.

```
private static int nextId = 0;

public static int getId() {

    return nextId++;
```

```
}
```

Esta función es impura como g(x) por lo que tiene su estado mutable (nextId). Este estado podría haberse encapsulado de muchas otras formas sin abandonar este modelo como por ejemplo mediante un objeto de clase IdGenerator.

Este tipo de problemas se pueden resolver de forma funcional mediante la evaluación perezosa de la secuencia de identificadores. Esto es así porque al devolver la secuencia infinita de identificadores no es necesario mantener estado mutable. El carácter perezoso de la misma hace que sea posible y eficiente.

Veamos el resultado en Haskell, uno de los principales lenguajes funcionales. Se define la función gen que genera la lista infinita de identificadores a partir de uno dado.

```
gen :: [Int]

gen id = id : gen (succ id)

ids = gen 0
```

La primera línea simplemente define gen como una función sin argumentos que devuelve una lista de enteros (Int). En la segunda se toma como parámetro el primer identificador (id) y se define el resultado como este identificador concatenado (operador ":") con la secuencia de identificadores restante, que comienza con el siguiente posible identificador (succ id). Finalmente, la secuencia de identificadores (ids), es el resultado de empezar por 0.

La magia de la evaluación perezosa radica en que sólo se calcularán los elementos de ids a los que realmente se acceda, potencialmente ninguno. Si intentamos acceder al tercer identificador mediante el operador "!!" (similar a los corchetes de C/C++/Java) y se evaluase de forma estricta nos enfrentaríamos a un desbordamiento de pila:

```
ids !! 2
```

```
(gen 0) !! 2
```

```
(0 : (gen 1)) !! 2
```

```
(0 : 1 : (gen 2)) !! 2
```

```
(0 : 1 : 2 : ...) !! 2
```

```
...
```

Sin embargo sólo se evalúan las expresiones según se van necesitando y se llega a un valor concreto:

```
ids !! 2
```

```
(tail ids) !! 1
```

```
(tail (gen 0)) !! 1
```

```
(tail (0 : gen 1)) !! 1
```

```
(gen 1) !! 1
```

```
(tail (gen 1)) !! 0
```

```
(tail (1 : (gen 2))) !! 0
```

```
(gen 2) !! 0
```

```
head (gen 2)
```

```
head (2 : gen 3)
```

```
2
```

Estructuras de datos persistentes

Cuando aplicamos el concepto de transparencia referencial a una estructura de datos lo que obtenemos son valores constantes o **inmutables** ya que no hay forma de modificar su estado una vez construidos. Esto implica que para insertar en una lista un nuevo elemento habría que copiar los elementos antiguos y añadir el nuevo, lo que es innecesariamente caro. En la práctica, ya que los elementos son a su vez constantes se pueden compartir entre la lista anterior y la nueva de forma que parezca que tenemos dos listas independientes cuando sólo hay una.

Esta técnica se conoce como **estructura compartida** (*structural sharing*) y existe para las estructuras de datos más usuales pudiendo ser ilustrada fácilmente mediante listas enlazadas en las que se inserta y extrae por el mismo extremo (es decir, pilas). Algunos de los primeros lenguajes funcionales ofrecían exclusivamente este tipo de estructura de datos en el propio lenguaje.

Las listas representadas gráficamente en la *Figura 3* se pueden definir en el lenguaje funcional Clojure de la siguiente forma:

```
(def greetings0 (list "hola" "hello" "terve"))

(def greetings1 (rest greetings0))

(def greetings2 (conj greetings1 "ambolanang"))
```

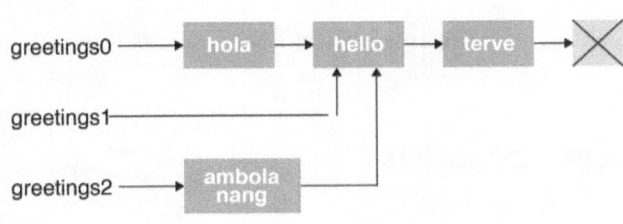

Figura 3: Tres listas con estructura compartida

Como se puede ver, para eliminar un elemento (rest) de la lista basta con utilizar el segundo elemento como cabeza de la lista. De la misma forma, insertar elementos (conj) consiste en crear un nuevo nodo y hacer que continúe con la lista anterior.

Este tipo de estructuras de datos tienen propiedades interesantes allá dónde se necesite compartir datos sin necesidad de crear copias preventivas y con la seguridad de que no van a ser modificadas. Esto es útil en la programación concurrente, para representar valores a compartir entre varios objetos o para hacer más claro en uso de un tipo de datos. Un ejemplo cotidiano de estructura de datos inmutable (aunque no utilice estructura compartida) es la clase `String` de Java, cuyas operaciones devuelven nuevas cadenas en lugar de modificar el propio objeto.

Orden superior

El orden superior que consiste en utilizar las funciones como ciudadanos de primera clase que pueden ser almacenadas en variables, pasadas como argumento o devueltas como resultado. Esto permite combinar funcionalidad con una gran flexibilidad pero puede verse limitado cuando las funciones que se componen tienen dependencias temporales o un estado sobre el que es difícil razonar porque las funciones pueden ser invocadas muy lejos de dónde son definidas. Sin embargo, una función transparente no adolece de estos problemas.

La versatilidad del orden superior puede constatarse comprobando que muchos de los patrones *GoF*[25] se implementan de forma trivial mediante este mecanismo. Por ejemplo, *Strategy*, *Factory Method*, *Template Method*, y *Abstract Factory* pueden ser directamente reemplazados por simples funciones que reciben otras funciones como parámetro[26].

Relevancia y beneficios

Una de las herramientas más importantes cuando se está diseñando software complejo es la descomposición en módulos lo más independientes posibles. En último término podemos tener módulos tan pequeños, desacoplados y versátiles como flexibles sean los medios de

[25] Gamma, Erich, et al. "Design patterns: Abstraction and reuse of object-oriented design." ECOOP'93—Object-Oriented Programming (1993): 406-431.
[26] Edward Z. Yang, "Design Patterns in Haskell", personal blog. http://blog.ezyang.com/2010/05/design-patterns-in-haskel/

composición de los que dispongamos. Uno de los principales beneficios de la PF es que habilita nuevas formas de composición que conducen a módulos más pequeños y más poderosos.

Un ejemplo con solera es la manipulación de secuencias, potencialmente infinitas debido a la evaluación perezosa, mediante orden superior. Es posible definir una biblioteca de funciones que encapsulen patrones típicos como transformar todos los elementos de una secuencia en otra (map), filtrar según un determinado predicado (filter) o realizar agregados (fold, sum). La clave radica en que estas funciones toman como argumento tanto las secuencias a manipular como funciones que modifican su comportamiento y que el resultado es componible de nuevo.

Gracias a las mejoras que Java 8 va a incluir podemos ilustrar este tipo de uso del orden superior con el siguiente ejemplo tomado prestado de OpenJDK[27].

```
int sum = blocks.filter(b -> b.getColor() == BLUE)

     map(b -> b.getWeight())

     sum();
```

Otro beneficio del estilo funcional radica en la facilidad para razonar sobre el código y sus relaciones, uno de los temas de fondo de las arquitecturas software. Como dijo Einstein, "locura es hacer la misma cosa una y otra vez esperando obtener diferentes resultados", y precisamente eso es lo que sucede excepto cuando tratamos con código transparente. En este caso, todo el estado es explícito y se puede inferir qué puede o no hacer un módulo funcional simplemente dado su interfaz. Esto puede ser muy beneficioso para reducir el coste de mantenimiento siempre y cuando el código no esté muy acoplado, puesto que cada modificación del estado utilizado implica modificar interfaces.

En el campo de la calidad se puede decir que la transparencia referencial reduce dramáticamente el coste de creación y mantenimiento

---

[27] OpenJDK, State of the lambda.
http://cr.openjdk.java.net/~briangoetz/lambda/collections-overview.html

de suites de tests a todos los niveles. Al depender las salidas únicamente de las entradas es fácil probar todos los caminos de ejecución de una función o módulo. Este extremo es frecuentemente imposible en diseños imperativos puesto que se depende de un estado interno que hay que reproducir y que puede cambiar de forma inadvertida al evolucionar el código sin que haya cambios en la interfaz de las funciones u objetos.

En el campo de la concurrencia y el paralelismo hay también grandes beneficios para el estilo funcional. En concreto, un diseño con transparencia referencial tiene la ventaja de que las dependencias de datos entre funciones son explícitas y que su ejecución se puede realizar en paralelo sin mayor problema puesto que no es posible que haya dependencias ocultas. Además, las estructuras de datos inmutables presentan la ventaja de poder ser compartidas sin necesidad de establecer secciones críticas ni otros mecanismos de coordinación. Sin embargo estos modelos de concurrencia, como la memoria transaccional y los agentes van mucho más allá de lo que se pretende cubrir en este capítulo.

¿Y si sólo tengo un martillo imperativo?

Pues todo a tu alrededor parecerán clavos, pero no desesperes porque todo lo explicado hasta el momento sobre el estilo funcional, es aplicable a tu martillo imperativo. Por un lado, el orden superior está presente en cada vez más lenguajes y su ausencia se puede suplir por medio de interfaces o clases plantilla. Por otro lado, la transparencia referencial se puede conseguir evitando las asignaciones y otros efectos laterales como decisión de diseño y la evaluación perezosa es posible con algo más de infraestructura con construcciones como generadores e iteradores.

La diferencia que marca el utilizar un lenguaje funcional, especialmente si es estricto o puro, radica en que permite verificar o impedir que se viole la transparencia referencial y que ofrece una sintaxis adecuada para definir y componer funciones de forma barata.

Para poder disfrutar de los beneficios del estilo funcional en el seno de un diseño hay que poder definir una *burbuja* o dominio en el que se respeten los principios de la PF y que sea lo suficientemente auto-contenida. De esta forma se podrá razonar más fácilmente sobre esa parte del diseño, será fácil de componer y de probar independientemente y ofrecerá beneficios para aprovechar el paralelismo del hardware. Es interesante observar que no es necesario que este gueto ocupe el 100% del código para acceder a estos beneficios y de hecho, muchos lenguajes funcionales (como Clojure, OCaml o F#) siguen una estrategia mixta que permite que parte del diseño sea imperativo.

De lo que también hay que ser conscientes es que al no utilizar un lenguaje funcional el coste de las construcciones funcionales puede ser bastante mayor y por lo tanto no merecerá la pena utilizarlas para ciertos usos. Por ejemplo, si comparamos Java 7 que carece de literales de función con Java 8 en el contexto del ejemplo de la sección anterior, descubriremos que el ejemplo presentado en la sección anterior no merecería la pena en caso de requerir una clase anónima por cada una de las partes del filtrado y que en su lugar se preferiría el procesado habitual basado en colecciones mutables y bucles. Sin embargo, para un diseño más complejo en el que varios módulos puedan definirse como un pipeline alrededor de una determinada secuencia sí que merecería la pena definir interfaces y objetos y componerlos con ese estilo.

En conclusión: el estilo funcional es una gran herramienta que debe formar parte del cinturón de herramientas de cada desarrollador.

Para saber más

OpenJDK, State of the lambda.
http://cr.openjdk.java.net/~briangoetz/lambda/collections-overview.html

Hughes, John. *Why functional programming matters*. The computer journal 32.2 (1989): 98-107.

Edward Z. Yang, *Design Patterns in Haskell*, personal blog. http://blog.ezyang.com/2010/05/design-patterns-in-haskel/

Gamma, Erich, et al. "Design patterns: Abstraction and reuse of object-oriented design." ECOOP'93—Object-Oriented Programming (1993): 406-431.

Yegge, Steve. *Execution in the Kingdom of Nouns*, personal blog. http://steve-yegge.blogspot.com.es/2006/03/execution-in-kingdom-of-nouns.html

Backus, John. *Can programming be liberated from the von Neumann style?: a functional style and its algebra of programs.* Communications of the ACM 21.8 (1978): 613-641

 Sebastián Ortega (Madrid, 1984) es Ingeniero I+D en Telefónica I+D. Comenzó su andadura profesional participando en proyectos de investigación nacionales y europeos en el ámbito de las tecnologías web antes de dar el salto a las tecnologías cloud y de big data para Telefónica. Enamorado del desarrollo de software desde siempre y perplejo por lo profundo de este campo del saber ahora se dedica a explorar la programación funcional y otros legados de la breve historia de la profesión.

relaciones de código con un desarrollador en un entorno de innovación

por Miguel Ángel Santiago Cabello

hardening texto
producto
alto continuo
desarrollador
líneas operación
equipo

despliegue
innovación
contexto
integración
algoritmo
valores
calidad
nivel
perfiles
parámetros
respecto
participa óptimo
investigador
Relación
proyecto
trazabilidad
tecnológico
tienen
criterios
entorno
ejemplo
interfaces
eficiencia
fuente
Scrum
software
investigación
componente
proyectos

construcción
requiere
código
reconocimiento
través
dónde
partes
diseño
compañía
mantiene
implementar
técnico
etapas
conseguir
idea
bien
ciclo
servicio
máxima
valor
code
operador
embargo
complejidad
producción
Master
excepciones
esfuerzo
gestión
tests
audio
datos
sistema
incluso
implementación

Contexto

Si tuviéramos que elegir una característica del desarrollador es su sensibilidad al cambio. Se adapta a diferentes proyectos, a diversas metodologías de trabajo y a la relación con su entorno. Todo ello usando un lenguaje universal compuesto por infinitas líneas de código y tecnologías en continuo progreso. En este capítulo veremos la adaptación del desarrollador a un contexto de innovación y cómo se relaciona a través de su lenguaje: el código fuente.

La principal característica de los proyectos de innovación es su amplio recorrido. Desde la creación de la idea hasta el despliegue del producto son muchas las etapas donde el desarrollador participa e incrementa valor a la solución software. En este caso no haremos distinción entre el desarrollador y los técnicos sénior del equipo; de hecho, comenta muy acertadamente el libro *The developer Code*[28] que el arquitecto no debe desvincularse de la programación, pues es el código el que mantiene unidos a los roles técnicos. Más bien nos centraremos en las relaciones que mantiene con otros perfiles como el investigador o el operador de despliegue, o incluso con gestores como el *Scrum Master* en una metodología Agile. Con cada uno de ellos, el desarrollador establece un intercambio eficiente de código con la máxima de conseguir un producto de calidad.

Relación de código con perfiles de investigación

Todo proyecto de innovación arranca de una idea que pretende ser disruptiva en el mercado final. Ahora bien, puede crecer como un servicio que es viable de implementar desde el inicio, donde el desarrollador tiene el camino libre para generar líneas de código. O basarse en un reto tecnológico donde participa el investigador, y el desarrollador requiere de su contribución para poder crear. Encontramos fácilmente ejemplos si pensamos en proyectos que tienen que ver con procesamiento de voz, reconocimiento de imágenes o inteligencia artificial en general. Aunque el

---

[28] K.W. Cheung, "The Developer's Code: What Real Programmers Do", The Pragmatic Bookshelf.

equipo técnico es responsable de dar forma y funcionalidad de producto a la idea, la integración del componente tecnológico es la clave para que todo funcione. Por ello, desarrollador e investigador tienen que mantener un importante diálogo en la vida del proyecto.

El paso habitual es acordar unas interfaces entre la infraestructura del producto y el componente tecnológico, sea REST, RPC o simplemente una librería embebida. Sin embargo, la naturaleza cambiante de una investigación impide al desarrollador tener un diseño estable y predefinido. El desarrollador entonces ha de conseguir en su arquitectura que las partes conectadas a la investigación tengan un diseño desacoplado, modelos de datos dinámicos como ofrecen las tecnologías No-SQL y aplicar las recomendaciones de un buen diseño software (GRASP[29] y SOLID[30]).

Sin embargo, dejaríamos al componente tecnológico como una caja negra, recibiendo unas pocas entradas (por ejemplo, el *stream* de audio o vídeo a reconocer) y respondiendo una única salida. Pero es habitual que el investigador diseñe un algoritmo que dependa de un número elevado de parámetros y tenga que inferir el valor óptimo con la mínima información. Aunque el desarrollador no conozca cómo seleccionar esos valores, sí tiene visibilidad del resto del sistema y puede identificar información correlada con la calidad del algoritmo: el *contexto*. Estos datos pueden ser muy valiosos para que el investigador adapte su algoritmo. En una aplicación de reconocimiento de audio, por ejemplo, el contexto estaría formado por el perfil de usuario (edad, género,...), las condiciones de adquisición y transmisión (*codecs* de audio, wifi, 3G,...) o la realimentación del usuario (correcciones sobre el texto reconocido). La moraleja es que desarrollador e investigador no deben ir independientes en sus implementaciones. El desarrollador diseña sus bloques funcionales para que los máximos datos realimenten al componente tecnológico, y el investigador construye un algoritmo adaptativo mapeando sus parámetros a las condiciones del contexto.

---

[29] http://en.wikipedia.org/wiki/GRASP_(object-oriented_design)
[30] http://en.wikipedia.org/wiki/SOLID_(object-oriented_design)

Por último resaltamos los criterios fundamentales que debe buscar el desarrollador en el código intercambiado en esta etapa: testeo y eficiencia. El investigador centra su esfuerzo en implementar un algoritmo siguiendo el rigor analítico, mientras que el equipo técnico tiene que asegurar que se cumplen unos requisitos de calidad y latencia. Por eso el equipo de QA ha de tener presencia en esta parte del sistema y definir *tests* de integración apropiados. Por su parte, el desarrollador acuerda unos códigos de respuesta en caso de errores si son interfaces remotas o unas clases de excepciones para propagarse al servicio. Con respecto a la eficiencia, el investigador es el primer interesado en que el algoritmo responda a unos valores de complejidad reducidos, pues mucho esfuerzo científico se dirige a esta parte. Pero en ocasiones para conseguir un algoritmo óptimo no es suficiente con una buena implementación, sino que las entradas al código deben ser las más adecuadas (por ejemplo, *frames* de vídeo ponderados con datos de geolocalización para optimizar el reconocimiento). Nuevamente los trabajos de desarrollo e investigación están unidos por el contexto.

Relación de código con perfiles de validación y gestión

Desarrollador, investigador y todo el grupo técnico suben código fuente a un sistema de control de versiones, y mantienen un continuo diálogo sobre la implementación a través de *code-reviews* (revisiones de código). Mientras, otros perfiles del equipo se relacionan con el desarrollador interactuando con el código a más alto nivel. Por ejemplo, las personas de Q&A que validan la funcionalidad de los compilados o el *Scrum Master* que habla con el desarrollador a diario para mapear las tareas de implementación con los avances en el producto. Testeo y trazabilidad son por tanto los dos criterios que el desarrollador ha de seguir para comunicarse adecuadamente con estos perfiles.

Las prácticas software actuales han situado el testeo como parte del desarrollo desde su primeras etapas (TDD, BDD[31]). Así pues, el desarrollador implementa paquetes o proyectos de test unitarios que se

---

[31] http://en.wikipedia.org/wiki/Behavior-driven_development

128

validan en el proyecto de integración continua y que supervisa el equipo de QA. Idealmente estos tests unitarios podrían ser incluso definidos por QA pero la realidad es que ellos se centran en tests de más alto nivel, como los de aceptación o de integración. Desarrollador y QA han de estar por tanto coordinados en las interfaces de código testeables, especificando los parámetros, los retornos y las posibles excepciones. Pero un papel fundamental del desarrollador es distinguir dónde tiene sentido hacer pruebas y dónde no. La cobertura de código es un indicativo de calidad del producto, pero el valor ideal es aquél que maximiza esfuerzo y sentido común.

Prácticas como la programación por contratos hacen más robusto el código y por tanto el desarrollador identifica dónde hay una complejidad susceptible de errores. Un comentario similar aplica a otras métricas de calidad de código (complejidad ciclomática, repetición de código,...), en las que el desarrollador tiene un criterio razonable para priorizar el plan de *hardening* (robustecimiento) del producto.

Con respecto a la trazabilidad, la misión del desarrollador es seguir fielmente la metodología de trabajo, y para ello requiere que la compañía de innovación tenga madurez en sus procesos. En estos momentos GitHub es la plataforma mejor valorada para organizar el código, entonces criterios claros respecto a la creación de ramas, su nomenclatura y los *tags* en los eventos de la construcción del producto (*sprints, code-complete*, hardening, *code-freeze*) son fundamentales. Así, el desarrollador consigue que los sistemas de gestión que mantiene un Scrum Master se correspondan con la forma de avanzar el código fuente. Ese paralelismo es el que permite tener un grado de trazabilidad óptimo. Puede parecer que tanta rigurosidad vaya en contra de un manifiesto ágil, pero incluso las certificaciones CMMI ya se mapean con las prácticas ágiles[32].

---

[32] P.E. McMahon, *Integrating CMMI and Agile Development*, Addison Wesley.

Relación de código con perfiles de despliegue y operación

Tradicionalmente el desarrollador acaba la fase de construcción de un producto y entrega el resultado como una caja negra al personal de despliegue. A partir de ese momento, cualquier actualización del producto es una barrera pues el criterio de operaciones es mantener el entorno de producción estable y con alta disponibilidad. Esto limita la comunicación a entregar distribuciones en ventanas de tiempo muy concretas. Sin embargo, en un entorno de innovación se requiere que los avances del desarrollador lleguen antes al cliente. Por eso la operación de despliegue ha de incluirse en el ciclo de integración continua y así desarrollador e ingeniero de despliegue pueden resolver los problemas de producción desde las primeras fases del producto.

Nuevamente unos procesos software bien definidos ayudan a que esta comunicación sea efectiva, con la máxima de automatizar todos los pasos y minimizar los riesgos. Por un lado el desarrollador es el responsable de la generación del *build* del código, por lo que ha de ser riguroso en la definición de las dependencias acorde con la tecnología y usando repositorios comunes de la compañía. Por otro, el empaquetado es responsabilidad del ingeniero de despliegue que aplica criterios estándar según los entornos (por ejemplo, *rpms*, *dpkgs*, etc) y versiona de tal manera que pueda trazarse el paquete respecto al repositorio de código fuente (por ejemplo, con el *hash* del último *commit*). Todo esto exige un esfuerzo inicial de construcción por ambas partes para que sea un procedimiento automatizado, pero supone un beneficio a posteriori para todos los miembros del producto.

Para finalizar queremos resaltar la importancia que tienen las decisiones del desarrollador en cuanto a *logs* y configuración de parámetros para el mantenimiento del producto. El operador que explota el servicio configura herramientas de monitorización sobre los logs, por lo que las salidas que se establecen en el código han de tener suficiente semántica y trazabilidad (identificador de transacciones). Con respecto a los *settings*, aparte de lo evidente sobre una nomenclatura adecuada, es recomendable no situar estos valores en ficheros de código como ocurre en lenguajes de scripting (por ejemplo, el *settings.py* en Python). Las estructuras de código no tiene por qué ser conocidas por el operador y, por ello, el desarrollador ha de *parsear* siempre los archivos de texto tradicionales.

Conclusión

Las breves líneas de este capítulo reflejan las actividades diarias por las que pasa un desarrollador en un proyecto de innovación. Son múltiples sus interacciones con las personas que integran el producto, y con cada una de ellas se adapta a una relación particular. Y si algo extraemos de este contexto es su papel trascendente en el ciclo de vida del proyecto, convirtiéndose en un elemento central con el que todo el mundo dialoga y además responsabiliza. Como tal merece su distinción y valor en los éxitos de un producto. *Empower developers!*

 Miguel A. Santiago es ingeniero de telecomunicación y PhD en procesamiento de imágenes. Actualmente trabaja en Telefónica I+D con proyectos de desarrollo software transversales. Como investigador ha publicado varios artículos en revistas internacionales, además de participar en proyectos europeos sobre dispositivos móviles y televisión digital. Paralelamente ha evolucionado como ingeniero software en tecnologías de desktop y backend, principalmente en .NET y Python, y ha gestionado equipos con metodología Scrum. Sus áreas de interés son las comunicaciones, las aplicaciones móviles y la inteligencia artificial.

crear un sitio web o un blog con contenido estático es posible

por Juan de Bravo Díez

Motivación

Desde hace bastantes años hay herramientas en el mercado que permiten gestionar webs de contenido cuasi-estático como blogs, páginas personales o de imagen de marca de forma liviana y sin apenas costes operativos. Entre todas las opciones, las plataformas Blogger, Drupal y Wordpress son las más conocidas y extendidas.

En este capítulo se introduce otra aproximación para crear y mantener un sitio web sencillo (sencillo implica que no requiera comercio electrónico, por ejemplo) sin necesidad de disponer de un *CMS* (*Content Management System* - un gestor de contenidos como los mencionados anteriormente) ni de herramientas dinámicas para publicación de contenido. Esta aproximación es apta únicamente para personas con perfil técnico dado que implica eliminar la abstracción de los CMS a costa de un conocimiento más profundo del entorno técnico de trabajo.

Las principales ventajas operativas de esta aproximación son:

- **Simplicidad**: permanecer en el ámbito de las herramientas que suponen nuestro día a día.
- **Ahorro de costes**: la publicación de contenido estático supone un ahorro operativo considerable frente a disponer de un lenguaje dinámico en el servidor, fundamentalmente porque hay opciones gratuitas tal y como veremos al final del capítulo.
- **Reducir riesgos** de seguridad/errores de código. Usando tecnologías dinámicas, tanto si se opta por un desarrollo ad-hoc como por un CMS, el código en servidor difícilmente estará libre de errores (en el caso de un CMS son habituales versiones correctivas cada pocas semanas/meses).
- **Reducir puntos de error:** un sitio web creado utilizando un CMS requiere varios componentes (servidor web y base de datos fundamentalmente) y por tanto la probabilidad de fallo es mayor.
- **Reducir los requisitos para el *hosting*:** servir contenido HTML es el único requisito, lo que facilita una posible migración.

- **Eliminar la necesidad de sistemas de caché:** ¡todo el contenido es estático!

Herramientas de generación estática de contenido[33]

Una herramienta de gestión estática de contenido se define como un programa que genera una estructura de contenido en uno o varios formatos (HTML, XML o cualquier otro), a partir de un conjunto de convenciones y formatos más livianos.

Este capítulo está orientado a **Jekyll** como herramienta de gestión de contenido, pero no es la única alternativa actual para dar crear nuestra propia web. A continuación se describen varias opciones[34]:

- **Jekyll**[35]: seguramente la herramienta más conocida, fue creada por Tom Preston-Werner en 2008 cuando GitHub daba sus primeros pasos. Está desarrollado en Ruby y es fácilmente extensible mediante **plugins**.
- **Cactus**[36]: creado en 2010 por Koen Bok. Está desarrollado en Python y tiene una fuerte dependencia con el sistema de plantillas de Django.
- **Pelican**[37]: similar al anterior, se basa en el sistema de plantillas Jinja2.
- **Docpad**[38]: al igual que el anterior, fue creado en 2010. Actualmente es la mejor opción para los amantes de Node.js y CoffeeScript.

Los motores de generación de sitios web en base a contenido estático se componen de varios elementos:

- **Sistema de plantillas:** se encarga de definir el esqueleto que presenta el contenido a visualizar.

---

[33] http://mickgardner.com/2011/04/27/An-Introduction-To-Static-Site-Generators.html
[34] Más información: https://gist.github.com/2254924
[35] https://github.com/mojombo/jekyll/wiki
[36] https://github.com/koenbok/Cactus
[37] https://github.com/getpelican/pelican/
[38] https://github.com/bevry/docpad

- **Formato de creación de contenido**: el contenido es escrito en un formato liviano, como por ejemplo Markdown[39], a partir del cual se generan los diferentes formatos finales (HTML, XML, JSON, etc.).
- **Generación del esqueleto y las páginas HTML:** proceso que, a partir de la definición de las plantillas y del contenido creado, se encarga de crear todas las páginas HTML definitivas que serán desplegadas en un servidor web.
- **Publicación de contenido:** desplegar el contenido generado localmente en el servidor web al que apunta el nombre de dominio de nuestro sitio web.

Primeros pasos

Antes de adentrarnos en materia es necesario tener unos requisitos mínimos en la máquina de trabajo:

- **Intérprete Ruby:** el rendimiento no supone un problema en este caso por lo que no hay requisitos especiales más allá de una versión del intérprete Ruby MRI 1.8.6 o superior. En el momento de escribir este artículo las últimas versiones de intérpretes Ruby son:
  o MRI: 1.9.3
  o JRuby: 1.7.1
  o Rubinius: 1.2.4
- **Cliente Git:** Git será la pieza básica para mantener el histórico de cambios y publicar contenido. Adicionalmente también lo necesitamos para crear el esqueleto inicial del sitio.
- **Gestión de librerías Ruby:** siempre es recomendable utilizar un entorno dedicado para cada proyecto en el que trabajamos. Para ello contamos con herramientas como rvm o rbenv que nos aíslan de posibles incompatibilidades con versiones de librerías de otros proyectos.
- **Instalar la librería Jekyll** (y automáticamente sus dependencias):

```
gem install jekyll
```

- **Crear el esqueleto del sitio web:** para ello, usamos la librería jekyll-*bootstrap*[40]. Si por ejemplo deseamos generar un sitio web llamado "my-site", debemos ejecutar:

---

[39] http://daringfireball.net/projects/markdown/
[40] http://jekyllbootstrap.com/

```
git clone https://github.com/plusjade/jekyll-bootstrap.git my-
site
```

En este punto, ya tenemos un esqueleto para nuestro proyecto (similar al resultado de ejecutar el comando scaffold de Rails). Para visualizar el contenido autogenerado tenemos dos opciones:

- Permitir que WEBrick (servidor web Ruby) muestre dinámicamente el contenido: es la opción recomendada conforme vamos añadiendo contenido a nuestro sitio web. Puede visualizarse el contenido accediendo a la URL `http://localhost:4000` (el puerto es configurable mediante parámetros)

```
cd my-site
jekyll --server
```

- Generar el contenido estático: el objetivo final del proceso. Este comando genera todo el contenido estático en la subcarpeta `_site`. En este caso, para visualizar el contenido es necesario abrir el fichero `_site/index.html`.

```
cd my-site
jekyll --no-auto
```

NOTA: jekyll-bootstrap tiene un pequeño defecto en el momento de escribir este artículo (Diciembre 2012). Si el contenido estático no se muestra correctamente, modificar en el fichero `_site/index.html` las dos líneas que enlazan los ficheros CSS, borrando el carácter slash ("/") inicial para convertir las referencias en relativas.

En este punto, ya tenemos un sitio generado con Jekyll completamente funcional.

Sintaxis: estructura y formato

Layout

El *layout* define la forma en la que se visualizan los contenidos: estructura, ficheros CSS de estilo, etc. El layout es la base del diseño de cualquier sitio, tanto dinámico como generado con Jekyll u otro motor de contenido estático.

En la subcarpeta _layout se incluyen tres ficheros que definen los posibles diseños que puede tener una página en el sitio. Aunque la extensión de estos ficheros es "html", el formato que contienen es Liquid[41], el sistema de plantillas utilizado por Jekyll para generar el contenido final. Liquid fue creado por Shopify y es un proyecto *open source*.

Jekyll procesa mediante el motor Liquid cualquier fichero que incluya una cabecera similar a la que aparece en estos ficheros (YAML *front matter*[42]) independientemente de la extensión del fichero. En cada una de las páginas de contenido se indica qué fichero de layout se desea utilizar para formatear el contenido. A continuación se muestra el aspecto de una cabecera YAML:

```
---
layout: post
title: Yet another blog in the world
categories: [ruby, git, markdown, blog]
---
```

Contenido

De la misma forma que LaTeX separa el contenido de un artículo de la visualización propiamente dicha, Jekyll utiliza formatos orientados en facilitar la escritura, en contraposición a HTML que es un formato orientado a la publicación/visualización. Jekyll soporta los formatos

---

[41] http://liquidmarkup.org/
[42] https://github.com/mojombo/jekyll/wiki/YAML-Front-Matter

Markdown y Textile[43]. En la subcarpeta `_posts` hay un fichero de ejemplo que utiliza sintaxis Markdown para definir el contenido del post.

Se propone el siguiente ejercicio para validar el uso de layout y Markdown:

- Arrancar el servidor web ejecutando: `jekyll --server`

```
± jekyll --server
Configuration from /tmp/my-site/_config.yml
Auto-regenerating  enabled:  /tmp/my-site  ->  /tmp/my-
site/_site
[2013-01-12 19:34] regeneration: 41 files changed
[2013-01-12 19:34] INFO WEBrick 1.3.1
[2013-01-12 19:34] INFO ruby 1.9.2 (2011-07-09) [x86_64-
darwin]
[2013-01-12   19:34]   INFO   WEBrick::HTTPServer#start:
pid=61472 port=4000
```

- Acceder a la URL `http://localhost:4000` y visualizar el contenido del post pulsando sobre el enlace *Jekyll introduction*

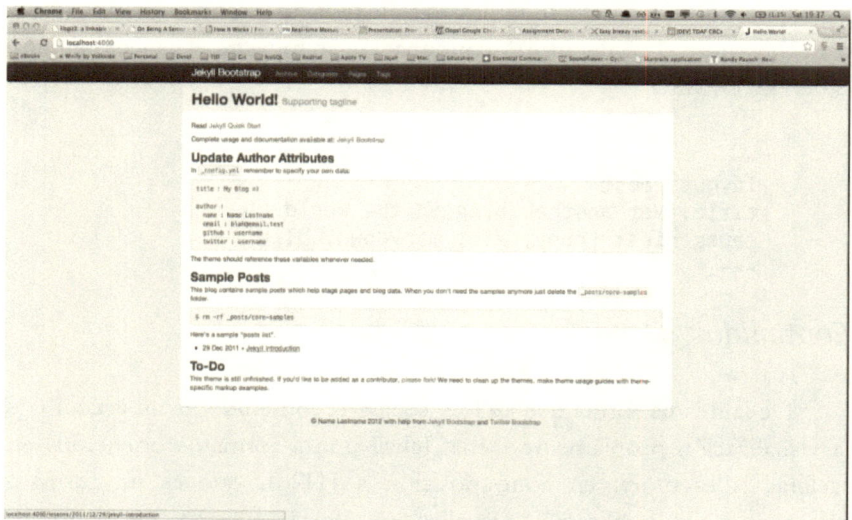

---

[43] http://textile.thresholdstate.com/

- Modificar el contenido del fichero incluido en la carpeta _post (core-samples /2011-1-2-jekyll-introduction.md) y refrescar la página del navegador para validar que el contenido está actualizado.

```
---
layout: post
category : lessons
tags : [intro, beginner, jekyll, tutorial]
---
{% include JB/setup %}

This Jekyll introduction will outline specifically  what
Jekyll is and why you would want to use it.
Directly following the intro we'll learn exactly _how_
Jekyll does what it does.

## Overview

### What is Jekyll?
```

- En la parte superior de dicho fichero se indica que el layout utilizado es post. Modificar el fichero _layouts/post.html y comprobar que los cambios tienen efecto refrescando la página.

```
---
layout: default
---
{% include JB/setup %}
{% include themes/twitter/post.html %}
```

Crear un nuevo contenido

Gracias al entorno inicial que nos proporciona jekyll-bootstrap, crear nuevo contenido para my-site es tan sencillo como ejecutar un comando.

En un sitio cualquiera, para crear una nueva página (por ejemplo para generar una nueva entrada para el menú superior o lateral) es necesario ejecutar:

```
rake page name="About me"
```

Si estamos trabajando con un blog, para crear un nuevo post el comando necesario es:

```
rake post title="My first post"
```

Rake[44] es una herramienta dentro del ecosistema Ruby que permite ejecutar tareas previamente definidas en un fichero "Rakefile". Al ejecutar el último comando, se está ejecutando la tarea "post" definida en el fichero "Rakefile" del directorio raíz de nuestro sitio, y como resultado se crea el fichero `_posts/<current-date>-my-first-post.md`.

Una vez generado este fichero, al acceder a la página principal del servidor web sobre el que se ejecuta Jekyll (`http://localhost:4000`) aparece un enlace al contenido del mismo. Lo mismo sucede generando el contenido estático (ejecutando `jekyll --no-auto`).

Incluir funcionalidades adicionales al site

La viralidad mediante *feeds RSS* y ofrecer a los visitantes de un sitio la posibilidad de añadir comentarios al contenido publicado son dos funcionalidades comúnmente habilitadas en un sitio web.

Feed RSS

Para crear un feed RSS únicamente es necesario crear un fichero XML con un formato concreto. Por defecto, jekyll-bootstrap crea el fichero `atom.xml`[45] con una plantilla Liquid que se encarga de generar el feed RSS con todos los posts creados hasta la fecha. Al generar el contenido HTML del sitio, Jekyll también genera el fichero `atom.xml` con todos los posts de dicho sitio.

Como ejercicio, podríamos ejecutar el comando `jekyll --no-auto` y comprobar cómo ha quedado el contenido del fichero `_site/atom.xml`.

De forma similar, es posible generar un fichero con formato JSON para ofrecer un sencillo API que pueda ser consumido por cualquier desarrollador.

---

[44] http://rake.rubyforge.org
[45] http://en.wikipedia.org/wiki/Atom_(standard)

Comentarios

La forma más sencilla de incluir comentarios en un sitio estático es utilizar una herramienta externa como Disqus[46]. Disqus proporciona por defecto integraciones con diferentes sistemas de publicación de contenido.

Para incluir Disqus en el sitio, es necesario crear una cuenta de usuario en Disqus, configurar un nuevo sitio y añadir un nuevo parámetro de configuración en el fichero _config.yml:

```
disqus_id:    <identificador_del_site_en_disqus>
```

En nuestro caso, necesitamos utilizar la librería Javascript, incluyendo el siguiente extracto de código en aquellas páginas donde se desee habilitar la inserción de comentarios (por ejemplo en el fichero _layout/post.html para que aparezcan en los posts del blog):

```
<div id="disqus_thread"></div>
<script type="text/javascript">
var disqus_shortname = {{ site.disqus_id }};
(function() {
    var dsq = document.createElement('script');
    dsq.type = 'text/javascript';
    dsq.async = true;
    dsq.src    =    'http://'    +    disqus_shortname    +
'.disqus.com/embed.js';
    (document.getElementsByTagName('head')[0]||
document.getElementsByTagName('body')[0]).appendChild(dsq);
})();
</script>
```

Hosting

La única necesidad de hosting es disponer de un servidor web donde desplegar contenido estático. Si deseamos gestionar nuestro contenido publicado de forma integrada junto al "código fuente" que lo genera,

---

[46] http://disqus.com/

GitHub es posiblemente la mejor alternativa gracias a la herramienta GitHub Pages.[4748]

El comando `jekyll --no-auto` genera todos los ficheros requeridos en el subdirectorio `_site`. Copiando todo el contenido de ese directorio al directorio raíz de nuestro servidor web es suficiente para desplegar el sitio.

Adicionalmente, la plataforma expuesta por GitHub evita la necesidad de desplegar el contenido estático. Adoptando unas mínimas convenciones (indicadas a continuación), es el propio servidor de GitHub el encargado de generar automáticamente el contenido estático cuando se modifica el contenido del repositorio. Para ello son necesarios los siguientes pasos:

Crear un repositorio en GitHub de nombre `<nombre-dominio-de-nuestro-site>.github.com`. Por ejemplo, para `my-site` es necesario crear el repositorio `my-site.github.com`.

Alternativamente, si se desea utilizar un repositorio ya existente, es necesario crear la rama `gh-pages` y subir el contenido a dicha rama. Para crear la rama de forma autónoma al contenido actual del repositorio, ejecutar:

```
git checkout --orphan gh-pages
```

Gestión del nombre de dominio de nuestro sitio y la integración con un repositorio en GitHub: explicado de forma muy sencilla en la ayuda de GitHub[49].

Cada vez que se actualiza el contenido del repositorio (mediante el comando `git push` o aceptando un `pull request` sobre la rama concreta en GitHub), GitHub ejecuta el proceso Jekyll que genera el contenido estático y envía un mail indicando el resultado de la operación.

---

[47] https://help.github.com/categories/20/articles
[48] https://help.github.com/articles/using-jekyll-with-pages
[49] https://help.github.com/articles/setting-up-a-custom-domain-with-pages

Conclusiones

Una plataforma de gestión de contenido estático como Jekyll te permite gestionar un sitio web de forma sencilla. Evitar el uso de tecnologías dinámicas en el servidor aporta sencillez en el mantenimiento y permite focalizar la atención en el principal objetivo de este tipo de sitios web: la creación de contenido.

 Juan de Bravo (Valladolid, 1978) es *Software Architect* en Telefonica I+D. Durante su carrera profesional ha trabajado en diferentes perfiles hasta encontrar el tipo de trabajo que le apasiona: el desarrollo de software. Escribe (lo mejor que puede) poemas utilizando Ruby, prosa mediante Python y filosofía con Scala. Ha abierto un blog en http://www.juandebravo.com en el que escribe sobre problemas/soluciones que encuentra en su trabajo diario.

apología del reboot frente al refactor

por Jonatan Tierno Alvite

Hay ocasiones en las que el código existente es tan confuso que, aunque podrías refactorizarlo, es más fácil empezar desde el principio.

Martin Fowler

Reconozcámoslo, a todos nos gusta empezar proyectos nuevos. En el desarrollo software, oigo muy a menudo la frase: "Si volviera a hacer esto desde el principio...". O peor aún: "Es un infierno trabajar sobre este código heredado". En este artículo proponemos que a veces la mejor solución es desechar el código antiguo y empezar de cero.

El problema y la solución

Cualquiera que haya trabajado en un proyecto software con algo de envergadura y duración sabe que la arquitectura software que se plantea en un principio, a menudo necesita flexibilizarse y evolucionar. Esta necesidad aparece por implicaciones no previstas al principio del proyecto o bien por nuevas funcionalidades que se van implementando a lo largo del mismo.

El desarrollo tradicional en cascada no tiene en cuenta este hecho en absoluto. La arquitectura se diseña en una etapa inicial del proyecto, a partir de la extracción de requisitos, antes de que se escriba ningún código. Las metodologías ágiles sí tienen en cuenta esto, y hablan de que la arquitectura es "orgánica" y debe surgir y evolucionar al mismo tiempo que el código, modificándose por medio de refactorizaciones progresivas para adaptarse a los cambios.

Sin embargo, la experiencia nos dice que una arquitectura, una vez que ha tomado un camino, no es infinitamente flexible, y las modificaciones son más y más costosas cuando esta crece y se hace más compleja. Llegados a este punto, añadir funcionalidad a una aplicación, o simplemente resolver bugs, requiere una enorme cantidad de trabajo o llega a ser del todo inmanejable. Cuando se está en esta situación, hay que preguntarse si tiene sentido seguir avanzando en estas condiciones, o si compensa tirar el código y empezar desde cero[50].

Este comienzo de cero es a lo que nos referiremos como un *reboot*. Una definición que podría darse es la siguiente: *Un* **Reboot** *es una fase en un punto intermedio de un proyecto software, en el que para continuar evolucionando adecuadamente el sistema, se descarta todo el código realizado hasta el momento, y se vuelve a comenzar con el desarrollo, empezando desde el diseño de la arquitectura.*

Este artículo persigue dos objetivos: El primero es discutir desde el punto de vista técnico las ventajas de un reboot frente a la refactorización continua, y demostrar que el coste de abordarlo no es tan grande como puede parecer en un principio, sino que a menudo será menor que el coste de la alternativa.

El segundo objetivo es ayudar a programadores y jefes de proyecto a realizar estos reboots cuando sea necesario. Para ello, hablaremos sobre la forma de detectar que uno de estos reboots puede ser beneficioso, cómo medir el coste del reboot frente al coste de continuar con el código actual y cómo planificar el proceso del reboot en el tiempo.

La estructura que vamos a seguir en esta discusión es la siguiente: en primer lugar, vamos a hablar brevemente sobre la arquitectura y la modularidad en el software. A continuación estudiaremos las ventajas de modificar una arquitectura mediante un reboot en lugar de mediante un *refactor*. Seguidamente, enumeraremos las señales con las que un equipo de desarrollo puede detectar que un reboot puede ser beneficioso técnicamente en un momento dado. Finalmente veremos cómo tratar el reboot desde el punto de vista de gestión de proyectos.

Arquitectura y reutilización de código

Para empezar nuestra argumentación, imaginemos que estamos iniciando un proyecto desde cero. Es muy común que al especificar un software nuevo, nos encontremos con muchas funcionalidades que ya

---

[50] Martin Fowler, *Refactoring: Improving the Design of Existing Code*

hemos implementado anteriormente. Tenemos disponible código que puede servirnos, o incluso que tenemos ya separado en un módulo y podríamos utilizarlo tal cual está. A continuación vamos a argumentar que este puede ser un enfoque equivocado a la hora de empezar un proyecto.

Frecuentemente, a la hora de diseñar e implementar una arquitectura software, la forma de proceder es buscar funcionalidad que pueda extraerse y utilizarse de forma genérica. Las razones que se esgrimen, o el objetivo que se busca para seguir este principio, es generar librerías para la reutilización de código, esto es: hago una clase que realice cierta tarea, y así, más adelante podré usarla inmediatamente. De esta forma, si he hecho con anterioridad algo, puedo volver a usarlo sin invertir ningún tiempo. El problema de este enfoque es que, llevado al extremo, puede significar que el uso del código disponible moldee la arquitectura del proyecto. Dicho de otra forma, al usar tal o cual librería que nos ahorra trabajo, nos vemos obligados a diseñar nuestra aplicación de una cierta forma. Esto puede ocurrir incluso al principio de un desarrollo, cuando partimos de código de proyectos anteriores.

Sin embargo, en mi opinión, el principal motivo para organizar el software en módulos no es la reutilización sino la pura organización en partes o modularidad. La modularidad permite implementar la arquitectura, entendida como partes de un todo las cuales se relacionan entre sí de una forma establecida. Específicamente, la modularidad significa:

- Ocultación de información o encapsulamiento: Un módulo expone sólo la información que necesita para comunicarse con el resto, mediante un interfaz. Idealmente este interfaz expresará la función que realiza el módulo de la forma más sencilla posible, permitiendo que otro desarrollador lo entienda y lo utilice con facilidad. Es uno de los pilares del diseño de software[51].
- Desacoplamiento: Desde fuera, un módulo está definido por el API con el que se comunica con el resto del sistema. Esto significa que si tengo implementado un módulo, pero tengo que cambiar su

---

[51] Joshua Bloch: *Effective Java*

funcionalidad, si no cambio su API puedo volver a hacerlo de nuevo sin afectar el resto del sistema que lo usa. De esta forma, a la hora de organizar el trabajo en el sistema, dos personas pueden trabajar en módulos adyacentes sin estorbarse. Si previamente acuerdan el API por el que los dos módulos se comunican, pueden trabajar sin interferirse entre sí.

Una arquitectura adecuada permite que el software cumpla con estos dos principios. Cuando estos principios dejan de cumplirse en nuestro código, es que la arquitectura no está clara, o no sirve para el código actual.

Cuando vamos a añadir funcionalidad a un código o solucionar un bug, la dificultad no suele estar en la implementación interna de una función u objeto sino en la interfaz que conforma el API de ese módulo. Esto puede hacer que la arquitectura sea muy difícil de evolucionar. Si reutilizamos nuestro código como librerías cerradas, y no como algoritmos, no podremos solucionar este tipo de problemas.

Por supuesto, no estamos defendiendo que no se utilicen librerías cerradas, especialmente si son de terceros y el código fuente no está disponible. Es más, a menudo las librerías presuponen que utilizaremos ciertos patrones de diseño, que de hecho, nos ayudan a organizar el código de manera adecuada. Sin embargo, hay que ser muy conscientes de estos patrones de diseño y presuposiciones, y asegurarnos de que estos encajan con la arquitectura global de nuestra aplicación. Puede ser especialmente problemático el caso de querer utilizar varias librerías en un mismo proyecto. En algunos casos estos inconvenientes pueden paliarse. Por ejemplo, si los interfaces de las librerías no encajan bien con el resto de la aplicación, podemos ocultar o extender estos interfaces con patrones de diseño como el patrón Wrapper[52], o extensiones locales[53].

Por supuesto, una arquitectura puede tener capas. Un módulo dentro de una arquitectura, a su vez puede tener dentro su propia arquitectura

---

[52] Erich Gamma, Richard Helm, Ralph Johnson and John Vlissides: *Design Patterns: Elements of Reusable Object-Oriented Software*
[53] Martin Fowler, *Refactoring: Improving the Design of Existing Code*

con distintos módulos. Si los problemas en el desarrollo se dan dentro de un módulo, puede que el reboot sea necesario sólo dentro de dicho módulo. Lo contrario también es cierto: Si tenemos que hacer un reboot de una arquitectura completa, puede ser que haya algún módulo que esté bien desacoplado y que pueda salvarse de la quema.

Ventajas de reboot frente a refactors

Volvemos a hablar de un reboot puro en el transcurso de un proyecto. Existen varias razones para realizar un reboot, hasta el punto de que compense descartar trabajo ya realizado. La siguiente lista puede utilizarse para obtener argumentos para que el equipo técnico y/o el jefe de proyecto decidan embarcarse en las aguas desconocidas del reboot:

- Hay casos para los que las refactorizaciones sencillamente no bastan. Por ejemplo, con código *legacy* (heredado) y cuyo conocimiento se ha perdido, el coste de modificar la arquitectura de ese código es enorme.

- Permite eliminar acoplamientos del código no deseados, una vez que está claro que la aplicación de cierto patrón de diseño solucionaría cierto problema. Gracias a esto, la velocidad del equipo aumenta, las tareas pueden dividirse más fácilmente entre el equipo y en cada tarea tienen que tocarse menos líneas de código. Por supuesto, esto se consigue con refactoring también, si es posible aplicarlo.

- Características del código que pueden necesitarse en cierto momento en muchos puntos del código a nivel horizontal, tienen coste cercano a cero si se implementan en un reboot. Esto se dará en características horizontales como seguridad, autorización, *logging*, etcétera. Este punto puede utilizarse como argumento de justificación de cara al equipo de gestión de proyectos.

- En proyectos de larga duración, permite cambiar las herramientas usadas a las versiones más modernas, de nuevo, con coste casi cero. Por ejemplo, actualizar al último SDK o cambiar el sistema de control de versiones.

- Realmente nunca partimos de cero. Es perfectamente legítimo usar el código antiguo para copiar y pegar métodos o incluso clases enteras si cierta parte del código antiguo encaja con la arquitectura objetivo.

Esto se puede hacer sin modificar el código o después de refactorizarlo adecuadamente.

- En general, es una ocasión para dejar el código limpio, cumplir en todos los casos con las convenciones que se van estableciendo a lo largo de un desarrollo e implementar las cosas de mejor forma respecto a la primera manera que se encontró.

- No se puede despreciar el hecho de que los ánimos del equipo técnico aumentan. Como veremos más adelante, la necesidad de hacer el reboot es detectada por los programadores, y son ellos los que deben hacer la propuesta. Si se lleva a cabo el reboot, los programadores tendrán una prueba fehaciente de que tienen voz y voto en el progreso del producto. Por otro lado, volverán a tener un código ágil en el que es agradable trabajar.

Cómo identificar cuándo un reboot puede ser beneficioso

En todo momento debe haber una arquitectura conocida por todo el equipo y unos principios que se persiguen con dicha arquitectura. Algunos ejemplos de principios podrían ser: elementos gráficos autocontenidos capaces de pintarse a sí mismos, pantallas que contienen componentes que se comunican entre sí mediante un único mecanismo acordado, etcétera. Estos principios pueden violarse a veces sin que signifique que la arquitectura ha dejado de servir. Pero si el equipo no respeta estos principios a menudo, quizás hacen falta nuevos principios. Un buen indicador de que este momento ha llegado es la vergüenza del desarrollador: si dejamos de sentirnos culpables por violar estas normas, aunque las consecuencias negativas sean patentes, es que estas normas ya no sirven.

Cuando se llegue a este punto, el equipo técnico debería celebrar una reunión para revisar la arquitectura. Cualquier miembro del equipo debería poder proponer esta reunión si piensa que se dan las condiciones para ello. El tema, sin duda, surgirá en mil conversaciones informales entre los programadores. Pero si hay que establecer un momento oficial para proponer la reunión, una Retrospectiva al final del *Sprint* puede ser un buen momento. Todo el equipo técnico estará presente, y en ese mismo momento puede decir si tiene sentido o no. No se debe discutir en ese momento si el reboot se debe realizar o no, sólo si merece la pena revisar y discutir la cuestión.

Si la propuesta recibe suficiente apoyo (repetimos, no el reboot, sino la reunión para revisar la arquitectura), se programará una reunión de unas dos horas a tal efecto a la que asistirá únicamente el equipo técnico.

En esta reunión debería decidirse únicamente **desde el punto de vista técnico** si el código necesita el reboot. Deberían responderse preguntas como las siguientes:

- Si el software sigue teniendo una arquitectura reconocible y seguida por todos.
- Si los módulos están adecuadamente desacoplados, según criterios compartidos por el equipo.
- Si es posible dividir el trabajo en el equipo sin que sus miembros se estorben unos a otros.
- Si, en general, es cómodo y agradable trabajar en el código.

Si las respuestas son negativas, hay que decidir si puede solucionarse el problema con refactorizaciones sucesivas o por el contrario el código no tiene salvación. También debe analizarse si el problema se encuentra en la totalidad o sólo en parte del software. Al finalizar la reunión, debería haber una propuesta para solucionar los problemas detectados. Habiendo llegado a este punto, el resultado de esta reunión nunca debería ser que no hay que hacer nada.

Hay que recalcar que sólo se deben discutir cuestiones técnicas, sin tener en cuenta cuestiones como la duración del proyecto, los plazos para tal o cual entrega, o si en un futuro entrarán más o menos características nuevas. Estas son cuestiones más relacionadas con la gestión del proyecto, y deben discutirse posteriormente junto con el jefe de proyecto.

Reboot y gestión de proyectos: Cómo conseguir que tu jefe te deje hacer un reboot

Lo primero que hay que decir a este respecto es que es responsabilidad de los desarrolladores no sólo identificar la necesidad de realizar un reboot, sino también convencer y pelear para que se lleve a cabo. Los desarrolladores son los únicos que pueden ver el problema y los beneficios. No hay que esperar a que el *Scrum Master* proponga un reboot, puesto que no es su rol decidir si hace falta o no.

Es necesario discutir la cuestión claramente con los responsables de proyecto. Junto con ellos, se podrá consensuar una fecha en que el reboot tenga el menor impacto. Normalmente se querrá alinear el comienzo del reboot con un fin de Sprint y/o periodo de mejora, y su final probablemente con una release de producto. De cara a niveles superiores de gestión en la organización, puede aprovecharse la introducción de una funcionalidad nueva, que requiera cambios profundos en la aplicación, para justificar este reboot.

Una vez que el equipo técnico ha detectado la necesidad y ha planteado el problema al jefe de proyecto, se debería realizar una reunión de estimación en la que se calcule el tiempo que se tardaría en realizar toda la funcionalidad planificada, con y sin reboot.

En esta reunión se debería estimar, con las herramientas de *Scrum* (en puntos de historia, o bien en horas-hombre), el trabajo necesario para realizar un reboot, y compararlo con el tiempo necesario para realizar la nueva funcionalidad sobre el código viejo más el tiempo de la deuda técnica pendiente. Para esta estimación, deberíamos usar una tabla cuyas filas sean todas las características del producto, expresadas principalmente como historias de usuario. Las columnas de esta tabla serán dos, la primera contendrá el esfuerzo necesario para implementar la característica correspondiente en una aplicación nueva, la segunda, el esfuerzo de modificar la aplicación existente. A continuación vemos un ejemplo del aspecto que podría tener esta tabla:

	Característica	Esfuerzo en App Nueva (Reboot)	Esfuerzo en App Actual (Refactor)
1	Pantalla de Login	5	0 (ya implementado)
2	Pantalla Principal	3	0.5 (Parecida, pero con ciertos cambios)
3	Pantalla de Búsqueda (Nueva)	3	8
4	Incorporar nuevo esquema de compilación para despliegue	1	5 (todo dejará de funcionar!!!)
5	Migrar a GIT el control de versiones	0	3
...	...	...	...
N	Integración	8	13
	TOTAL	55	51

Al elaborar esta tabla, nos daremos cuenta de varias cosas:

- Habrá muchas filas que tengan un 0 en la columna del refactor, que corresponderán a las características que estén ya implementadas en la aplicación existente y que puedan utilizarse tal cual están.

- Algunas de estas filas con un 0, tendrán una estimación de muy poco tiempo en la columna del reboot, ya que podremos copiar directamente el código de la aplicación actual a la nueva. Esto se dará si el código correspondiente está bien implementado y encapsulado en la aplicación antigua, de forma que no queramos modificarlo, y se pueda migrar fácilmente.

- También habrá algunas filas con un 0 en la columna de reboot que no lo sean en la columna del Refactor. El ejemplo de la tabla es usar un sistema de control de versiones distinto del antiguo. En el código nuevo, al empezar de cero, cuesta el mismo esfuerzo usar un sistema que otro, sin embargo, en el código antiguo hay que realizar una migración.

- En todas las características que sean totalmente nuevas, la estimación será igual o menor en la aplicación nueva que en la actual. Esto es lógico, ya que, o bien el código será igual en ambos casos, o bien algo en la implementación de la aplicación existente hará que la estimación sea peor: La arquitectura inadecuada, la deuda técnica u otros factores.

El resultado de la tabla puede inclinar la balanza hacia uno u otro lado, aunque después del ejercicio, es posible que nos encontremos con la sorprendente conclusión de que es menos esfuerzo implementar todo el producto desde cero que reaprovechar el actual. Incluso cuando este no sea el caso, con estas estimaciones en la mano, puede calcularse en qué punto del futuro la aplicación con reboot alcanzará en funcionalidad a la aplicación actual, y el jefe de proyecto puede planificar cuando es posible o conveniente abordar el reboot. A esto se añaden los argumentos, ya mencionados pero más difíciles de cuantificar, de que la calidad del código aumenta, los desacoples desaparecen y la arquitectura vuelve a ser clara, con lo que la velocidad de desarrollo aumentará de ahí en adelante.

Conclusión

En este artículo hemos dado una definición de reboot en contraste con el concepto de refactor, y hemos discutido sus ventajas e inconvenientes. Desde el punto de vista técnico, hemos hablado de cómo detectar la necesidad de abordarlo, y qué argumentos esgrimir para defenderlo. Desde el punto de vista de gestión de proyectos, hemos propuesto cómo estimar el esfuerzo que implicará.

Se escucha a veces entre los desarrolladores que una librería se hace bien a la tercera vez. La primera vez que resuelves un problema mediante código, a menudo tienes que ir tomando decisiones con información incompleta (requisitos poco claros, interfaces con otros módulos no terminados aún, etc.). La siguiente vez que te enfrentas a un problema similar, cuentas con mucha más información sobre los entresijos de dicho problema como para diseñar desde el principio una arquitectura que lo soporte adecuadamente. El refactor no es adecuado para enfrentarse a esto porque las arquitecturas de cada iteración pueden ser muy distintas.

Puede que el lector quiera ver cualquier reboot como una etapa prolongada de refactor en profundidad. Este punto de vista puede ser adecuado y suficiente en ocasiones, pero el objetivo debería ser llegar a la arquitectura o solución óptima para el problema enfrentado, sin tener en cuenta la situación actual.

 Jonatan Tierno (Madrid, 1980) trabaja actualmente como desarrollador en Telefónica I+D, y ha trabajado en otras empresas en el campo de la programación para dispositivos móviles. También ha trabajado como investigador y profesor asociado en la universidad Carlos III de Madrid, donde estudió Ingeniería de Telecomunicación.

importancia del unit testing en el código

por Eduardo Alonso García

Introducción ¿Qué es el unit testing?

A menudo nos encontramos con *bugs* (fallos) en los sistemas en producción en los que siempre surge la aseveración: "Se podía haber evitado con un test unitario". Esto no solamente conlleva un problema de calidad de código, al cliente también le cuesta mucho más dinero pagar por arreglar bugs detectados en producción que en desarrollo. Todo lo que se solucione en el ciclo de desarrollo no cuesta otra cosa más que horas y trabajo de desarrollo con *tests*.

A mucha gente le resultará familiar el hecho de que una transacción no se haya podido completar porque un *log* estaba mal codificado y se lanzaba un habitual *null pointer exception* (excepción por puntero nulo) o error interno que nos rompe la ejecución. Esto es muy fácilmente evitable con un test unitario que cubra esa línea de código; no importa que el log no se escriba realmente en un sistema de ficheros, pero sí que se ejecute la línea en cuestión; al menos asegurarse que todas las líneas de las partes críticas son ejecutadas por algún test unitario o varios.

Es común no entender bien la diferencia entre un test unitario y un test de integración. A menudo, se confunden e identifican test de integración con unitarios cuando la filosofía es muy diferente:

- En un test de integración se busca probar una funcionalidad completa, *end to end* (extremo a extremo). Simulas un caso de ejecución en la vida real, a menudo con una base de datos (BBDD) levantada en memoria o incluso un servidor web. Estamos ejecutando el mismo código que se ejecutaría en *live* con el sistema en funcionamiento; un ciclo completo de nuestro código simplemente utilizando una BBDD *fake* o un servidor web ligero.
- En un test unitario buscamos probar un método concreto; no nos interesan las *third parties* ni dependencias externas que se llamen internamente. Queremos que el método reciba unos *inputs* (entradas) y produzca los *outputs* (salidas) que nosotros esperamos. Nos interesa también que todo el código quede cubierto, es decir, que siempre se pase por todas las líneas escritas (incluidas excepciones). Se suelen usar *mocks* (modelos simulados) para sistemas complicados externos y

aserciones. Estos tests nos conducen al concepto de cobertura de código que ya se ha mencionado.

Qué nos aporta

Si pensamos en las ventajas de tener un código con unit testing, surge inmediatamente el concepto de *cobertura de código* como ya se ha apuntado. Un código con cobertura del 100% significa que existe un test unitario que provoca la ejecución de esa línea de código; No obstante ,conseguir una cobertura del 100% es complicado y muchas veces lleva más tiempo de lo que pudiéramos obtener como beneficio.

Las partes más sensibles del código deberían estar cubiertas al máximo, mientras que *POJOs* (objetos simples), código generado por *plugins*, etc., no es tan necesario que lo estén. Tener una línea cubierta no sólo sirve para aumentar un número y cumplir con hitos o que el Jenkins (herramienta de integración continua) tenga un color verde; significa que si alguna vez la ejecución del programa pasa por esa línea, no nos encontraremos el típico problema de ejecución en live que provoque un error no controlado. Si hacemos un *refactor* y muchos tests prueban diferentes patrones de comportamiento de ese código, estaremos seguros de que el refactor ha sido exitoso.

Con una amplia cobertura de código y con test unitarios, la seguridad a la hora de hacer cambios o refactors es mucho mayor: tenemos la seguridad de que nuestros tests probarán los cambios. Más aún, cuando el número de líneas suben, existirán más tests y casos que siempre se olvidan quedarán cubiertos sin más que ejecutando los tests antes de un *deploy* (despliegue) local.

Aunque no es el objetivo fundamental, una persona nueva en el proyecto puede entender mejor la lógica de la aplicación viendo los unit tests que hay escritos. Incluso pueden servir para hacer uso de una aplicación de manera eficiente; es una documentación adicional a la que existe a nivel de método y de clase.

Si se piensa en desarrollo orientado a unit testing, las implementaciones estarán más desacopladas y existirá menos dependencia entre funciones; siempre se busca tener métodos que acepten unos parámetros y devuelvan otros, teniendo en la cabeza esta idea, los métodos oscuros que nos cambian las condiciones de las pruebas estarán más controlados y tenderán a desaparecer. Un método que captura la hora del sistema internamente para hacer operaciones con ella en lugar de aceptarla como parámetro es susceptible a muchos fallos; no podemos controlar el comportamiento ante cambios de hora o antes ejecuciones muy largas del programa (imaginemos que hay un salto de día en una ejecución de dos horas); es bastante probable que como parámetro de entrada nos hubiéramos planteado tests que probaran estas cosas.

Metodologías - Frameworks de unit testing

Existen metodologías muy interesantes como *TDD* (*Test Driven Development*) en las cuales se codifica y piensa primero el test antes de comenzar cualquier implementación. Se trata de escribir todos los tests necesarios que garanticen la funcionalidad completa. De esta manera, cuando se comienza la codificación es más que probable que se tengan en cuenta todos los detalles de los tests y que surjan preguntas antes de empezar la codificación; es más fácil identificar posibles problemas antes de que comiencen las pruebas de integración.

Aunque los *frameworks* de unit testing son muy amplios me gustaría comentar algunos de los más usados y que ofrecen muchas ventajas frente a otros. Siempre debemos tener en cuenta que lo aprendido en un framework será similar en otro como veremos con un ejemplo de test en Java y Python. Sólo me gustaría comentar algunos detalles de ellos, nada exhaustivo, ya que la documentación en internet es muy amplia...

JMock, Junit, Coberture

La combinación de estos tres módulos en Java, nos permiten definir mocks de cualquier entidad externa, realizar aserciones y comprobaciones muy potentes, y medir la cobertura de código.

- Podemos definir un mock de una third party (httpclient, soap,...), comprobar que se llama con unos parámetros concretos, comprobar que se llama varias veces, incluso podríamos comprobar que se llama con un objeto con un parámetro concreto y un valor determinado.

- Si así nos interesa podríamos ignorar todas las llamadas a un sistema que no nos interesa; por ejemplo ignorar todas las llamadas a un módulo de caché y forzar que no devuelva nada.

- Podemos forzar el lanzamiento de excepciones por algún módulo y así poder comprobar que nuestro código es correcto antes situaciones anómalas de este tipo.

- En todos los casos, realizaríamos aserciones que se tendrían que cumplir para que el test sea exitoso. Así tendríamos nuestro sistema de alarmas de codificación.

Mock, unittest, coverage

Son módulos para Python que permiten *mockear* hasta las propias librerías del sistema; permite comprobar que un mock se llama, incluso varias veces pero en este sentido no es tan potente como lo podríamos hacer con jmock.

- Podríamos definir un mock de la función del sistema *open* (para abrir ficheros) y definir que valores ha de retornar, comprobar que se ha llamado un número determinado de veces o provocar que lance una excepción.

- Podemos comprobar que un mock concreto se llama N veces e incluso verificar que alguna de ellas lanza una excepción.

- Es posible definir varios valores de retorno de una third party en función de los parámetros de entrada. Esto no es posible de manera sencilla en jmock ya que no es lo que se pretende. En jmock se piensa de la manera de una condición, un resultado. NO obstante este tipo de tests son tan potentes que a menudo pueden servir incluso de tests de integración (no es el objetivo primordial).

En ambos casos, siempre es útil tener una herramienta para definir mocks y otra con la que realizar aserciones, contar número de tests, medir la cobertura del código, etc...

Ejemplos de código

Veamos unos fragmentos en código en Java y Python comprobando que una third party recibirá un objeto complejo con un campo definido a un valor esperado:

```
Matcher<Map<String, List<String>>> matcher =
hasEntry(NeolaneParameters.USERNAME.getName(),
                    Arrays.asList("nickname"));
exactly(1).of(notificationServiceMock).notifyNeolane(with(matche
r));
```

En la primera línea definimos un `Matcher` de un `Map` en Java cuyos valores son a su vez una lista de `Strings`; en la siguiente línea indicamos que el `notificationServiceMock` será llamado y tendrá que cumplir con el `matcher`: en este caso una de las `keys` del `map` será el valor de `USERNAME` y tendrá como valor una *lista* con `nickname` como única entrada.

Ahora ponemos un ejemplo parecido en Python; a pesar de que el framework mock no tiene implementado un matcher, se puede definir una clase para utilizarla de manera similar. Veamos cómo definir un matcher para campos de un diccionario:

```
class DictMatcher:
    def __init__(self, key, value):
        self.key = key
        self.value = value
    def __eq__(self, other):
        if self.key not in other:
            return False
        elif other[self.key] != self.value:
            return False
        else:
            return True
    def __unicode__(self):
        return 'a pair %s=%s not found in dict' % (self.key,
self.value)
    def __str__(self):
```

```
        return unicode(self).encode('utf-8')
    __repr__ = __unicode__
```

Esta clase la utilizamos de la siguiente manera dentro del framework:

```
mqConnection.send.assert_called_once_with(DictMatcher('newstate'
, 'dact'), **({'x-gg-transaction': ANY, 'destination': ANY}))
```

Con esta línea, indicamos que el módulo `mqConnection` recibirá una llamada al método `send` con un diccionario; una de las claves del diccionario será `newstate` y el valor `dact`; si se revisa la implementación del `DictMatcher` se puede ver los métodos que se necesitan escribir para que el framework sepa que tiene que utilizar nuestro `DictMatcher` para comprobar cuando se invoque el `matcher`.

A la vista de estas dos maneras de comprobar un valor de una clave en un diccionario, podemos ver claramente que si un cambio en el código provoca un error en la llamada a la third party, el test unitario nos avisará de que algo está mal; puede ser que nuestro código tenga un bug o bien que haya que cambiar el test; en cualquier caso la resolución será muy rápida.

Algunos consejos útiles

Si tenemos que utilizar recursos que dependen de la máquina como fecha del sistema, accesos a ficheros, etc... Es conveniente que sean parámetros de entrada a los métodos y que el método realice toda la lógica en función de los parámetros de entrada. Esto nos quitará muchos quebraderos de cabeza cuando tengamos que probar el comportamiento del código.

Resulta prácticamente necesario tener un sistema de integración continua ejecutando continuamente los tests y revisar periódicamente la cobertura con el objetivo de irla aumentando progresivamente. Es habitual que los primeros meses de un proyecto la cobertura sea del 90% pero a medida que se nota la presión del cliente, los desarrollos *ad-hoc* (sobre la marcha) para solucionar problemas, etc. esta medida baje. Conviene ver la evolución para tratar de aumentarla. Se convertirá en nuestro sistema de alarmas ante posibles meteduras de pata en la codificación. Podría parecer un esfuerzo extra pero la tranquilidad y calidad del código con estos sistemas mejora considerablemente y hace útil todo el esfuerzo.

Mantener varias versiones de software sin una herramienta de integración continua es harto complicado. En cambio con tests unitarios que prueban el código en todas las versiones e incluso plataformas diferentes nos garantizan una estabilidad del producto considerable. Es bastante probable que un cambio en la versión 3.0 haga fallar la antigua, pero los tests unitarios (incluidos los tests que prueban bugs detectados) nos avisarán del problema y trabajaremos en la solución antes de desplegar nada.

Siempre que detectemos un problema en producción, deberíamos estar seguros de tener un test unitario que lo cubre. Si no es así, es el momento de añadirlo para que no vuelva a suceder. La experiencia demuestra que a pesar de pensar en casos anómalos, siempre se pueden producir más; es muy sencillo añadir un test y garantizar que no ocurrirá más.

Debemos pensar que la codificación de los tests es tan importante como la codificación de la funcionalidad en sí misma. A la larga el tiempo de desarrollo será menor, la calidad del código mayor así como la posibilidad de compartirlo con otros proyectos o publicarlo.

Conclusión

Las pruebas unitarias forman parte del desarrollo. Con esta aseveración resumimos todo lo aquí expuesto para remarcar la importancia del test unitario. Un buen código, menos susceptible a fallar en producción será aquel que esté cubierto con pruebas unitarias.

La madurez, estabilidad, elegancia del código queda presente viendo pruebas unitarias escritas.

En los sistemas modernos donde mucha gente toca el mismo código en momentos diferentes, las pruebas unitarias que se van escribiendo sucesivamente facilitan los cambios y la adición de nueva funcionalidad.

 Eduardo Alonso García (León, 1978) es *Technical Leader* en Telefónica I+D. A lo largo de su andadura profesional ha programado, diseñado y analizado diferentes proyectos implantados en producción para clientes tanto internos del grupo Telefónica como externos. Es un gran entusiasta de la elegancia del software y de las nuevas tecnologías.

debugging & profiling: garantía del funcionamiento de un programa

por Raúl Cumplido Domínguez
y Marina Serrano Montes

profiling
programa
errores
error
frecuencia
debugging
solución
profilers
teniendo
tiempo
diseño
conjunto
primer
diferentes
cuenta
desarrollo
plataforma
técnicas
bug
profiler
necesario
ejecución
realizar
ejemplo
funciones
mayor
programador
caché
volver

conocer
lugar código tipo
Instrumentación
rendimiento dónde solucionarlo
fuente
deben
pruebas
nivel
cambio
información sistema
llamadas usuario compilador
aplicación número
segundo instrumentación
peticiones
producción
uso
Aunque
esfuerzo
Consejo
paso
hardware
incluso
análisis
depurar
debía
importante
eventos
comprobar
desarrollador
software
problema mejor herramientas
otros datos problemas

Introducción

En las últimas décadas, la complejidad y el ámbito de aplicación del software se han incrementado enormemente. El desarrollo de software ha requerido un esfuerzo intensivo para pasar de un programa aislado a un sistema de programación de un producto.

El diseño y la validación de software se han convertido en un desafío, teniendo en cuenta que un ingrediente clave que contribuye a una programación confiable de productos de sistemas, es la garantía de que el programa funcione correctamente.

El coste de proporcionar esta seguridad mediante la depuración apropiada del software y aplicación de diferentes actividades de prueba y validación, puede suponer el 50-70 por ciento del coste total de desarrollo.

A lo largo de este artículo, se detallan las principales reglas para depurar un programa. Además, se comenta cómo se mejora y optimiza el rendimiento del mismo usando mecanismos y herramientas de *profiling*. Para terminar, se incluyen algunos ejemplos de su aplicación.

¿Qué es debugging?

Cuando un programa funciona incorrectamente, la causa de un error o defecto en el *software* o *hardware*, se reconoce como *bug*. El término usado para depurar un programa y optimizarlo eliminando errores, se denomina *debug*. Por tanto, *debugging* se define como el arte de localizar y corregir errores en el propio código del programa o en el hardware de un dispositivo.

Los orígenes de los bugs detectados en un programa pueden ser varios. Por ejemplo: descuidos durante la codificación: un error simple o sintáctico en el código fuente; pérdida de comunicación o mal entendimiento entre los desarrolladores; fallos en el diseño del algoritmo...

Los *debuggers* están disponibles para casi todos los lenguajes de programación y plataformas de desarrollo. Muchos de ellos se encuentran integrados junto al compilador y un editor de texto en lo que se denomina *IDE* (*Integrated Development Enviroment, Entorno Integrado de Desarrollo*) con lo cual desde una misma aplicación o ventana se puede codificar un programa, compilar y depurar.

Es necesario aplicar técnicas de debugging en el proceso de desarrollo de software, independientemente del modelo seguido (espiral, cascada, iterativo,…). En primer lugar, se aplicarían durante el proceso de codificación, en el que los errores cometidos por el programador en la escritura del código pueden provocar defectos en el programa. Éstos necesitarán ser detectados y corregidos antes de que el código pase a las siguiente etapas de desarrollo. En segundo lugar, se aplican durante etapas posteriores de pruebas, cuando las distintas partes del código se unen, o cuando el sistema desarrollado se usa con otros productos existentes. Por último, se emplean durante la prueba final beta por parte del cliente.

10 Reglas fundamentales para debugging

Esta lista está basada en el libro *Debugging: The Nine indispensable Rules for Finding Even the Most Elusive Software and Hardware Problems* (David J. Agans) y en la experiencia personal aplicando técnicas para depurar código:

1. **Debug de los datos:** Comprobar que los datos son los que se esperan.
2. **Comprender el sistema:** Leer manuales al principio (RTMF), comprobar el código con código de ejemplo.
3. **Reproducir el error:** En ocasiones, es difícil reproducir errores; para ello, en el caso en el que sucedan con poca frecuencia, se recomienda, que se analice la situación y se use el mejor criterio para "adivinar" cuáles son las variables que podrían ser y tratar de aumentar la frecuencia. No se debe dar por sentado algo que no tiene ningún efecto sobre el problema. Se trata de comprobar y volver a comprobar.

4. **Dejar de pensar y mirar:** No consiste en obtener conclusiones basadas en información insuficiente. Provocando así atasco y empezar a recorrer el código y eliminar incógnitas. Se aconseja añadir técnicas para debugging desde el primer momento. Utilizar las herramientas de depuración apropiadas, desde análisis de código estático hasta la ejecución paso a paso en un debugger.

5. **Divide y vencerás:** Limitar la búsqueda, reduciendo los lugares donde un bug pueda estar oculto. No obviar el resto de posibles errores que puedan aparecer aunque no estén relacionados con el que se está tratando, un bug puede ocultar los verdaderos síntomas de otro.

6. **Cambiar una sola cosa a la vez:** Si con el cambio realizado el bug no se soluciona. Se recomienda, eliminar el cambio. Tratar de averiguar qué ha cambiado desde la última vez que el sistema funcionó con éxito.

7. **Intentar mantener una auditoría con el registro de eventos**, teniendo en cuenta, que incluso los detalles de menos importancia pueden tener un impacto importante y pueden colaborar a la reproducción del bug y a su solución.

8. **Comprobar todo, incluso las suposiciones más obvias:** ¿Es un error del compilador, un error de tiempo de ejecución, un error del sistema operativo, un error en el debugger o tal vez incluso un error en tests?

9. **Consultar a otros compañeros para clarificar ideas:** Preguntar a un experto puede ofrecer una respuesta inmediata.

10. **Si no se soluciona el error, esto indica que no se ha solventado de ninguna manera;** es decir, si llegado a este punto el bug no puede ser reproducido, todo lo que se ha hecho para fijarlo, ha implicado que sea más difícil de encontrarlo. Se recomienda, deshacer todos los cambios, intentar volver a reproducirlo y empezar de nuevo.

¿Qué es profiling? ¿Qué es un profiler?

En Ingeniería del software, profiling se define como el análisis del rendimiento de un programa cuando se está ejecutando.

La principal motivación del uso de estas técnicas es el hecho de que el análisis estático no logra capturar el comportamiento del programa en tiempo de ejecución, fundamentalmente, porque software y hardware son complejos; la interacción entre ambos es complicada de entender y los escenarios de uso de una aplicación son difíciles de predecir. Es por ello que se propone un análisis dinámico basado en técnicas de profiling.

El objetivo principal de la aplicación de técnicas de profiling es determinar qué partes del programa se pueden optimizar para ganar velocidad u optimizar el uso de memoria, de *CPU* o *I/O*.

Se dice, que la aplicación de técnicas de profiling tiene que ocupar un 90% del tiempo del desarrollo de una aplicación.

Las herramientas utilizadas para dicho análisis, se denominan *profilers* y como resultado presentan un conjunto de eventos observados. Constan de dos módulos: un agente y un cliente. El primero se instala dentro de la aplicación a monitorizar y el segundo se conecta al mismo para leer las monitorizaciones.

Los profilers usan una amplia variedad de técnicas para recolectar datos, incluyendo interrupciones por hardware, instrumentos de código, hooks del sistema operativo,...

Diseño de un profiler

En el diseño de un profiler se debe perseguir:

- Escaso esfuerzo: Un generador de profilers no debería requerir un gasto considerable de esfuerzo para su creación. La necesidad de recompilaciones, preprocesadores, modificaciones especiales en el conjunto de herramientas y similares deben evitarse, ya que son un inconveniente para el programador.
- Exactitud: Los datos e informes generados por la herramienta profiler deben apuntar hacia la precisión. Los datos imprecisos corren el riesgo de informar incorrectamente al desarrollador de la verdadera situación, dando lugar a un esfuerzo inútil y problemas de mantenimiento.

- Completitud: Estas herramientas deben tender hacia un conjunto completo de datos. Si un componente del sistema no está representado en los resultados, el programador puede no ser consciente de su impacto en el sistema como un todo.
- Rapidez: Si la generación de un profiler y su ejecución son procesos demasiado lentos, incidirá en el tiempo del desarrollador. Además, los profilers lentos con frecuencia no se pueden aplicar en entornos realistas, ya que pueden provocar datos erróneos.
- Carácter general: Siempre que sea posible, los profilers generados deben evitar ser usados exclusivamente para técnicas específicas.
- Otras: flexibilidad, portabilidad, transparencia, rápida convergencia,…

Tipos de profilers

Profiler sobre un "punto concreto": Caracterizados por definir eventos simples e independientes. Por ejemplo: contando número de veces que un bloque básico de un programa se ejecuta, fallos en caché,…

Profiler sobre el contexto: Basados en la obtención de un conjunto de eventos, es decir, una composición de los mismos ordenados. Por ejemplo: una llamada de contexto, en la que se representa una secuencia de los diferentes métodos invocados.

Datos en una herramienta profiler

Como se ha comentado, las observaciones recogidas tras la ejecución de una herramienta profiler, vienen representadas por un amplio conjunto de tipos de datos, incluyendo: registros de eventos, número de ejecuciones, atribuciones de recursos,… Es importante destacar, que por definición, los datos se recogen en tiempo de ejecución.

En general, las referencias obtenidas requieren algún tipo de tratamiento posterior con el fin de revelar datos interesantes relacionados con el rendimiento. Asimismo, la información recopilada se suele representar usando funciones de granularidad donde se permite al desarrollador detectar fácilmente el foco del problema de rendimiento.

Todos los datos representados se clasifican como exactos o estadísticos, teniendo en cuenta que los primeros cuentan toda la historia, es decir, no faltan elementos en los datos; y en cambio, los datos estadísticos no son 100% exactos, y para que sean útiles se espera que sean una representación realista de la serie de datos real. En estos casos, el conjunto de datos es una fracción de los datos que se hubieran generado por la entrada de perfiles. Por ejemplo, un histograma de tiempo de CPU de funciones rara vez es exacta.

Hay dos sub-tipos de datos estadísticos: datos que son inexactos debido a la incertidumbre inherente a ciertas medidas. Por ejemplo, una línea de caché de datos puede representar con precisión el número de línea de caché real, pero implicará una la falta de contexto que se pierde debido a otros procesos del sistema que no se filtran desde el conjunto de resultados. Y la inexactitud debida a-generalmente- el resultado del examen de métodos de profilers, y las limitaciones inherentes a su resolución. Por ejemplo, un generador de profilers que representan la función que se ejecuta cada 10 ms fácilmente podría sesgar los resultados a favor de las funciones que requieren más tiempo, incluso cuando no son más rápidos, funciones que son llamadas con mucha más frecuencia.

Técnicas de profiling

Se consideran 3 niveles diferentes: las que implican una instrumentación exhaustiva, las que se caracterizan por requerir una instrumentación de muestreo o temporal y las basadas únicamente en muestreo.

Se destaca que a mayor nivel de instrumentación implicado mayor será la exactitud de los datos obtenidos.

Para incluir en la aplicación destino algún tipo de instrumentación, a veces, sólo es necesario añadir un preliminar código de arranque, fácilmente incorporado a través de mecanismos como *LD_PRELOAD*. En cambio, si es necesario un nivel de detalle mayor, algunas de las técnicas usadas son: Simulación, implicando:

- **Instrumentación a nivel de código fuente**, consiste en la alteración del código fuente mediante la inserción de código propio para profilers.

- **Instrumentación en tiempo de compilación:** El compilador puede ser usado para insertar código de profiling. Frente a la anterior técnica descrita que implicaba la adicción de profiling a nivel de código fuente, ésta presenta la ventaja de ser más conveniente, pero requiere volver a compilar el código fuente, lo cual no siempre es posible.

- **Instrumentación binaria "offline":** Imágenes binarias que contienen las secciones de texto para las librerías compartidas o aplicaciones son reescritas para añadir instrumentación.

- **Instrumentación binaria "online":** Imágenes binarias mapeadas son reescritas añadiendo instrumentación. En algunas ocasiones hasta en entornos de compilación se encuentran estas técnicas.

Caso práctico Debugging

En general, cualquier desarrollador durante el proceso de codificación realiza tareas de debugging antes de entregar el código. Muchas veces para realizar comprobaciones sobre el código que ha desarrollado y verificar que la implementación es correcta.

Las herramientas de debugging junto a los tests unitarios sirven para realizar la primera comprobación de que el código implementado realiza exactamente lo que se espera de él.

Aunque esta parte del debugging es una de las más importantes también es cierto que a veces en un sistema en producción nos encontramos con casos específicos en los que debemos depurar código que ya se encuentra entregado para comprobar o extraer información sobre un comportamiento anómalo de la plataforma.

Hace unos años me encontraba desarrollando una plataforma de un operador móvil virtual, en la que empezamos a tener problemas dónde las sesiones de usuarios se perdían. La experiencia de uso era que el usuario se autenticaba y al cabo de muy poco tiempo debía volver a autenticarse para poder seguir realizando acciones en la intranet. Después de muchas prisas y muchas llamadas telefónicas (es lo que suele suceder cuando pasa en un sistema en producción), el equipo de desarrollo decidió realizar lo que mejor sabía: analizar capa por capa qué es lo que estaba sucediendo en vez de hacer caso a las llamadas telefónicas.

Consejo 1: Cuando las cosas parece que sólo van a peor, cálmate y piensa en solucionarlo, no haces nada con ponerte nervioso.

Después de *debugar* las capas de presentación y las cachés y ver que no había problemas (aunque todo pronóstico inicial hacía pensar que se trataba de un error en la capa de presentación), mediante un debugger remoto nos conectamos a los servidores de aplicaciones para verificar que pasaba con nuestros datos. Después de un rato investigando nos dimos cuenta de que había algunas peticiones a la base de datos que se quedaban bloqueadas y acababan dando timeout al usuario final, cosa que hacía que perdiera la sesión.

Consejo 2: Aunque las pistas te lleven a un lugar y normalmente sean correctas, verifica el resto de posibilidades, porque las sorpresas existen.

Estábamos teniendo bloqueo entre diferentes tablas debido a que teníamos transacciones que escribían en una tabla A y en una B después y otras transacciones que lo hacían al revés (primero en B y después en A). Nuestro sistema de escritura bloqueaba las dos transacciones y las dejaba en un estado zombie, esperando a que la anterior acabara, pero ninguna podía acabar y hacer el commit, porque la otra tabla a la que debían escribir se encontraba bloqueada.

Al final para solucionarlo decidimos cambiar nuestro modelo de datos para que no nos pudiera volver a pasar. Aunque la solución no fue sencilla...

Consejo 3: El primer paso para solucionarlo es encontrar el problema. Por muy compleja que sea la solución saber cuál es tu necesidad es lo único que te va a ayudar a solucionarlo.

Caso práctico Profiling

Las herramientas de profiling suelen utilizarse en momentos más puntuales que las herramientas de debugging. En mi opinión, estas herramientas deberían utilizarse más de lo que se utilizan normalmente ya que es muy importante conocer bien nuestra aplicación. Con éste tipo de herramientas extraemos información de código muerto, qué código es el más utilizado, en qué parte del código es dónde nuestra aplicación "pierde" más tiempo, etcétera.

Aunque es cierto que es muy importante tener en cuenta el rendimiento y hacer un buen profiling de tu código desde el principio es especialmente importante para herramientas para las que tienes unos requerimientos muy fuertes en cuanto a sus prestaciones. Hay que destacar que tampoco debemos obsesionarnos con el rendimiento. Si estamos haciendo una aplicación que va a tener 2 usuarios concurrentes con una media de 3 peticiones/minuto no es lo mismo que si estamos desarrollando una aplicación que debe responder 100.000 peticiones/segundo.

Hace unos años me encontraba trabajando en una plataforma de publicidad. Esta plataforma debía recibir todas las peticiones de publicidad de diferentes medios (televisión, móvil, web), enriquecerlas con parámetros de información del usuario que realizaba la petición y mandarla a un servidor de anuncios.

Esta plataforma debía recibir del orden de decenas de miles de peticiones por segundo y debía realizar todo el procesado en menos de 500mseg.

Consejo 1: Es muy importante conocer los requisitos de rendimiento. Si no los tenemos, pidámoslos o estimémoslos. El cliente debe conocer cuáles son esos números de antemano.

Antes de entrar a producción realizamos varias sesiones de profiling para comprobar cuál era el rendimiento de nuestra aplicación. Realizábamos varias pruebas con diferentes implementaciones, con una única conexión a base de datos, con varias queries, con una única comunicación externa a una caché, con la caché vacía y que se fuera llenando lentamente, pre cargando la caché con anterioridad, etc.

Consejo 2: Realiza el mayor número de pruebas posible con diferentes pruebas e implementaciones. Te ayudará a encontrar la mejor solución.

Estas sesiones nos ayudaron a retocar las *queries* a la base de datos para conseguir un mayor rendimiento ya que vimos que era dónde nuestra aplicación pasaba el mayor tiempo.

Conclusión

Conocer técnicas de debugging y profiling es necesario para cualquier desarrollador independientemente del tipo de software que se desee desarrollar. Como hemos visto nos pueden ayudar a solucionar problemas tanto antes de producción para conocer exactamente cómo funciona nuestro software, como en entornos de producción en los que tenemos algún problema.

Como conclusión consideramos que un buen desarrollador debe conocer bien cómo funcionan estas herramientas para el lenguaje que desarrolla y aplicarlas en su tarea de cada día, como garantía para que el programa funcione correctamente.

Raúl Cumplido (Barcelona, 1983) es Desarrollador en Telefónica I+D desde el año 2006. Durante su carrera profesional ha realizado tareas de desarrollo en diversos lenguajes, así como diseño de arquitecturas y de soluciones con diversos clientes. Durante una etapa de su carrera profesional se trasladó a Estados Unidos dónde estuvo trabajando para la multinacional Comverse como Deployment y Support Engineer. Ahora mismo se encuentra trabajando en el equipo de arquitectura de la CDN global de telefónica definiendo la solución técnica.

Marina Serrano Montes (Cabra-Córdoba, 1985) es desarrolladora en Telefónica I+D. Inició su profesión participando en el desarrollo de aplicaciones web y desktop para sistemas de información médica y herramientas colaborativas del ámbito de Ehealth. Tiene experiencia en soluciones VoIP/IMS, definición de arquitectura software e interfaces de sistemas. Colaboró en un proyecto internacional europeo sobre reconocimiento automático y traducción continua del lenguaje de signos. Actualmente, desarrolla para iOS un engine de video para sistemas de videoconferencia OTT.

1, 2, 3,... ¡estima!

por Rafael de las Heras del Dedo

Estimar: ¿qué significa realmente?

La estimación es la raíz de muchos de los fracasos en los proyectos de desarrollo software. Da igual lo bueno que se sea codificando y la ingente cantidad de metodologías y buenas prácticas que se puedan utilizar. No hay nada que se pueda hacer para evitar estos fracasos puesto que depende de parámetros incontrolados. Esta afirmación realmente dura suele escucharse mucho en el día a día del desarrollo software. Analicemos qué parte tiene de realidad y qué parte es un tópico que se va heredando proyecto tras proyecto.

Empecemos por los orígenes de la palabra estimar. Estimar proviene del latín *aestimāre* y significa calcular el valor aproximado de algo o tener una opinión sobre algo o alguien. En esta definición se introducen una serie de conceptos a los que hay que prestar cierta atención para entender el significado de manera correcta: calcular, aproximado y opinión.

- Calcular, porque una estimación en un proceso de cálculo, con todas sus consecuencias, en el que interviene la lógica y los elementos matemáticos.
- Aproximado, ya que de las estimaciones no se espera la infalibilidad, aunque se plantee con ella un alto grado de acercamiento al valor final.
- Opinión en base a que por mucho que se quiera ser aséptico y objetivo, es un proceso en el que el histórico, el conocimiento y las creencias de las personas que realizan la estimación condicionarán de forma inevitable el resultado final.

Estimar no tiene que ver con promesas, profecías, milagros u otras colecciones de divinas actuaciones que hacen que los resultados lleguen a un buen fin. En definitiva consiste en calcular un valor y una desviación de un hito para poder gestionar la mejor consecución de éste. Y cuando hablamos de gestionar, es en términos de encontrar la mejor manera de llegar a un fin y no en términos de forzar que la estimación se convierta en una realidad a costa de otros valores y principios.

Una vez se tiene clara la definición real de la palabra estimar, se está en condiciones de enfrentarse a su clon *es-timar*, que por desgracia es muy común encontrar en la ingeniería software. Es-timar viene de la composición del verbo *ser* con la acción *timar*, que como es ampliamente conocido, significa engañar a alguien con promesas o esperanzas. Consiste en dejar de lado el valor estadístico usado para gestionar un proyecto, sus recursos y su calidad y marcar compromisos ambiguos con clientes o usarlo como elemento de presión a los equipos de desarrollo. El uso fraudulento de la palabra suele detectarse claramente viendo el origen de su valor. Cuando este valor no es calculado por las personas que realmente van a realizar un trabajo sino por las personas intermedias o receptoras de este tiene efectos nocivos en la motivación de las personas y en la calidad del trabajo que se está realizando y solo reporta beneficios a muy corto plazo. Puestos a hacer dobles juegos de palabras con el concepto estimar, se debería apostar por otra definición del término, tener aprecio por algo, en este caso por el desarrollo que se está realizando. El objetivo de este artículo es concienciar y erradicar esta mala práctica, que convierte muy a menudo la creación de un producto en una carrera hacia el fracaso.

¿Por qué hay problemas con las estimaciones?

Existen dos causas principales que generan problemas en las estimaciones.

La primera causa es la diferencia entre estimar y planificar. Cuando se quiere dar la fecha de la ejecución de un proyecto, que es lo que normalmente se pide diariamente, se están ejecutando tres procesos en serie y no sólo uno.

1. El primer proceso que se calcula es la estimación del esfuerzo, esto es, efectuar un cálculo de la cantidad de trabajo necesario para realizar un proyecto. Esta estimación, por sí sola no da ninguna fecha, ya que es dependiente del equipo que vaya a realizar el trabajo. Una vez se ha estimado la cantidad de trabajo vienen las planificaciones.

2. La planificación del equipo que va a estar trabajando en el proyecto, que se diseñará en base a unos costes.

3. La planificación de fechas, que en base al equipo y a la estimación permite obtener la fecha final. Es importante que ambos procesos sean diferenciados siempre.

La segunda causa es que las estimaciones y planificaciones, aun teniendo claro su concepto, se usan de manera incorrecta, ya que la definición del éxito en las organizaciones está orientada a obtener beneficios (es decir, cobrar por entregar un proyecto) independientemente del resultado obtenido. Cuando esto ocurre, el valor de la estimación deja de ser un parámetro variable y aproximado convirtiéndose en un dogma. Aparece el concepto de "marcha de la muerte": el equipo trabaja con una fecha en mente, sabiendo del desenlace fatal del proyecto y sólo preocupado de avanzar de cualquier manera para llegar a cumplir la estimación.

El problema que generan estas causas está en que se relacionan estimación y compromiso. Como venimos contando, la estimación y su posterior planificación es una aproximación de la duración de un proyecto, mientras que el compromiso es la obligación contraída de vincular la ejecución del proyecto a la estimación dada por parte del equipo. Por ejemplo, un equipo puede estimar hacer un proyecto en tres meses pero comprometerse a tenerlo en dos asumiendo una acumulación de deuda técnica y una reducción del plan de pruebas. Estos términos no tienen por qué estar ligados de facto ya que el compromiso es el valor que fijará la *calidad* del producto, pudiendo ser un compromiso agresivo o conservador con el valor de la estimación. Siguiendo el ejemplo anterior, estaríamos bajando la calidad del producto ya que reduciendo el plan de pruebas dejamos en terreno desconocido sin cobertura posibles fallos (Nótese que estamos hablando de la calidad externa del proyecto en las pruebas extremo a extremo: la calidad interna del código no es negociable). Por último, hay que tener en cuenta que las estimaciones no se hacen realidad por sí solas: la clave de su éxito es una buena gestión del proyecto. En muchas ocasiones el fracaso de una estimación no ha sido por el proceso en sí mismo sino por la ejecución de ésta.

La frase grabada en mármol que debemos tener siempre en la cabeza por lo tanto es *"Lo que se negocia es el compromiso de un equipo pero no se negocia su estimación"*.

Bajo estos problemas ¿Tiene sentido estimar en el desarrollo software? ¿Por qué no trabajar sin estimaciones y solo a golpe de compromiso? Veámoslo en la siguiente sección.

¿Tiene sentido estimar en un proyecto software?

Hablemos de datos, estadísticas y leyes en software.

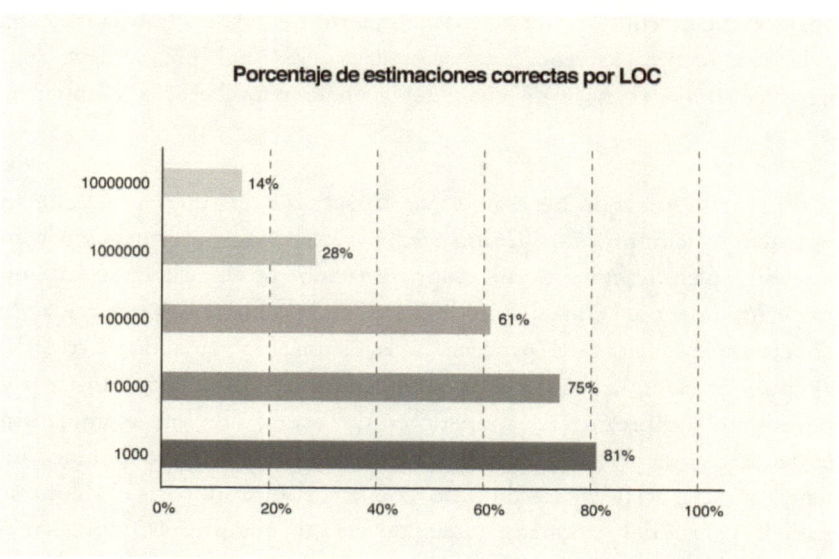

Figura 4: Porcentaje de estimaciones correctas según el número de líneas de código[54]

Si analizamos los datos de la *Figura 4* se puede comprobar que la probabilidad de acertar en las estimaciones de los proyectos decrece sustancialmente cuando los proyectos crecen en líneas de código. Los proyectos grandes son difícilmente gestionables en términos de estimación porque el número de imprevistos o de elementos desconocidos crece

---

[54] *Estimating software costs*. McGraw-Hill.1998 Capers Jones

exponencialmente con el tamaño del código manejado. Este crecimiento no es lineal sino exponencial al igual, que no es lineal el esfuerzo en relación al tamaño de un proyecto. La razón reside en la incertidumbre en la aparición de defectos o callejones sin salida que se pueden encontrar por línea de código.

Además de esta variabilidad en función del tamaño, también existe una variación en el tiempo de las estimaciones conocida como el cono de incertidumbre descrita en la *Figura 5*.

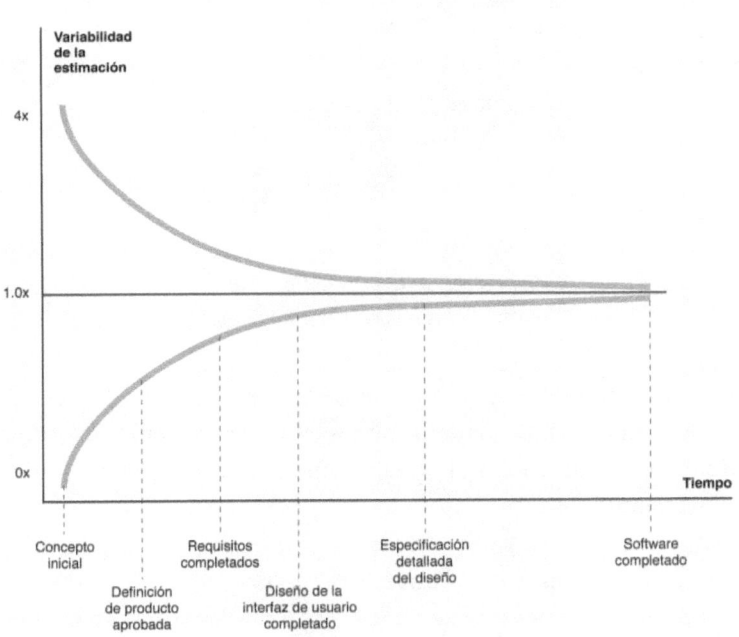

Figura 5: Cono de incertidumbre[55]

El cono de incertidumbre, define que existe una variabilidad en las estimaciones realizadas en un proyecto según este va avanzando por distintas fases. Así, cuando sólo se cuenta con el concepto inicial la

---

[55] *Rapid Development: Taming Wild Software Schedules*. Redmond, Wa.: Microsoft Press, 1996.Steve McConnell

estimación y su valor real suele variar entre su valor multiplicado por 0.25 y su valor multiplicado por 4. Según se va conociendo más información y las asunciones se van convirtiendo en hechos, se reduce el caos de información en el sistema que describe el proyecto, así como sus variaciones e incógnitas pudiendo obtener estimaciones más veraces. El objetivo de una buena gestión de un proyecto es la reducción del radio del cono de incertidumbre desde el inicio del proyecto, ya que éste no se reduce por sí solo, rebajando todas las variables que puedan afectar a la estimación.

Finalmente, nos podemos fijar en dos leyes simples como la ley de Hofstadter que enuncia que:

> *Hacer algo te va a llevar más tiempo de lo que piensas,*
> *incluso si tienes en cuenta la ley de Hofstadter.*

Y la ley de Brooks:

> *Añadir más efectivos a un proyecto de software en retraso, lo retrasará más*
> *(La estimación se debe realizar antes del punto de no retorno)*

Con toda esta información podemos concluir que las estimaciones en proyectos largos, con indefiniciones que agrandan el cono de incertidumbre, raramente se llegarán a cumplir. Con esta base ¿Por qué seguir estimando?

Las estimaciones son realmente necesarias pero no por tener una predictibilidad en muchos casos dudosa, sino por las siguiente razones que son mucho más importantes y donde reside el verdadero valor de la estimación:

1. Viabilidad de proyecto. Hacer una estimación de esfuerzo nos lleva a una estimación de coste. Al igual que un equipo de desarrollo hace esta estimación, el equipo de marketing debe hacer un plan de viabilidad del proyecto adjunto a un plan de negocio del mismo, para saber si merece la pena empezar un proyecto antes de invertir en él. Las estimaciones de negocio son igual de fiables que las estimaciones

de esfuerzo, pero dan una medida de referencia para saber la rentabilidad orientativa del proyecto.

2. Priorización y estrategia de proyectos. La estimación de un proyecto ayuda a la estrategia de una empresa para saber cuándo es el momento exacto de empezar su implementación o de cómo organizar internamente los recursos para lanzar un producto al mercado en su momento exacto.

3. Gestión de riesgos e impedimentos. La estimación es indicador que puede ayudar a detectar de manera precoz riesgos o problemas que no se habían tenido en cuenta en el origen del proyecto y puedan aparecer de manera imprevista.

En resumen una buena estimación no tiene como objetivo único tener una predictibilidad del trabajo que se está haciendo, ya que como se ha observado, según aumenta la complejidad del proyecto su margen de error también aumenta, sino en facilitar una buena gestión de proyecto.

¿Cuál es la mejor forma de estimar de todas la existentes?

La mejor estimación no es la estimación más acertada, la de menos presupuesto o la que ha ejecutado un proyecto en menos tiempo. La mejor estimación, es la estimación en la que un equipo se ha sentido dueño de ella, ha confiado en ella y le ha guiado durante el proceso de desarrollo.

Una estimación no es un hito, no es algo que se genera en el inicio del proyecto y se mantiene estático durante el proyecto. Al igual que la planificación del proyecto, la estimación del trabajo debe ir variando durante el ciclo de vida del proyecto según se avanza por el cono de incertidumbre. La estimación debe seguir viva incluso al final del proyecto, ya que se debería hacer un análisis final de los resultados del proyecto para analizar los valores de esfuerzo finales y analizar las causas de las desviaciones. Haciendo esto, se mejora el histórico de los equipos y empresas mejorando la capacidad de estimaciones futuras.

Existen dos categorías de estimación diferenciadas. Las estimaciones formales y las estimaciones de expertos. Las estimaciones formales son aquellas que utilizan algún tipo de cálculo formal para obtener el resultado de una estimación, mientras que las segundas son las que se basan en la opinión de uno o varios expertos para realizar la estimación. Dentro de estas dos categorías existe gran número de tipos de métodos: Puntos funcionales, Puntos de historia, COCOMO, COSMIC, SLIM, Ángel… que difieren en la forma de obtener el juicio de los expertos o de definir las ecuaciones de los métodos formales.

¿Cuál elegir? Inspecciona y adapta. Cada organización es diferente y no todos los métodos sirven igual en cada organización. No hay una sola aproximación así que existen muchas posibilidades de encontrar el mecanismo que mejor se adapte a cada organización. Pero debe existir alguna forma definida de obtener estas estimaciones, así que más vale un proceso poco preciso que la anarquía en las estimaciones.

Como base de elección se pueden seguir los siguientes consejos:

- Si en la organización no existen expertos o gente con suficiente conocimiento de un dominio, es mejor utilizar una estimación formal genérica antes que las basadas en expertos, como resulta obvio.
- Si no se tienen datos históricos de una organización que permitan parametrizar las fórmulas de las estimaciones formales suele ser recomendable usar el juicio de expertos.
- Si la variabilidad de las especificaciones del proyecto es alta y cambiante lo recomendable es usar métodos de estimación ágiles que suelen ser combinación de formales (*story points*) y opinión de expertos (*planning poker*)
- Si no hay gente con conocimiento, no se tienen datos históricos o de la organización para parametrizar las fórmulas de los métodos formales y no se quiere hacer estimaciones ágiles, la estimación la puede hacer un dado de 12 caras (cada cara para un mes del año) ya que la probabilidad de acertar de otro método será muy similar.

10 maneras de arruinar una estimación

Existen muchas maneras de arruinar una estimación. En esta sección vamos a destacar en esta lista las más repetidas comúnmente. Pero antes de comenzar hay un concepto que puede arruinar significativamente una estimación y merece la pena tratarlo de manera independiente, y es la creencia de que las estimaciones no son necesarias. Antes de iniciar una estimación, las personas implicadas en el proceso deben estar convencidas de la utilidad del trabajo que van a realizar o el resultado no será óptimo.

1. El recorte de la estimación. Un clásico. Los desarrolladores, por definición, son sobre-optimistas en las estimaciones. Adolecen del síndrome del superhéroe considerando las tareas complejas o desconocidas como un reto que no se puede rechazar. Estadísticamente se suele decir que las estimaciones de los desarrolladores tienen un 30% de desviación por encima de las previsiones. Recortar la estimación de un desarrollador, con estas premisas, es una inevitable forma de comprometer la estimación original.

2. Eliminación de defectos y eficiencia en la corrección de estos. Otro aspecto que no se suele tener en cuenta en las estimaciones es la generación de defectos y su corrección en las distintas actividades del proyecto. Un pobre control de la calidad del trabajo que se realiza y no reservar tiempo para actividades relacionadas con este llevará a una desviación notable en la fase de pruebas finales y aceptación del proyecto. Cuando hablamos de defectos no sólo hablamos de los defectos del código sino que se deben incluir fallos en las especificaciones, diseños o pobre documentación. Un extra adicional es la reserva de un tiempo para la resolución de los conocidos como *bad fixes* que son los problemas introducidos por una mala resolución de un defecto. Se considera que el 7% de la resolución de defectos suele generar un problema adicional que debe ser resuelto.

3. Requisitos cambiantes. Si los requisitos son cambiantes y no se toman las medidas necesarias en el momento de realizar la estimación y durante la gestión del proyecto, el cono de incertidumbre nunca se estrechará y las variaciones en la estimación serán inevitables. Las

estrategias de estimación agiles son una manera de contrarrestar estos problemas en las estimaciones.

4. Tareas fuera del desarrollo puro que no son estimadas. En las estimaciones, se suelen omitir muchas tareas que condicionan el devenir del proyecto y no son tenidas en cuenta. El omitir estas tareas es una causa común de arruinar una buena estimación técnica. Entre estas tareas se incluye la incorporación del equipo, aprendizaje de nuevos miembros del equipo, sucesivas iteraciones de clarificación de los requisitos, revisiones de código y de documentación, etc.

5. Preparación de proyecto o Sprint 0. Un periodo muy importante de los proyectos es la fase de arranque o establecimiento que un equipo necesita para empezar a trabajar de forma eficiente. Preparación de entornos, herramientas, arquitecturas intencionales, integración continua, estrategias de codificación y testeo, guías de estilo. Todo este trabajo es previo a la producción de resultados tangibles del proyecto y suele no considerarse como parte del proyecto pero su falta de preparación genera un retraso considerable.

6. Humanización del equipo. Otro fallo recurrente en las planificaciones de los proyectos que afecta a las estimaciones es que siempre se supone que los trabajadores son robots incansables que trabajarán a un ritmo constante durante todo el periodo de tiempo. Vacaciones, enfermedades, reuniones y compromisos internos de la empresa son realidades de los proyectos que deben tenerse en cuenta en las planificaciones ya que las estimaciones suelen hacerse en base a situaciones de recursos ideales.

7. Empezar de 0. En muchos casos, a la hora de realizar las estimaciones, los equipos se llenan de un optimismo basado en asumir que al iniciar un nuevo proyecto los errores del pasado ya son conocidos y no se comentarán las mismas decisiones erróneas que llevaron a un problema en la estimación. La experiencia dice que tomar nuevas decisiones llevará a encontrar también nuevos problemas que se tendrán que resolver.

8. *Happy path.* El software no vive sólo del caso de éxito pero en las estimaciones muchas veces es lo único que se estima. Es necesario analizar concienzudamente los casos de error de la funcionalidad a

implementar puesto que en muchos casos representan incluso más desarrollo que el caso de éxito.

9. Conversiones de estimación. Otro problema recurrente que suele dinamitar una buena estimación es la conversión entre la estimación de esfuerzo y su valor en tiempo. Por ejemplo, se puede hacer una buena estimación usando los puntos de historia o puntos funcionales pero al traducirlo con el equipo necesario a una fecha objetivo se corre el riesgo de que no se dimensione bien la capacidad teórica del equipo asumiendo más trabajo del que realmente pueden llevar a cabo.

10. Exactitud vs precisión. Para las estimaciones, se tiende a ser extremadamente preciso despreocupándose de la exactitud. Entendemos precisión como a la dispersión de un conjunto de valores repitiendo una medida y exactitud a la cercanía al valor medio al dar una medida. En las estimaciones a largo plazo suele ser más interesante no ser preciso pero si acertado.

En resumen

Dar relevancia a las estimaciones y valorar sus beneficios. Las estimaciones no son de los jefes de proyecto o gestores, son del equipo. Úsalas como deben ser usadas, define un proceso (sea cual sea) para estructurar su obtención. Analiza las desviaciones y guarda históricos para aprender a hacer mejores estimaciones en el futuro. Y sobre todo recuerda:

Lo que se negocia es el compromiso de un equipo,
pero no se negocia su estimación.

 Rafael de las Heras (Madrid, 1979) es *Development Manager* en Telefónica I+D. Después de su paso por el desarrollo en la bioingeniería, la telemedicina, el ocio digital y los servicios financieros ha decidido probar suerte con otro tipo de desarrollo, el de personas. Es coautor de *Métodos Ágiles y Scrum*[56] (Anaya - ISBN 9788441531048) y no será su último libro.

---

[56]

http://www.anayamultimedia.es/cgigeneral/ficha.pl?id_sello_editorial_web=23
&codigo_comercial=2311255

programación usando actores

por Toni Cebrián Chuliá

Introducción

Desde que se empezaron a utilizar ordenadores y programas informáticos siempre ha habido un requisito constante: Los usuarios querían más velocidad de cálculo, volúmenes más grandes de proceso y nunca era suficiente.

En el momento en el que se podían procesar datos que antes ni siquiera se pensaba que fuera posible que se pudieran generar, se imaginaban nuevos usos y nuevos procesos de esos datos que volvían a requerir mayores capacidades de cómputo. Normalmente cuando un ingeniero informático se enfrentaba a esa situación la mejor alternativa y la más racional desde un punto de vista coste-beneficio era... no hacer nada.

Por supuesto se podía invertir tiempo en hacer un perfilado del rendimiento, modificar las estructuras de datos para hacerlas más eficientes, aprender un poco de ensamblador, etc. Sin embargo desde un punto de vista de retorno de la inversión ese tiempo y esfuerzo extra no estaba justificado en absoluto. Tal vez en algunos nichos como juegos o aplicaciones científicas tuviera sentido pero para el resto de dominios lo más racional era simplemente esperar y que la Ley de Moore hiciera el resto.

La Ley de Moore postulaba que el número de circuitos por unidad de superficie se duplicaba cada dos años. Esta ley de crecimiento exponencial era más rápida que cualquier esfuerzo de ingeniería humana para el 90% de las aplicaciones existentes.

Sin embargo Moore predijo que su "ley" se cumpliría en las siguientes dos décadas posteriores a su formulación: llegaría un momento en el que las restricciones físicas de la miniaturización o de la disipación de calor de los transistores invalidarían dicha progresión exponencial. Hemos llegado a ese punto y los fabricantes de procesadores en lugar de seguir incrementando la frecuencia de reloj de los mismos se han concentrado en proveer un mayor número de *cores* o procesadores en la misma pastilla de silicio.

En este nuevo escenario en el que nos encontramos, la ejecución de un mismo programa puede ser distribuida entre distintos cores y por tanto distintos procesadores deben coordinarse en tareas de comunicación, acceso a datos compartidos y de sincronización de tareas. Para el programador esto abre un nuevo frente de complejidad ya que los nuevos programas *multicore* son más difíciles de ensamblar y de razonar sobre ellos. A ello se une la aparición de posibles nuevos bugs difíciles de reproducir debido a que ahora aparecen errores debido a posibles ordenaciones distintas de eventos.

La programación concurrente es difícil

Tradicionalmente la programación concurrente se ha realizado utilizando hilos proporcionados por el Sistema Operativo. Los hilos se pueden considerar como procesos independientes dentro de procesos de ejecución propiamente dichos y que se comunican mediante otros procesos escribiendo en porciones de memoria compartida. Esto introduce una serie de problemas sobre cómo sincronizar el acceso a esas porciones de memoria compartida. Para estas tareas se utilizan mecanismos ligados al sistema operativo como los *mutex*, semáforos, variables de condición, futuros o promesas.

Programación concurrente quiere decir que existen distintos procesos de cómputo que pueden ser ejecutados en paralelo. Si nos encontramos en el caso en el que queremos que esa concurrencia sea además paralelizada, tenemos que definir cómo queremos que se paralelice, si en un único espacio de memoria (estaríamos hablando de *threads* en uno o varios cores) o que la *paralelización* pueda distribuirse a varias máquinas que no comparten el mismo espacio de memoria pero conectadas entre sí por algún tipo de red.

Normalmente los ingenieros, cuando se han tenido que enfrentar a una decisión de este tipo, debían elegir una u otra forma de paralelización ya que por ejemplo los threads no se pueden mover a otra máquina. La programación mediante actores alivia este tipo de problemas al utilizar transparencia referencia. El código que invoca llamadas a esos actores no sabe si los actores residen en la misma máquina o están en la otra parte del mundo. Las llamadas no tienen en cuenta la localización física del agente y es responsabilidad del *framework* el enrutado y control de la calidad en la entrega del mensaje.

Otro de los cambios paradigmáticos en la programación utilizando actores es su planteamiento de la gestión de los errores. En lugar de tratar de minimizar o protegerse de la aparición de errores, casi todos los frameworks de actores utilizan una estrategia de "déjalos fallar". Los actores se suelen organizar en torno a jerarquías de actores. Si un actor falla, genera una excepción o se tiene que reiniciar es responsabilidad del actor que le supervisa saber qué curso de acción seguir para retomar la ejecución del mismo.

Teoría del modelo de actores

Un actor es una entidad de cómputo que presenta las siguientes características:

* Mantiene un estado interno que no es accesible desde fuera del actor mismo
* Tiene una cola de entrada de mensajes (*mailbox*) que es la forma mediante la cual el resto del sistema se comunica con el actor.
* Cuando un actor consume un mensaje, esto puede dar lugar a una combinación de las siguientes acciones:
  o Cambiar su estado interno en función del mensaje
  o Crear un nuevo conjunto de actores
  o Enviar una serie de mensajes a otros actores

Los actores presentan un paradigma de programación similar al de los objetos con unas salvedades remarcables:

* Los actores ejecutan las acciones de forma concurrente en lugar de secuencialmente como hacen los objetos.
* En lugar de definir una interfaz y ser ese el contrato entre el objeto y el resto del mundo, los actores reciben mensajes y los procesan, pudiendo ignorar aquellos mensajes que no conocen cómo procesar.

Supervisión y jerarquías de actores

Ya hemos mencionado que la aproximación que utiliza el modelo de actores acerca de cómo reaccionar ante fallos es la de "dejarlos caer". Una alternativa de diseño podría haber sido hacer que los clientes gestionasen sus excepciones y la gestión de errores pero eso haría que el código de esos actores fuera más complejo e ininteligible. Además quedaría por resolver el problema de cómo comunicar esos errores a los agentes que forman parte de una computación distribuida. Se podrían crear patrones de comunicación de fallos pero serían realizados ad hoc para cada arquitectura y serían además difíciles de escalar.

La aproximación que utiliza el modelo de actores para la gestión de errores es la de "dejarlos caer"; es decir, si hay algún problema, el actor terminará y abortará la ejecución y es responsabilidad del supervisor decidir qué hacer ante el fallo ocurrido. Normalmente el supervisor puede elegir entre una de estas cuatro acciones:

- Indicarle al actor que continúe su ejecución en el estado previo al fallo
- Reiniciar al actor
- Apagar y finalizar la ejecución del actor
- Escalar e informar del error a los supervisores más arriba en la jerarquía

Además de qué hacer cuando ocurre un fallo podemos definir estrategias a seguir para el conjunto de actores que un actor determinado supervisa. Normalmente la estrategia de supervisión puede ser Uno-A-Uno o Uno-Para-Todos, indicando que cualquiera de las 4 estrategias definidas para el supervisor anteriormente se aplicará a cada uno de los actores por separado o a todos los actores bajo supervisión en su conjunto.

Además de la supervisión padre-hijo existe un tipo de supervisión llamado Monitorización de Ciclo de Vida. Debido a que el supervisor es quien se encarga de fallos de sus actores supervisados, mediante la monitorización del ciclo de vida podemos hacer que otros actores no presentes en la jerarquía de supervisión, monitoricen los cambios de estado relacionados con el ciclo de vida de un determinado actor. Este nuevo tipo de supervisor se suele utilizar para monitorizar actores que pueden residir en nodos remotos y que pueden sufrir fallos asociados al hardware o la red.

Implementación de ejemplo

La programación con actores tiene sus propios patrones y peculiaridades. A la hora de diseñar un sistema con actores hay que tener en mente un par de reglas: que la creación de Actores es muy ligera en las implementaciones existentes y que siempre que se pueda se tiene que crear una tarea lo suficientemente sencilla como para que se pueda paralelizar.

Los actores formarán una jerarquía natural en función de quién los haya creado, con lo que la gestión de fallos la tenemos que restringir al contexto de creación de los mismos.

Debido a que este capítulo es introductorio a los actores, no presentaremos aquí un patrón muy complejo de programación distribuida: solo esbozaremos cómo implementar el patrón "Robo de trabajo".

Imaginemos que tenemos que procesar un fichero con instrucciones. Cada una de las instrucciones representa un problema complejo que cada uno de los actores esclavos tendrá que resolver. A priori no sabemos cada una de las tareas cuánto tiempo va a necesitar con lo que repartir equitativamente las tareas entre los cores o máquinas disponibles no será muy efectivo. Lo que haremos será crear un actor que actuará como agente encargado de procesar todas las instrucciones con la ayuda de otros actores esclavos que ayudarán en el proceso. Así pues la tarea será algo tal que:

1. Desde la sección de nuestro código que quiere procesar el fichero con las órdenes creamos una instancia de un actor al que llamaremos *Master*.

2. Ese actor lo crearemos con el nombre del fichero que queremos procesar. Bloqueamos hasta que el actor retorne, más sobre este mecanismo más adelante.

3. El actor máster abre el fichero y crea un posiciona un cursor sobre la primera tarea. A continuación estima el número de esclavos que va a lanzar, bien puede ser mirando el número total de cores disponibles en local o en un *cluster*. A continuación crea ese número de actores esclavos pasándole la referencia de su buzón de mensajes para que los esclavos puedan comunicarse con él.

4. Una vez que un esclavo se "levanta" le envía al master una petición de "envíame una instrucción a procesar" junto con la dirección del buzón del esclavo donde enviar esa instrucción. Recuerda que la única forma de comunicarse con los actores es enviándoles mensajes, no hay interfaces ni métodos que invocar. El actor master únicamente escucha las peticiones del tipo "más trabajo" de los esclavos, cualquier otro mensaje que reciba lo ignorará.

5. El master cuando recibe un mensaje del esclavo comprobará la lista de tareas que le quedan pendientes y si tiene alguna instrucción más por procesar compondrá un mensaje nuevo con la tarea y se la enviará al esclavo utilizando la referencia que éste le paso en el mensaje que acaba de recibir. Si no quedan más tareas que procesar el master enviará al esclavo un mensaje vacío y cuando éste lo reciba parará su ejecución y se destruirá. Así pues el esclavo recibe 2 tipos distintos de mensajes, el mensaje para procesar una instrucción determinada y el mensaje que indica que no hay más que procesar y que debe pararse.

6. Cuando el master recibe que todos los esclavos han finalizado, envía al control principal la notificación de finalización. Recordemos que los actores los hemos definido como concurrentes, así pues cuando en el programa principal se creó el actor master, ese actor se ha creado como un hilo independiente y la ejecución del programa principal sigue funcionando independientemente.

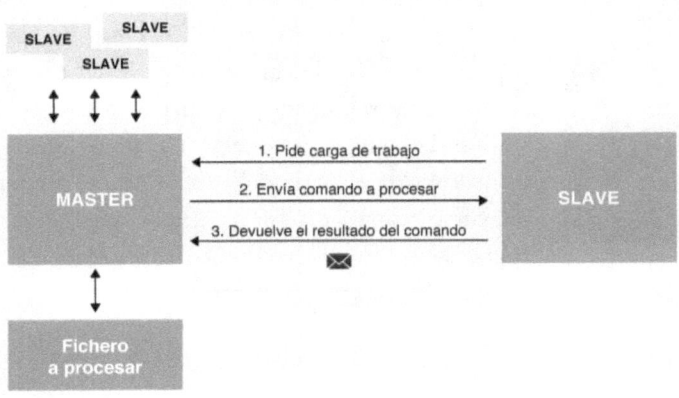

Figura 6: Funcionamiento del proceso

Necesitamos pues un mecanismo que haga que el programa principal bloquee hasta que la red de actores finalice su labor y esto se suele conseguir utilizando futuros y promesas o sus equivalentes en el lenguaje de programación que se usa. Al actor raíz se le pasa el futuro que tiene que rellenar y cuando acaba las tareas rellena ese futuro con el valor correspondiente. Mientras, el programa principal ha estado esperando la finalización de la tarea.

Conclusiones

La programación con actores es una nueva forma de afrontar la complejidad en el desarrollo de programaciones concurrentes y/o paralelas. Proponiendo el modelo de actores se consigue aliviar las dificultades tradicionales asociadas con las herramientas clásicas para la programación concurrente (threads, *locks*, mutexes, etc.) y se disminuye el riesgo de bugs por una incorrecta utilización de los mismos. La programación con actores es algo que debería estar en la caja de herramientas de cualquier desarrollador para ser usada en el contexto oportuno.

 Toni Cebrián (Valencia, 1978) es Especialista Tecnológico en Telefónica I+D. Después de pasarse los primeros años de carrera profesional programando sistemas y aprendiendo las artes arcanas del C++, comprendió que lo suyo era el *Data Analysis* y ahora mismo cabalga el hype del momento en primera línea. Desayuna cada día Big Data y Lenguajes de Programación Funcional como Scala y Haskell.

qué podemos aprender de las industrias del cine y del videojuego

por Fernando Navarro Gil

208

Héroes, villanos y explosiones: Qué podemos aprender de la industria de los dibujos animados, videojuegos y efectos digitales

Ana y Raúl acaban de ser presentados. Después de 10 minutos de conversación relajada surge una pregunta clave:

Ana: Raúl, ¿cómo te ganas la vida?

Raúl: Trabajo en una empresa que hace <dibujos animados / videojuegos / efectos especiales>

A: ¡Hala! Pues tiene que ser una gozada que te paguen por estar jugando y haciendo dibujitos todo el día.

R: Er… bueno, no es exactamente eso. Es un trabajo bastante técnico, que lleva tiempo aprender y aunque parezca mentira, muy organizado.

A: No entiendo… ¿no me has dicho que haces videojuegos? Si me dijeras que construyes puentes o carreteras o diseñas edificios…

R: (¡Uff! Esto no va bien…) Bueno, sí, en realidad llego a las 11 a trabajar, juego un par de horas y luego me voy al gimnasio y a pasear el resto del día.

A: ¡Jo, qué bien! Así cualquiera…

Es probable que alguno de vosotros hayáis experimentado una situación similar. Desde el exterior, trabajar en la industria del entretenimiento viene asociado con altos niveles de diversión, anarquía y cierto glamour. A fin de cuentas te codeas con actores de cine; tu jornada es libre y caótica; y además incluye volar en pedazos todo tipo de objetos.

La realidad es muy diferente. Completar una producción audiovisual requiere coordinar el esfuerzo de un pequeño ejército altamente especializado. Necesita utilizar sistemas de producción complejos y establecer organizaciones con una estructura muy clara a la vez que altamente dinámica. Desde dentro, observarás una coreografía imposible que puede durar varios años. En ella las habilidades técnicas, creatividad desatada y la obsesión por el detalle compiten con la presión de las entregas, jornadas maratonianas y la administración de un presupuesto, en ocasiones, millonario. Todo ello con la máxima calidad, cumpliendo plazos regulados por contrato y, mientras se mantienen niveles de motivación del equipo excepcionalmente altos.

Pero, ¿cómo es posible? ¿Cómo se mezclan orden y caos? En este artículo describimos una serie de aspectos que hacen que estas organizaciones sean únicas. Hemos seleccionado aquellos que son aplicables a la industria del software, un negocio que cada vez más, requiere altas dosis de creatividad.

Es posible que después de leer este artículo se pierda parte del romanticismo inicial. A fin de cuentas, el ejemplo en los que amateurs son capaces de convertir un proyecto personal en un megahit de Hollywood / Silicon Valley desde su desván[57] son solo excepciones poco frecuentes.

Sobre talento

Crew, equipo, *staff*, personal, expertos… llamadlo como queráis: sin duda, el recurso más valioso y el más difícil de conseguir. Objetivo número uno y tu obsesión como participante en un proyecto técnico: trabajar con el mejor talento y generar el entorno que le permita rendir con el mayor grado de motivación. Las siguientes ideas resumen las claves:

- Un proyecto que emplea a 800 personas no necesita muchos Spielbergs/Tarantinos/Coppolas, pero su talento no es suficiente por sí solo. El equipo en su conjunto es la energía y el motor que mueve la organización y hace posible los sueños de los visionarios.

---

[57] Curiosamente, los grandes hits de la "era internet" tienen afinidad por garajes en los que se apilan cajas llenas de trastos, mientras que el éxito artístico tiene más que ver con cocinas y habitaciones desocupadas en el piso alto de una casa! Más sobre este tema, en otra ocasión…

- De la misma forma, es importante crear un equipo que combina personal súper-especializado con generalistas. Existen muchas tareas que requieren años de práctica. Otras exigen perfiles menos definidos pero más flexibles.

- Reserva una parte significativa de tu presupuesto para contratar a los mejores especialistas de cada campo. Su tarifa suele ser más abultada porque son capaces de elegir las técnicas adecuadas, además de evitar aquellas que consumen excesivos recursos y generan retrasos.

- Contrata a los mejores generalistas. En este caso, además de cuestiones técnicas o artísticas, es probable que quieras valorar su flexibilidad, adaptabilidad, energía y capacidad de organización.

- En general, busca talento con experiencia en producciones similares y en puestos semejantes. Replica casos de éxito.

- Puedes encontrar talento en las situaciones más inesperadas. Además de las habituales (recursos humanos, *recruiters*, red de contactos…), busca en tu cantera. Considera a la competencia, escuelas, universidades. Recicla a quien haya demostrado inteligencia y eficacia, incluso en un puesto no necesariamente relacionado.

- Insiste en que el *background* y experiencia de cada candidato sea demostrable. En la industria audiovisual es habitual requerir referencias personales y *demo-reel*[58]. Pon a prueba a cada candidato en condiciones similares a las que desempeñará en su trabajo. Evita la tendencia a no verificar lo que pone en el currículum o lo que se cuenta en la entrevista. Haz preguntas de conocimientos generales, ejercicios de programación en pizarra, plantea discusiones técnicas y pide que se piense en voz alta. Recuerda que necesitas desarrolladores experimentados, no charlatanes.

- Cuando hayas conseguido tu nuevo fichaje, entrégale un pack de bienvenida que incluya la descripción de sus objetivos y toda aquella información que sea relevante para su trabajo. Probablemente sea necesario formarlo en los métodos y prácticas de tu compañía. Además de facilitar su integración en el equipo, se sentirán más implicados.

---

[58] Es habitual entregar, junto con tu curriculum, un video de un par de minutos con las mejores muestras de su trabajo.

- El personal con menos experiencia necesita dirección. Asigna a personal sénior de la misma disciplina para ello. Ambas partes se beneficiarán del intercambio. Incluye a especialistas en recursos humanos en el proceso ya que tiene la capacidad y conocimientos para estructurar este proceso.

- Cuando alguien se incorpore al proyecto, haz un ejercicio de *debriefing*. Los recién llegados aún no han sido "contaminados" por los hábitos de la compañía. En realidad, adoptar el statu-quo hace la vida más sencilla y el trabajo más eficiente, pero solo representa una mejora local. Haz preguntas abiertas sobre métodos y técnicas que hayan utilizado en otros proyectos. Permite la divagación y las conversaciones sin estructurar. Durante el proceso de adaptación, pide que den su punto de vista en base a su experiencia.

Sobre potenciar las actitudes adecuadas, disfrutar de beneficios y crear entornos de trabajo estimulantes

- Permite la exploración: Es posible que tengas a tu siguiente estrella dentro de un departamento inesperado. Al margen de tener un equipo dedicado a la experimentación, debe de existir la oportunidad de que gente inmersa en el día a día de producción pueda probar sus propias ideas. Ellos son quienes conocen los problemas y probablemente ya han pensado en la solución. Fomenta actividades que consiguen expandir los perfiles: a fin de cuentas, ¡somos curiosos por naturaleza!

- Contrata a un pequeño equipo de "productores" que, aunque no trabaje directamente en el desarrollo, sea capaz de conseguir lo que sea, donde sea y como sea. Deben tener capacidad de decidir y ejecutar, acceso a todos los niveles jerárquicos y visibilidad de los detalles del día a día. Liberarán parte de la presión de tus desarrolladores, incrementarán su foco, actuarán de colchón frente a influencias externas y harán que se sientan más arropados.

- Relacionado con lo anterior: tan importante como contar con técnicos excepcionales, es necesario disponer de facilitadores. Su objetivo es construir vías de comunicación y elevar el grado de interacción entre diferentes equipos. Pero ojo, evita artificios y no fuerces ni formalices el diálogo. Tarde o temprano, surgirá la chispa de forma natural.

- Emplea gente capaz de automotivarse, y cuanta más, mejor. Un equipo motivado es capaz de lo imposible… cada día. La motivación es contagiosa, más aún, ¡es viral! Por ello, cuando estructures tus equipos incluye a un motivador en cada uno de ellos.

- La realidad es que no todo el mundo es capaz de buscar sus propios estímulos y motivaciones. En todo caso, intenta evitar mentalidades destructivas ya que pueden tener un efecto devastador en el resto del equipo.

- No permitas los *bullies* (matones de colegio), a las *prima-donnas* o las estrellas del rock. Nunca permitas el abuso o los comentarios jocosos a costa de otra gente. Nuestra cultura es excesivamente tolerante con este tipo de actitudes, pero créeme, no favorecen el bien común y crean división. Lo peor que puede pasar es que desgastes una buena herramienta con aquella que no lo es.

- Permite cierto grado de disidencia. Mucha gente se siente más confortable cuando su mesa de trabajo se vuelve más personalizada, se rodean de juguetes o decoran su entorno a su gusto. Otros florecen inmersos en el caos y el desorden (aparente). Son simplemente formas de expresión, tan válidas como utilizar una mesa impoluta y vacía de distracciones.

- Muchos prefieren ceñir su tiempo en la oficina a las cuestiones estrictamente profesionales y mantener todos los aspectos de su vida privada al margen. Sé flexible y construye un entorno que lo permita.

- Por contraste, permite que todo el mundo se manifieste y tenga sus propias inclinaciones. El poder del ego, la autoestima y la motivación es ilimitado. Si estos intereses no van en consonancia con el objetivo del proyecto, ¿por qué no apoyar *social-clubs* que permitan que personalidades afines disfruten dentro de la compañía?

- Promueve las actividades no relacionadas con el trabajo, el deporte y las actividades culturales. La copa después del trabajo y las fiestas después de cada hito facilitan la interacción, liman asperezas y liberan presión. ¡Es importantísimo celebrar tanto los éxitos como los fracasos!

- Reserva parte del presupuesto para pequeños regalos: chucherías, café gratis, neveras con refrescos. Colócalas en zonas en las que sea posible mantener conversaciones relajadas.

Aunque esta lista no pretende ser completa, incide en algunos puntos que pueden convertir tu espacio de trabajo en un sitio en el que puedes disfrutar. Tu día a día y la empresa en la que progresas profesionalmente resultarán más atractivos tanto para ti como para el talento que está esperando en el exterior.

Sobre empresas que hacen lo necesario

- Es un hecho: la mayoría de empresas necesitan una jerarquía que compartimente el trabajo de cada uno. Una consecuencia negativa es que el flujo de información se ve limitado. Haz un esfuerzo por ser transparente y comparte información. Conocer el contexto corporativo y los planes de tu empresa ayudan a planificar el día a día, elimina incertidumbres y aumenta la confianza. Recuerda que trabajas con gente inteligente y capacitada. Como tales, prefieren tener todos los datos para organizar su trabajo, su vida personal y su futuro.
- De la misma forma que se celebran las alegrías, no ocultes el fracaso: compártelo, coméntalo, analízalo, celebra *postmortems*. Estos ejercicios ayudan a superarlo y permiten extraer conclusiones que pueden servir para evitar casos semejantes.
- Hazte entender con lenguaje sencillo y reduce la jerga corporativa, acrónimos y expresiones-nicho a lo imprescindible. Esto aplica tanto a la comunicación con tus pares, como con empresas externas.
- Utiliza elementos informativos cerca (¡no dentro!) de zonas comunes. Puedes compartir datos como el número de bugs, tiempo restante hasta la siguiente entrega, estado del último *build*... Esto facilitará que toda la plantilla, independientemente de su área, sepa el estado real del proyecto.
- Reduce el número de desafíos y problemas sin resolver de cada proyecto. Para proyectos cortos, incluye uno o dos aspectos que no han sido probados anteriormente. En proyectos más largos y con presupuesto más holgado es posible que puedas añadir alguno más.

- Desde el punto de vista de un desarrollador (¡tu mayor valor!), la burocracia es aburrida y le distrae de objetivos más importantes. Intenta reducirla y si no es posible, enmascárala o da soporte para que no suponga un esfuerzo extra.
- De la misma forma, reduce la documentación en el proyecto a niveles razonables (siempre es posible eliminar un documento). No fuerces a nadie a escribir documentación. Probablemente es posible olvidarte de formatos, tipos, cabeceras… La mayoría valora más una wiki sencilla y actualizada que un documento bien maquetado pero con información obsoleta.
- A la hora de trabajar, intenta dar espacio. No detalles las tareas hasta niveles excesivos. En muchos casos, guías generales y objetivos claros son suficientes. Ofrece el soporte y supervisión en caso necesario. A partir de este punto, deja que la gente se autogestione y busque soluciones.

"The End", ¡un destino en continuo movimiento!

Siempre preferimos un final feliz. Es reconfortante volver a casa sabiendo que nuestros héroes han ganado. Podría parecer que su honestidad y valores personales les aseguran el éxito. La realidad suele ser diferente y la mayoría de objetivos se alcanzan a base de esfuerzo, dedicación y trabajo en equipo.

Hemos discutido multitud de puntos que considero importantes para que l estos esfuerzos sean más asumibles, se hagan en la mejor compañía y dentro de un entorno estimulante. Admitimos que pueden considerarse percepciones personales y muchas son discutibles. ¡Incluso existen ideas contradictorias! Es el equilibrio y la coexistencia de muchas de ellas lo que importa.

Seleccionad unas pocas. Intentad aplicarlas. Mejorad y cambiad en el proceso. Compartid vuestras inquietudes y vuestros logros… Merece la pena levantarse cada día pensando que tienes el mejor trabajo del mundo.

 Fernando Navarro (Zaragoza, 1974) es un apasionado de la tecnología y un *geek* encubierto. Ha dedicado la mayor parte de su carrera profesional a trabajar en efectos digitales, videojuegos y películas 3D y como resultado comparte varios premios Goya y dos Bafta. Recientemente completó su doctorado y ahora utiliza su tiempo libre a hacer fotos, jugar con vehículos no tripulados, arduinos y, en general, todo tipo de cacharrería.

hackers, ellos también son developers

por Francisco Jesús Gómez Rodríguez

Introducción

Parece obvio, pero muchas veces se nos olvida que el *software* no solamente está expuesto a la utilización de los usuarios que buscan obtener la mejor experiencia, sino que también se expone a otros usuarios, normalmente desarrolladores, que se han especializado en hacer un "mal uso" del mismo. Mejor dicho, trabajan para conseguir un comportamiento de nuestro software "diferente" al inicialmente definido.

Si vemos cada copia del software desarrollado como un individuo aislado que va a enfrentarse al mundo "virtual"- mundo real para nosotros los desarrolladores- , tenemos que estar seguros que lo dotamos de todas las capacidades necesarias para poder defenderse de los agentes externos a los que estará expuesto. Venga, ahora en serio. No vamos a tratar el tema con metáforas; vamos simplemente a centrarnos en concienciarnos de lo que nos espera una vez nuestro software/servicio esté disponible en Internet y en la importancia de tener presente que hay todo un modelo de negocio que gira en torno a comprometer software legítimo.

No es esta una lectura técnica donde descubrir los secretos de cómo sacar partido a una mala gestión de la memoria de un software. Tampoco pretende ser una guía de buenas prácticas de programación: solamente vamos a intentar desmontar el ciclo de vida del software llevándolo a la realidad en la que éste terminará viviendo.

Comenzamos nuestro paseo por el mundo que empieza cuando los desarrolladores acaban su trabajo parafraseando la famosa frase "Cada minuto nace un primo", en su versión original "*There's a sucker born every minute*", de P. T. Barnum.

Cada minuto nace una vulnerabilidad.

There's a vulnerability born every minute.

Ciclo de vida del Software vs Ciclo de vida del Software

El ciclo de vida de los desarrollos cuando se trata de Hacking no siempre comienza con una idea. Suele comenzar cuando el ciclo de vida de un desarrollo ha terminado. Por eso, aunque lo parezca, el título de este apartado no es una errata. Lo que intenta representar es que el ciclo de vida del software es el mismo independientemente del objetivo éste.

Los productos de software se crean para solventar una necesidad, para mejorar el funcionamiento de un servicio, etc. Los desarrollos de *hacking* se crean para conseguir siempre el mismo objetivo: modificar el comportamiento esperado de un software o un hardware.

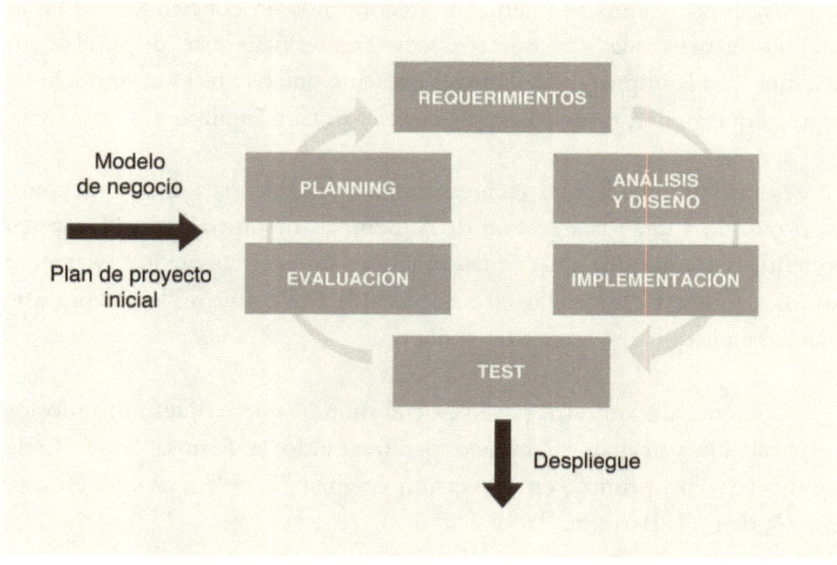

Figura 7: Ciclo de vida de un producto software

Por desgracia el porqué de crear este tipo de software hace tiempo que dejó de tener un trasfondo ético y pasó a depender del dinero.

Una vez se produce el despliegue del software es el momento en el que comienza el Modelo de Negocio y se traza el plan inicial. Es el momento de comenzar la creación del *malware*[59], que a costa de un problema asociado a un software legítimo, va a conseguir el objetivo de beneficiarse (de alguna manera, normalmente se trata de un beneficio económico) a costa de dicho software legítimo.

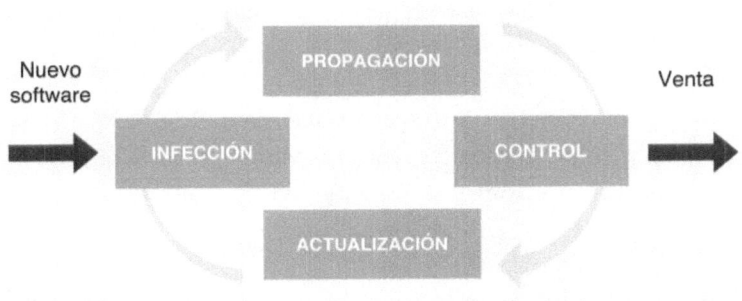

Figura 8: Modelo de negocio

En un ciclo de vida de un producto o servicio son los requisitos, que se han marcado en base a las necesidades, los que de alguna manera determinan el camino del desarrollo. En un ciclo de vida "oscuro" el proceso se plantea de forma similar: existen una serie de requisitos que son comunes cuando se realiza el hacking sobre la solución y que aplican según el objetivo. Veamos algunos ejemplos…

Si se trata de un **ataque de denegación de servicio**, uno de los requisitos que no es necesario cumplir es el de mantener la estabilidad del producto o servicio atacado. En este caso está claro que esto no deja de ser un requisito porque se ha convertido en un objetivo.

---

[59] http://es.wikipedia.org/wiki/Malware

Al contrario que para un ataque del tipo anterior, en el caso de querer comprometer un software mediante el **uso de malware con características de troyano**, será necesario mantener la integridad del objetivo para poder realizar las actividades programadas durante el tiempo de ejecución del software infectado y sin que el usuario sea consciente del cambio.

¿Y qué pasa si para completar tu ataque necesitases desplegar servicios? Porque no todo es infectar cuando hablamos de malware... En este caso, es necesario disponer de servicios que den soporte y completen la actividad del malware.

Como a priori puede no ser sencillo identificar en qué tipo de servicios puede ser necesario este requisito, vamos a verlo con un ejemplo de cómo podríamos afrontar la creación de una *botnet*[60], sin entrar en mucho detalle:

1. **Búsqueda de un método de infección.** Es en este punto cuando buscaremos un servicio o un software (habitualmente un servicio del sistema operativo o un navegador web respectivamente) para conseguir el punto de entrada al sistema.
2. **Método de propagación.** Una vez que hemos encontrado el software que nos permite comprometer a nuestra víctima, llega el momento de estudiar la manera de propagación. La propagación depende de nuestro tipo de botnet. Podemos estar interesados en infectar cuantas más máquinas mejor o por el contrario trabajar en ataques dirigidos a ciertos tipos de sistemas. En ambos casos podríamos elegir un método mixto: por ejemplo utilizar campañas de SPAM combinadas con la propagación tipo *gusano*[61], auto duplicándose utilizando normalmente los procesos (y vulnerabilidades) del sistema sobre el que esté corriendo sin necesidad de supervisión.
3. **Control y actualización.** Es lo que se conoce como *Command and Control* o *C&C*, que no es más que un servidor (centralizado o no) que se utiliza para gestionar la botnet. Son los servicios que dan

---

[60] http://es.wikipedia.org/wiki/Botnet
[61] http://es.wikipedia.org/wiki/Gusano_inform%C3%A1tico

soporte al malware. Ya sea para la gestión o actualización de los mismos como para la recopilación de información generada por ellos.

Como podéis imaginar todo este proceso tiene que ser lo más rápido posible. Los despliegues deben de ser rápidos y con un coste mínimo. Por ello en este submundo del cibercrimen muchas veces es necesario crear aplicaciones para dar soporte o automatizar procesos en un tiempo récord. Es justo en este punto donde entran en juego las librerías de desarrollo rápido, que no fueron inicialmente desarrolladas para dar soporte a este tipo de actividad pero que son utilizadas por su facilidad de uso y su escasa necesidad de recursos. Hablamos de librerías como Cherrypy[62] o Flask[63]. Ambas librerías permiten crear servicios web de forma rápida y sencilla. Y además en casi cualquier plataforma, incluido Android… porque nunca sabes dónde vas a necesitar 'montar' tu servidor.

Otra similitud con la programación "tradicional" (permitidme la expresión) es el uso de *frameworks*. Los frameworks se han convertido en herramientas básicas para automatizar y distribuir código destinado a comprometer software. Existen varios muy extendidos, pero el que se ha convertido en la plataforma por excelencia es Metasploit[64]. Sencillo, potente, actualizado y documentado son cuatro de sus muchas características.

Metasploit es una herramienta que integra módulos capaces de comprometer software, servicios, etc... Estos módulos implementan *exploits*[65] capaces de aprovechar vulnerabilidades del software para comprometer dicho software o los sistemas que lo alojan. Además proporciona piezas auxiliares para crear servicios de forma dinámica,

---

[62] Cherrypy: Un framework HTTP orientado a objetos en Python. http://www.cherrypy.org/
[63] Flask es un microframework para Python basado en Werkzeug, Jinja 2 y buenas intenciones. http://flask.pocoo.org/
[64] El software Metasploit® ayuda a los profesionales de la seguridad e IT a identificar problemas de seguridad, verificar mitigaciones de vulnerabilidades y gestionar asesoramientos de seguridad de expertos. http://www.metasploit.com/
[65] http://es.wikipedia.org/wiki/Exploit

aspecto que como hemos comentado es esencial a la hora de orquestar ataques.

Modelo de negocio

No dejes que tu software o servicio que convierta en la "mula" que transporte el malware de otros.

Como ya no estamos en los 80 ni en los 90 e Internet se ha convertido en una herramienta global a la que se han trasladado tanto la parte social como la parte económica de las personas, la mayor parte del hacking no tiene un propósito legítimo relacionado con el aprendizaje y la mejora.

Más bien todo lo contrario: se trata de un negocio en auge que mueve cantidades de dinero difíciles de estimar. Veamos un ejemplo para intentar mostrar hasta donde ha llegado a evolucionar el cibercrimen con modelos como el *malware as a service*.

Actualmente existe un mercado donde se pueden adquirir multitud de productos y servicios relacionados con el malware. Por ejemplo, *botnets* listas para ser usadas con actualizaciones incluidas:

"El paquete básico de Citadel - un constructor bot y el panel de administración de la botnet - tiene un coste de 2.399 dólares + 125 dólares mensuales a modo de alquiler, pero algunas de sus características más innovadoras se venden a la carta. Entre estas características se encuentra un módulo de software con un coste de 395 dólares que permite al administrador de la botnet (*botmaster*) registrarse en un servicio que actualiza automáticamente el malware para evadir las últimas firmas de virus. Las actualizaciones se implementan a través de mensajería sobre el protocolo Jabber, en mensajes instantáneos separados, y cada actualización tiene un coste extra de 15 dólares."

No se trata de la venta de un software que se aprovecha de vulnerabilidades de otros software, se trata de un plan de mantenimiento y actualizaciones periódicas. Se trata de un modelo de negocio avalado por cifras de ingresos realmente interesantes.

¿Queréis algunos datos?

- Según un estudio de Symantec el 73% de los americanos han sido víctimas del cibercrimen.
- De media son necesarios 156 días antes de detectar que su información ha sido comprometida.
- Hoy en día son necesarios 10 minutos para romper una contraseña de 6 caracteres (minúsculas y sin números o símbolos).

Todo esto se traduce en dinero. De hecho, un estudio publicado por la universidad de California en el año 2012, *Measuring the Cost of Cybercrime*[67], muestra cifras astronómicas.

Según este informe se calcula que los ingresos por fraude bancario mediante malware ascienden hasta casi **cuatrocientos millones de dólares**. Si a esta cifra le sumamos los más de trescientos millones de dólares defraudados mediante *phishing*[68], esto supone que millones de dólares dependen anualmente de la capacidad de comprometer software legítimo. De modo que tenemos que tener muy presente que el software legítimo es una 'pieza' clave en el cibercrimen.

---

[66] http://krebsonsecurity.com/2012/01/citadel-trojan-touts-trouble-ticket-system/
[67] *Measuring the Cost of Cybercrime,* by Ross Anderson, University of Cambridge; Chris Barton, Cloudmark; Rainer Böhme, University of Münster; Richard Clayton, University of Cambridge; Michel J.G. van Eeten, Delft University of Technology; Michael Levi, Cardiff University; Tyler Moore, Southern Methodist University; and Stefan Savage, University of California, San Diego. http://weis2012.econinfosec.org/papers/Anderson_WEIS2012.pdf
[68] http://es.wikipedia.org/wiki/Phishing

Esto no son más que cifras obtenidas de diferentes formas y con mayor o menor acierto. Pero lo que está claro es que el crimen tiene un papel importante en el ciberespacio. Y esta relevancia es "gracias" en parte a que los hackers han sido capaces de sacar partido a las vulnerabilidades del software.

Evolución de las vulnerabilidades software

Ahora que tenemos claro que existe una maquinaria engrasada dispuesta a monetizar los fallos de nuestros desarrollos software, tenemos que plantearnos cómo podemos minimizar nuestros riesgos. Comencemos poniendo en contexto el estado actual de las vulnerabilidades con una mirada al pasado reciente.

Dada la importancia de mantener seguro el software que se fabrica vamos a repasar la evolución de los tipos de vulnerabilidades en base al reporte que nos ofrece *OWASP (Open Web Application Security Project)*[69] y del que tenemos tres listados *top 10*. En la siguiente tabla tenemos una vista conjunta de los cuatro listados:

---

[69] https://www.owasp.org

2004	2007	2010	2013
Unvalidated Input	Cross Site Scripting (XSS)	Injection	Injection
Broken Access Control	Injection Flaws	Cross Site Scripting (XSS)	Broken Authentication and Session Management
Broken Authentication and Session Management	Malicious File Execution	Broken Authentication and Session Management	Cross Site Scripting (XSS)
Cross Site Scripting (XSS)	Insecure Direct Object Reference	Insecure Direct Object References	Insecure Direct Object References
Buffer Overflow	Cross Site Request Forgery (CSRF)	Cross-Site Request Forgery (CSRF)	Security Misconfiguration
Injection Flaws	Information Leakage and Improper Error Handling	Security Misconfiguration	Sensitive Data Exposure
Improper Error Handling	Broken Authentication and Session Management	Insecure Cryptographic Storage	Missing Function Level Access Control
Insecure Storage	Insecure Cryptographic Storage	Failure to Restrict URL Access	Cross Site Request Forgery (CSRF)
Application Denial of service	Insecure Communications	Insufficient Transport Layer Protection	Using Known Vulnerable Components
Insecure Configuration Management	Failure to Restrict URL Access	Unvalidated Redirects and Forwards	Unvalidated Redirects and Forwards

No cuesta mucho ver que algunos tipos de vulnerabilidades se mantienen en los primeros puestos a lo largo de los años. Hablamos de ataques mediante inyecciones y ataques de *Cross Site Scripting* (inyecciones de código Javascript). Ambos se basan en el mismo problema: un procesamiento de los datos de entrada.

No vamos a analizar cada una de las vulnerabilidades que hemos listado, no es este contexto el lugar para hacerlo. Lo que podemos hacer es hacernos algunas preguntas sobre ellas.

¿A qué se debe el posicionamiento de la vulnerabilidad relacionada con la autenticación y el manejo de sesiones (*Broken Authentication and Session Management*)? ¿Será porque los servicios no utilizan protocolos de transporte seguros por defecto, como *SSL* (*Secure Socket Layer*)? ¿Se deberá a que las sesiones tienden a no caducar en un periodo razonable de tiempo? ¿Estarán relacionados estos comportamientos con la tónica general de hacer un *tracking* constante al usuario?

¿A qué se debe que existan problemas relacionados con una mala configuración de seguridad (*Security Misconfiguration*)? ¿Puede que se deba al *DoItYourself* (hazlo por ti mismo) potenciado por los nuevos servicios en la nube donde los recursos están disponibles y han de ser auto gestionados y configurados?

La única respuesta que seguro tenemos es que de nosotros depende que nuestro software tenga el honor de contener alguna de estas vulnerabilidades.

Antes de terminar, y para enlazar con lo siguiente que quiero mostraros, veamos qué pasa con lo relacionado con el almacenamiento de datos. Si os fijáis el almacenamiento inseguro se ha mantenido en la lista durante el tiempo pero no ha conseguido superar el séptimo puesto. Esto no es una mala noticia, mantenerse en el top 10 es ya todo un logro.

Pero lo que siempre me ha llamado la atención es el cambio de nombre que se ha dado en esta vulnerabilidad, que comenzó en el top del año 2004 con el nombre *Insecure Storage* y se le añadió *Cryptographic* para el top de 2007. Parece un simple cambio de nomenclatura, pero en realidad lo que muestra es el problema de fondo. Muchas veces no es suficiente con utilizar un algoritmo de cifrado, hay que seleccionar el algoritmo en base a nuestro contexto e implementarlo de forma adecuada. Veamos ahora qué sucede cuando hablamos de vulnerabilidades para plataformas móviles y porqué os hablo de almacenamiento...

Seguramente alguna vez hemos tenido constancia de alguna vulnerabilidad de las que acabamos de ver o incluso hemos sufrido alguna de ellas. Pero cuidado, que los tiempos cambian y no todo es evolucionar. Ahora los riesgos han "mutado" y nos encontramos que en las plataformas móviles el escenario nos ofrece nuevas posibilidades:

1. Insecure Data Storage
2. Weak Server Side Controls
3. Insufficient Transport Layer Protection
4. Client Side Injection
5. Poor Authorization and Authentication
6. Improper Session Handling
7. Security Decisions Via Untrusted Inputs
8. Side Channel Data Leakage
9. Broken Cryptography
10. Sensitive Information Disclosure

Está claro que necesitamos introducir en nuestro ciclo de vida una metodología que nos ayude a tener presentes todas estas vulnerabilidades para minimizar que aparezcan en nuestro software. Pero además tenemos que implementar la metodología para poder evolucionar al ritmo que lo hacen nuestros enemigos y ser capaces de prevenir la aparición de nuevas vulnerabilidades.

Conclusiones

No puedo terminar este texto sin hacer mención a las metodologías de desarrollo seguro. Al igual que es necesario adoptar metodologías para generar código de calidad, es necesario adoptar metodologías que nos ayuden a que nuestro código quede lo más blindado posible ante los ataques descritos. No existen soluciones mágicas y conseguir software seguro es un trabajo que se logra poco a poco. A continuación os dejo un listado de algunas metodologías de desarrollo seguro que podemos encontrar actualmente:

- Software Assurance Maturity Model (SAMM) http://www.opensamm.org/
- Software Assurance Forum for Excellence in Code (SAFECode) http://www.safecode.org/
- Building Security In Maturity Model (BSIMM) http://www.bsimm2.com/
- Microsoft Security Development Lifecycle (SDL) http://www.microsoft.com/security/sdl/resources/faq.aspx
- DHS Build Security In https://buildsecurityin.us-cert.gov

A pesar de que existan estas herramientas para mejorar el desarrollo del software no tenemos que olvidar que un software nunca llegará a ser invulnerable. Aplicar una metodología de desarrollo seguro no aporta a nuestro software seguridad de facto, sino que aporta la capacidad para crear software seguro a los desarrolladores que la utilizan. Si eres desarrollador no te olvides de tu parte "hacker" cuando revises el código de un compañero. En tus manos está convertir el código en seguro.

En algún sitio he leído alguna vez una frase con la que me gustaría terminar:

Tu enemigo más poderoso es tu mejor maestro

Fran J. Gómez forma parte del Área de Seguridad de Telefónica Product Development and Innovation. Su carrera profesional ha estado siempre estrechamente relacionada con la seguridad de la información. En el año 2005 se unió al Equipo de Hacking Ético de Telefónica I+D para participar en investigaciones de seguridad sobre las redes y tecnologías de ISP. Actualmente trabaja en la iniciativa de Ciberinteligencia. @ffranz

La importancia del vocabulario

Dicen que el niño medio de cinco años sabe reconocer alrededor de 5000 palabras diferentes. A pesar de no ser una cantidad enorme (el vocabulario de un adulto medio es de unas 20000 palabras según la Wikipedia) los niños son capaces de satisfacer sus necesidades de comunicación sin ningún problema. Además, los niños tienen un vocabulario suficiente como para inventarse nuevas palabras, por lo que son capaces de dar nombre a nuevos conceptos y usar esos nuevos conceptos en una conversación.

Por ejemplo, un niño puede no saber qué significa "redondo" pero puede definirlo como "la misma forma que un balón" e incluso podría inventarse una palabra nueva para ese concepto (podría decir: "a las cosas que tienen la misma forma que un balón las voy a llamar *balondas*"). Es probable, por tanto, que restringiendo el lenguaje al vocabulario que sabe un niño, se tenga una capacidad de comunicación igual al lenguaje, con el vocabulario de un adulto.

Sin embargo, parece también evidente que las 15000 palabras extra que conocen los adultos son útiles. Tal vez no nos permitan tener conversaciones nuevas, pero sí que nos permiten ser más expresivos con menos palabras al no tener que estar constantemente definiendo conceptos ya que están incorporados en nuestro vocabulario.

Con los lenguajes de programación pasa algo parecido. Se dice que un lenguaje es Turing completo si el lenguaje tiene la misma capacidad computacional que la máquina universal de Turing. Dicho de otro modo, un lenguaje es Turing completo si puede computar todo lo computable. Con esta definición puede parecer que es difícil que un lenguaje sea Turing completo, pero al igual que con el lenguaje reducido de los niños, realmente hace falta muy poquito para poder computar todo lo computable: si el lenguaje te permite hacer `if` y `for` ya tienes todo lo necesario.

Sin embargo, el vocabulario de los lenguajes de programación es mucho más extenso que `if` y `for`. Llevamos ya más de medio siglo

234

haciendo lenguajes de programación y éstos, al hacerse adultos, han ampliado su vocabulario. Cualquier lenguaje de programación moderno tiene una multitud de conceptos que van más allá del `if` y el `for`, como el polimorfismo paramétrico, la orientación a objetos, los tipos perezosos, la metaprogramación y una larga lista de otras características que hacen que los programas sea más legibles, mantenibles y compactos.

Desgraciadamente, aunque los lenguajes de programación han dejado su infancia atrás, muchos programadores siguen expresándose con las palabras y conceptos de siempre, tal vez porque muchas veces las nuevas características sintácticas no son muy conocidas. Por eso creo que merece la pena hablar sobre algunas características muy útiles que algunos lenguajes de programación tienen escondidas, especialmente en cuanto a los operadores que ofrecen, algunas ayudas que proporcionan en su sintaxis y las funciones de las librerías estándar. Vamos a ver algunos ejemplos de estas características no demasiado conocidas en tres de los lenguajes más populares de los últimos tiempos: Python, C# y C++.

Python

Operador: comparación encadenada

Python tiene una sintaxis que resulta muy natural a la hora de hacer comparaciones. Si quisiéramos comprobar si un entero está entre 0 y 10, podríamos hacerlo así:

```
def in_range(i):
    return i >= 0 and i <= 10
```

Sin embargo, podemos expresar esto mismo de una forma todavía más natural:

```
def in_range(i):
    return 0 <= i <= 10
```

En Python las comparaciones pueden encadenarse de la forma *a OP1 b OP2 c...* y eso es semánticamente idéntico a *a OP1 b and b OP2 c...*, siendo *b* evaluado una sola vez. Esta es la magia que hace que el código de arriba funcione.

Sin embargo, esta misma magia también permite abusar de esta característica, ya que expresiones como *5 > i != 8* son también legales y detectarían aquellos números mayores que 5 y distintos de 8. Estos abusos son obviamente menos legibles y no su uso no está recomendado.

Sintaxis: expresiones generadoras

La sintaxis de *list comprehensions* es una de las características más comunes y más utilizadas de Python, ya que permite generar listas con una sintaxis muy natural. Por ejemplo, la siguiente expresión calcula todos los múltiplos de 23 en el rango [1000, 1100)

```
>>> [x for x in range(1000,1100) if x % 23 == 0]
[1012, 1035, 1058, 1081]
```

Existen casos en los que realmente no queremos todos los resultados de una *list comprehension*, sino que queremos un subconjunto. Por ejemplo, si quisiéramos obtener sólo el primer múltiplo de 23 en ese rango podríamos hacer:

```
>>> [x for x in range(1000,1100) if x % 23 == 0][0]
1012
```

El resultado es el esperado, pero sin embargo estamos malgastando recursos. Esto se debe a que las *list comprehensions* calculan toda la lista, incluso cuando parte de ella no vaya a ser utilizada. Las expresiones generadoras tienen la misma sintaxis que las list comprehensions pero usan los paréntesis () en vez de corchetes [].

Las expresiones generadoras no producen una lista, sino una secuencia de valores y por lo tanto se pierde la capacidad de acceso aleatorio ([0] en el ejemplo de arriba) pero se puede usar la función next() para forzar el cálculo de un nuevo elemento de la

236

secuencia. Por lo tanto, podemos re-escribir el código de la siguiente manera:

```
>>> next(x for x in xrange(1000,1100) if x % 23 == 0)
1012
```

De esta forma, el único valor que se calcula es el primer múltiplo de 23 y el resto nunca llegan a ser calculados. Si sois observadores habréis notado que la función range() ha sido remplazada por la función xrange(). La única diferencia entre estas dos funciones es que la primera devuelve una lista mientras que la segunda devuelve un generador. Por lo tanto, usando xrange sólo hará falta calcular el rango [1000, 1012].

La diferencia en cuanto a rendimiento entre usar *list comprehensions* o expresiones generadoras es bastante significativa. Ejecutar diez mil veces el código para encontrar el primer múltiplo de 23 tarda 1.09s en la versión que usa listas, mientras que la versión que usa generadores tarda tan sólo 0.25s.

C#

Operador: ??

El puntero a null es a la vez una bendición y una maldición para los programadores. Por un lado, es un valor que permite indicar que el puntero o referencia no tiene un objeto de forma segura. Por otro lado, nos obliga a estar constantemente comprobando si las variables son null antes de trabajar con ellas. El propio inventor del puntero a null, Tony Hoare, dijo que la creación del puntero a null es su "error del billón de dólares".

C# tiene una pequeña ayuda sintáctica para lidiar con null que hace que el código sea más compacto y legible. El operador ?? se utiliza como a ?? b y no es más que azúcar sintáctico para a == null ? b : a. Además, este operador puede encadenarse de forma que el método ToString() de una clase Person podría ser implementada así:

```
public override string ToString()
{
    return this.FullName ?? this.Name ?? this.Id.toString();
}
```

Este código devolverá el nombre completo si éste no es null. En caso contrario, tratará de devolver el nombre sólo en caso de que tampoco sea null. Si también fuera null, se devuelve el identificador interno de la clase.

Sintaxis: default(T)

En .NET, las variables miembro de una clase por lo general se inicializan a null, excepto para aquellas variables de un tipo que herede de System.ValueType, en cuyo caso se inicializan con el valor por defecto (0 para int, false para bool, etc.). La palabra clave default permite acceder a ese valor por defecto, ya sea para ValueTypes o para el resto de objetos.

¿Cuándo podría resultar esto útil? Esta palabra clave se usa sobre todo en el contexto de las clases y funciones genéricas, ya que las variables locales en C# tienen que ser inicializadas para poder ser usadas pero en las clases genéricas no sabemos con qué tipo estamos lidiando:

```
public T TryGet<T>(List<T> list, int index)
{
    return index < list.Count ? list[index] : default(T);
}
```

En esta función sólo podemos devolver null si restringimos el tipo T a ser un tipo de referencia. Sin embargo el uso de default(T) nos permite hacer una función que admite un mayor número de tipos.

C++

Sintaxis: r-value references

En C++ existen dos tipos de valores: *l-values* y *r-values*. Los nombres evocan de alguna manera la idea de *left* y *right*, y es porque los l-values suelen estar a la izquierda de un operador de asignación y los r-values suelen estar a la derecha. Sin embargo, eso no es una definición precisa ya que también hay casos en los que ocurre al revés.

De forma precisa, un l-value es un valor cuya dirección de memoria puede ser accedida de forma programática. Por el contrario, un r-value es un valor cuya dirección no está disponible de forma programática. Traducido esto a C++ significa que los l-values son valores con los que se puede usar el operador & (por ejemplo, las variables son l-values ya que se puede escribir &i) y los r-values los que no (por ejemplo, las llamadas a funciones ya que &foo() no es compilable).

C++ proporciona los tipos referencia (MyType&) que permiten entre otras cosas el paso por referencia en las llamadas a funciones con su consiguiente ahorro al evitar la copia del objeto. C++11 introduce los tipos referencia a r-value (MyType&&). ¿Para qué sirven estos nuevos tipos?

Si declaramos una función con un parámetro con estos tipos, no podremos llamarla con l-values ya que una referencia l-value no es convertible a una referencia r-value:

```
int foo(int&& g);
[...]
int i = 6;
foo(i); // Error de compilación!
```

Esto nos asegura dentro de la función, que nuestra referencia r-value es un valor que sólo nosotros conocemos (es decir, es un valor temporal). Por lo tanto, esto nos permite robarle los recursos a la referencia r-value y dejar el objeto en un estado inconsistente.

Esta posibilidad de robarle los recursos a otro objeto de forma segura (y ahorrándonos el coste de tener que copiar esos recursos) genera un nuevo tipo de constructores:

```
struct MyClass {
    MyClass(const MyClass&); // Copy constructor
    MyClass(MyClass&&); // Move constructor
};
```

La librería estándar de C++11 ha sido ampliada con *move constructors* para muchas de sus clases como vectores, strings y demás. Esto permite una mejora del rendimiento significativa. Por ejemplo en el siguiente código:

```
string s1("Mi");
string s2("mamá");
string s3("me");
string s4("mima");
string s5("mucho");
string frase = s1 + " " + s2 + " " + s3 + " " + s4 + " " + s5;
```

El primer paso de ejecución es el mismo tanto si tienes referencias r-value como si no las tienes: se evalúa s1 + " ". Esto genera un string nuevo y es en este momento en donde empiezan las diferencias entre tener o no tener referencias r-value.

En C++03 el r-value (llamémosle #temp#) que se genera en el primer paso sería de tipo string& y se procedería al siguiente paso que sería calcular #temp# + s2. Esto generaría un string nuevo (#temp2#) y se procedería a destruir el valor #temp#, ya que no será usado más. Justo antes de llamar al destructor tendríamos el valor #temp# con el contenido Mi y el valor #temp2# con el contenido Mi mamá. Por lo tanto, para calcular frase se generarán 7 variables temporales.

En C++11 el r-value #temp# tendría tipo string&& y al calcular #temp# + s2 el operador + podría robarle los recursos a #temp# y simplemente concatenarle el contenido de s2 en vez de tener que hacer una copia de #temp#. Por lo tanto, una vez creado #temp2#, su contenido sería Mi mamá mientras que #temp# estaría vacía (longitud a cero, buffer a nullptr). Para calcular frase en este caso también harán falta 7 variables temporales, pero en todo momento sólo habrá una de ellas con contenido por lo que hay un ahorro al no tener que copiar el contenido cada vez.

Función de librería estándar: tie

tie es una pequeña función de la *STL* que nos permite devolver más de un valor en una función:

```
tuple<string, int> getNameAge() {
    return make_tuple("Frank", 27);
}
[...]
string name;
int age;
tie(name, age) = getNameAge();
// name == "Frank", age == 27
```

tie es una función un poco especial ya que se llama a la derecha del operador de asignación. Es interesante ver qué fácil es implementarla a mano (para una aridad fija) y el pequeño truco que usa con las referencias para que funcione todo:

```
template<typename T, typename U>
tuple<T&, U&> manual_tie(T& t, U& u) {
    return tuple<T&, U&>(t, u);
}
```

Conclusiones

Las características descritas y los lenguajes de la lista de arriba son un tanto aleatorios. La intención no es que sea una lista exhaustiva o con un nivel de detalle importante, sino resaltar la importancia de conocer bien el lenguaje que estemos usando. Igual que con las palabras del castellano, habrá algunas características de nuestro lenguaje que nos gusten más y otras que nos gusten menos, pero es importante conocer el lenguaje en profundidad para poder expresarnos mejor y, sobretodo, para poder comprender mejor el código de otros.

 Joaquín Guanter (Valencia, 1985) es desarrollador en Telefónica I+D. Antes de unirse a Telefónica trabajó en Microsoft en las versiones de Windows 7 y 8. Es un apasionado de los lenguajes de programación, los compiladores, los sistemas de tipos y los métodos formales en el desarrollo de software.

alternativas al desarrollo móvil

por Roberto Pérez Cubero

¿HAS VISTO EL NUEVO MÓVIL QUE ME HE COGIDO CON PUNTOS?
ESO ES UNA PIEDRA.
¿PERO FUNCIONARÁ WHATSAPP?

Introducción

Sin duda, unos de los grandes cambios en la forma de vida en los últimos años ha sido la nueva revolución causada por los teléfonos móviles. Si bien estos dispositivos ya estaban presentes en gran parte de nuestra vida, ha sido desde unos pocos años atrás hasta la actualidad cuando se han convertido en una herramienta que utilizamos de una manera casi continua. Hoy en día es muy fácil ver que en una mesa de un restaurante, muchos de los miembros sentados en una comida, están *smartphone* en mano, consultando los últimos resultados deportivos, hablando con gente que no está allí o simplemente comprobando el tiempo que va a hacer en sus próximas vacaciones.

Los motivos de esta "segunda revolución" han sido varios, por un lado, el salto tecnológico que han dado los propios dispositivos, permitiendo hacer muchas más cosas que "simplemente" llamar por teléfono, y por otro, la conectividad proporcionada por las operadoras móviles, que con sus bajadas de tarifas de datos, y la disponibilidad de dichas redes en un terreno geográfico amplio, han hecho que un móvil se convierta en un mini ordenador portátil, y siempre conectado a internet.

Los motivos de esta "segunda revolución" han sido varios. Por un lado, el salto tecnológico que han dado los propios dispositivos, permitiendo hacer muchas más cosas que "simplemente" llamar por teléfono. Por otro lado, la conectividad proporcionada por las operadoras móviles, que con sus bajadas de tarifas de datos, y la disponibilidad de dichas redes en un terreno geográfico amplio, han hecho que un móvil se convierta en un mini ordenador portátil, y siempre conectado a internet

Un factor clave fue la aparición del dispositivo de Apple, el iPhone. Como veremos a lo largo del artículo, el dispositivo móvil de Apple supuso una revolución a muchos niveles, como por ejemplo, la distribución de aplicaciones y la forma de construirlas.

En este artículo, vamos a hacer un recorrido por las diferentes plataformas que han existido, existen y existirán en el mercado occidental desde un punto de vista técnico, viendo que ofrecen al programador de aplicaciones.

Etapa Pre iPhone

Antes de que Apple anunciara el iPhone, los teléfonos móviles avanzaban a un ritmo muy despacio. Si bien, desde el punto de vista del desarrollo de aplicaciones, existían plataformas de desarrollo como Symbian o J2ME, las posibilidades que ofrecían los desarrolladores eran un tanto reducidas.

J2ME

Comenzaremos este recorrido por las plataformas de desarrollo de aplicaciones con la plataforma creada por la "extinta" Sun Microsystems. Uno de los lemas de Java es *Write Once, Run Everywhere* (Escríbelo una vez, ejecútalo en cualquier sitio). Con J2ME, Sun trataba que este lema se extendiera a muchos otros dispositivos, entre los que se incluían los móviles. Llegó a un acuerdo con muchos los fabricantes de dispositivos de la época y logro introducir en los dispositivos una versión "hiperreducida" de su máquina virtual. De esta manera, Java se convirtió en una de las mejores alternativas para el desarrollo móvil, e incluso hoy en día sigue siendo una opción válida para desarrollar aplicaciones. J2ME, se basaba en una serie de estándares marcados por Sun, y que los fabricantes eran libres de implementar a su manera. Los estándares garantizaban que el mismo código convertido en bytecodes funcionaria igual en cualquier dispositivo. El hecho de que J2ME estuviera presente en la gran mayoría de dispositivos hizo que fuera la plataforma de elección por la gran parte de los desarrolladores.

Un aspecto muy importante fue que, a medida que los teléfonos se iban dotando de nuevas características técnicas, como *bluetooth*, o mecanismos de localización, Sun sacaba su implementación de referencia mediante lo que se conoce como *JSR* (*Java Specification Requests*) y lo sometía a un proceso de estandarización en el *JCP* (*Java Community Process*), de tal manera que se reducía la fragmentación de las implementaciones por parte de cada fabricante. Sin embargo, dicha fragmentación fue uno de los enemigos de J2ME, ya que cada móvil ofrecía una serie de características muy diferentes. En cada modelo, el tamaño de la pantalla podía ser totalmente diferente, los botones disponibles y su disposición también podían serlo. Además, no solo el hardware contribuía a la fragmentación, cada dispositivo imponía limitaciones como el tamaño del ejecutable, tener un solo programa que se ejecutará en muchos dispositivos no era una tarea sencilla.

Desde el punto de vista de la programación, estábamos delante de una versión reducida de Java. Por un lado el lenguaje que se usaba para desarrollar era el mismo, pero el conjunto de clases que conforma el *framework* era muy limitado. De cara al diseño de interfaces de usuario, aunque J2ME ofrecía en lo que se denominaba *MIDP*[70] una serie de componentes estándar, estos eran algo "pobres", por lo que en muchas ocasiones los desarrolladores tenían que implementarse sus propios componentes, lo que hacía que el desarrollo fuera algo complicado, sobre todo hasta que se conseguía tener una biblioteca de componentes más apropiados.

Como en otros momentos de la informática[71], el desarrollo de videojuegos hizo que las aplicaciones de J2ME tuvieran una expansión sin precedentes, y es que J2ME proporcionaba una plataforma muy buena de cara al desarrollo de este tipos de programas, y aun con la limitación de los dispositivos de la época, esta expansión vio nacer a compañías que hoy en día son máximos exponentes en el desarrollo de juegos para dispositivos móviles, como por ejemplo Gameloft.

Hoy en día J2ME se llama JavaME[72], y sigue siendo usado en entornos donde es el único mecanismo disponible, como por ejemplo, en teléfonos móviles de baja gama, aunque ya se considera una tecnología en desaparición debido al precio, cada vez más reducido, de terminales con

---

[70] Mobile Information Device Profile: http://es.wikipedia.org/wiki/MIDP
[71] Recordemos como Sir Clive Sinclair diseño su microcomputador para ser una herramienta de oficina y acabo convirtiendose en una de las máquinas de videojuegos más famosa de los años 80.
[72] En 2010, Sun cambio el nombre a sus frameworks, J2ME se renombró a JavaME y J2EE se renombró a JavaEE

sistemas operativos que permiten un desarrollo más adecuado a los tiempos actuales.

Symbian

Si leyéramos los titulares de las noticias de hace unos años, sin duda, el principal protagonista sería algún terminal de Nokia y que ejecutara su famoso sistema operativo. No hace tanto, la multinacional finlandesa era la reina del mercado de los smartphones, y la gran mayoría de estos terminales ejecutaban uno de los primeros sistemas operativos de teléfonos móviles que apuntaba un poco más lejos que el simple hecho de hacer llamadas de teléfono. Realmente, y como veremos más adelante, no es el único caso, Symbian nació como una empresa independiente como fruto de la unión de varios fabricantes de móviles como Ericsson, Motorola y Nokia. En sus 10 años de vida en solitario, creo el sistema operativo que daría mucho que hablar en los años sucesivos.

A diferencia de lo que veíamos con J2ME, la idea de Symbian era mucho más ambiciosa, no solo querían proveer al desarrollador de una plataforma para hacer aplicaciones, sino que su idea pasaba por crear todo un sistema operativo para dispositivos móviles. En un principio, el sistema operativo, estaba diseñado para ejecutarse en terminales de diferentes fabricantes, sin embargo, aparte de Nokia, solo unas pocas compañías, como Ericsson, instalaron el sistema operativo en sus terminales.

El sistema de versiones de Symbian puede parecer algo confuso, ya que a medida que iban saliendo terminales diferentes al mercado, la plataforma incorporaba una nueva rama al sistema operativo. De esta manera, la "rama" más utilizada era la denominada Series60, o S60 para abreviar. Dentro de esta versión S60, existían diferentes "ediciones", la última versión de S60 es la quinta edición, aparecida en 2008[73], y que llegó a tener casi un 50% de la cuota de mercado.

Uno de las ventajas competitivas de Symbian era su posibilidad de ejecutar aplicaciones J2ME, ya que incluía un runtime preparado para ello.

---

[73] Justo el año en que Nokia compró Symbian Ltd

De esta manera, los poseedores de estos terminales no solo podían ejecutar aplicaciones desarrolladas explícitamente para sus terminales, sino que además podían ejecutar aplicaciones Java.

Sin duda, otro de los rasgos característicos de Symbian es que sirvió de sistema operativo para una especie de híbrido entre una consola de videojuegos y un teléfono, hablamos de la NGAGE. Aunque la primera versión de dicho dispositivo era algo "extraño", recordemos que para hablar con él había que hacerlo con el móvil literalmente "de canto", hay que reconocer que fue un dispositivo pionero y que apuntaba a lo que sería el futuro de los dispositivos móviles (sólo hace falta ver cuántas de las aplicaciones que tenemos en nuestro teléfono son juegos).

Después de que Nokia comprara Symbian, el panorama de este sistema operativo entró en una total deriva. La situación en el mercado de los smartphones sufrió un profundo cambio tras la aparición del iPhone, y el futuro de la nueva versión del sistema operativo, denominado Symbian3 cada vez era más oscuro. Los cambios que planteó Nokia eran bastante profundos y, aunque desde el punto de vista tecnológico la nueva versión era muy prometedora, sus sucesivos retrasos casi acabaron con su existencia. Hoy en día y tras el movimiento de Nokia hacia Windows Phone, Symbian es únicamente parte de la historia de los sistemas operativos de los smartphones.

Ya desde el punto de vista del programador, las aplicaciones Symbian se podían programar en varios lenguajes, aunque originalmente se usaba C++. El SDK que podíamos descargar solía tener un conjunto de *widgets* y elementos gráficos para realizar las aplicaciones. Uno de los grandes inconvenientes del desarrollo de aplicaciones Symbian es que su curva de aprendizaje era demasiado alta, siendo complicado empezar a desarrollar la plataforma. Es por ello por lo que muchos desarrolladores preferían hacer aplicaciones J2ME, que recordemos, se podían ejecutar sin problemas en el sistema operativo. Otro de los inconvenientes del desarrollo de aplicaciones era la elección de entorno de desarrollo. En las primeras versiones, el IDE que mejor funcionaba era el comercial

CodeWarrior[74], el hecho de que fuera de pago, y de su complejidad, no ayudaba al desarrollo de aplicaciones.

La plataforma fue mejorando, desde la posibilidad de usar Python, hasta la incorporación de Qt como framework de desarrollo de aplicaciones, sin embargo, todas estas mejoras quizás llegaron demasiado tarde.

Windows Mobile

Microsoft siempre ha sido bastante innovador llevando su sistema operativo a diferentes dispositivos, y con los dispositivos móviles no ha sido diferente. Ya desde los primeros años de la década de los 90, Microsoft creo lo que llamo Windows CE basado en Windows 95 y que se ejecutaba en dispositivo llamado WinPad. Windows CE solo fue el principio, y de hecho fue la base de los futuros sistemas operativos de la empresa de Redmond.

Pocos años más tarde, empezaron a aparecer diferentes dispositivos cuyo propósito eran ser la versión electrónica de las agendas de bolsillo. Para entonces Microsoft tenía preparado lo que llamó PocketPC 2000, o dicho de otro modo la evolución de ese Windows CE preparada para este tipo de dispositivos. Durante estos años, para Microsoft el máximo competidor era un sistema operativo llamado PalmOS, pero eso, es otra historia.

Estos dispositivos fueron evolucionando hasta ser muy similares, en forma y funcionalidad, a los que utilizamos hoy en día. Junto con los dispositivos también evoluciono el sistema operativo, desde Pocket PC 2000, se pasó a lo que se llamó Windows Mobile 2003 hasta llegar a la versión que más éxito tuvo, Windows Mobile 6. Todas estas versiones usaban Windows CE como núcleo, y construían sobre él una plataforma bastante completa que proporcionaba a los desarrolladores todo un entorno para realizar cualquier tipo de aplicaciones.

---

[74] También famoso por ser el IDE de desarrollo de PalmOS

Una de las cosas más importantes a destacar del sistema operativo de Microsoft es que estaba totalmente centrado en su uso táctil, cosa que, en el mundo de los teléfonos móviles no era tan habitual.

Hasta ahora solo hemos hablado de agendas digitales, o PDA, sin embargo la entrada en el mundo de la telefonía por parte de Microsoft se produjo cuando estos dispositivos incorporaron este tipo de funcionalidad. En mi opinión, estamos en uno de los predecesores más directos de nuestros dispositivos Android o iOS del presente.

A diferencia de los terminales con Symbian, los de Windows Mobile eran completamente táctiles, y no ofrecían apenas botones físicos. Este factor era determinante en el diseño de las aplicaciones y de la experiencia de usuario. Sin embargo, a diferencia de lo que estamos acostumbrados hoy en día, para utilizar la pantalla táctil, usábamos un puntero y no nuestros dedos. En aquella época la tecnología usada para desarrollar las pantallas de esos dispositivos, estaba basada en unos fundamentos diferentes a las de la mayoría de terminales Android o iOS[75].

Microsoft no se dedicó a fabricar hardware para sus dispositivos, en su lugar, especificaba una serie de requisitos mínimos que un dispositivo debía cumplir para que pudiera ejecutar la ROM del sistema operativo, de esta manera uno de los dispositivos más famosos y extendidos que ejecutaban este sistema operativo fue Compaq (más tarde HP) y su iPaq.

Uno de los puntos fuertes del dispositivo fue que la meta de Microsoft era proveer versiones de sus famosos programas de manera reducida, de esta manera, la suite Office estaba disponible para la plataforma, así como una versión de Internet Explorer. Cabe decir que la calidad de la versión *pocket* de este último programa, dejaba bastante que desear ya que incluso en sus primeras versiones, era incapaz de ejecutar Javascript.

Desde el punto de vista del desarrollador, a lo largo del tiempo, han existido muchas posibilidades para desarrollar aplicaciones, y como suele

---

[75] Las pantallas eran resistivas, en lugar de capacitivas. Esta tecnología la sigue usando Nintendo en sus consolas portátiles y en la nueva Wii U.

ser habitual en las tecnologías de Microsoft, todas han estado bastante bien planteadas para facilitar la vida de los desarrolladores, y sobre todo, bajo el amparo del Visual Studio.

Si nos centramos en Windows Mobile 6, una de las formas más sencillas de hacer aplicaciones era usando .NET y C# ya que desde, Windows Mobile 5, el sistema operativo permitía la instalación de una versión recortada del .NET Framework[76]. Esta versión del framework tenía todas las herramientas necesarias para realizar cualquier tipo de aplicación para el dispositivo y con una sencillez que era difícil de igualar en sus principales competidores. La excepción de uso de .NET era si queríamos tener total control sobre el dispositivo, y acceder a cosas que el .NET CF no nos daba acceso, para eso no nos quedaba más remedio que bajar a los mundos de C++. Sin embargo, las APIs de programación, aunque más complejas que .NET, eran mucho más sencillas que las vistas en Symbian.

BlackBerry

Mientras que el mercado de los clientes empresariales caía en las redes de Microsoft, una compañía canadiense llamada RIM tenía unos planes muy orientados a dominar este tipo de mercado. La plataforma que surgió de esta estrategia estuvo encabezada por el dispositivo llamado Blackberry.

El dispositivo móvil venía acompañado de toda una plataforma de servidor cuyo objetivo era estar en comunicación con los sistemas de la propia compañía, y de esta manera ofrecer a esta una manera para controlar todos los dispositivos móviles de sus empleados proporcionando a dichos empleados unos mecanismos para acceder a los servicios de la empresa. Sin duda, la estrategia le funcionó bien a RIM, y dominó el mercado empresarial durante unos cuantos años.

Hablando del dispositivo en particular, destacaba por tener todo un teclado QWERTY, cosa que no era muy habitual en la época. Además de

---

[76] A partir de Windows Mobile 6, ya venía preinstalada en el sistema.

este aspecto físico, el sistema operativo recordaba en cierta manera al de Nokia, siendo más o menos cerrado, pero eficiente para las tareas que pretendía desempeñar.

Desde el punto de vista de las aplicaciones, RIM ofrecía la posibilidad de desarrollar utilizando Java, en un principio usando el propio J2ME como única alternativa, y más tarde amplió el modelo, también usando Java como base. En cualquier caso Blackberry no ha tenido buena fama en cuanto a facilidades para los desarrolladores.

Ha sido en los años más recientes, cuando el target de los usuarios de Blackberry se ha movido del mundo empresarial, a un público mucho más generalista, en parte, debido a la bajada de los precios de los dispositivos, cuando los desarrolladores se han visto "obligados" a desarrollar sus aplicaciones para el sistema de RIM.

iPhone OS. iOS

Como hemos ido viendo, el mundo de los smartphones tiene un largo recorrido, sin embargo, casi todas las soluciones que hemos ido comentando tenían algún inconveniente que hacía que no conectaran con el público y desarrolladores a nivel general.

Mientras todos intentábamos aprender Symbian para poder poner una aplicación en esos millones de dispositivos Nokia distribuidos por todo el mundo, o mientras veíamos como podíamos adquirir una iPaq con Windows Mobile, un 9 de enero de 2007 Apple tenía preparada la mayor revolución en el mundo de los teléfonos móviles que iba a marcar con muchísima fuerza todo lo que ocurriría después de ese momento. Sí, hablo del lanzamiento del iPhone. El teléfono de Apple fue revolucionario en varios aspectos. Tal como hemos visto en la historia previa, el concepto de teléfono que permitiera hacer muchas cosas no es novedoso pero Apple llevó la experiencia un paso más allá. Ofreció una interfaz de usuario muy sencilla de tal manera que cualquier persona pudiera usar el teléfono sin tener conocimientos avanzados de informática. El rendimiento del teléfono era algo que sus competidores, sencillamente, no podían igualar en aquel momento. Si comparábamos la fluidez de Safari, el navegador web de iPhone, con sus respectivos en Symbian o Windows Mobile, simplemente parecía de otro mundo. Otro de los factores que rompería el mercado fue el límite de precio que estableció en 199 dólares para el modelo más básico, y que, aunque no fue el precio de venta del teléfono libre, sí que fue al que lo ofertaron muchas compañías de teléfonos de Estados Unidos.

Originalmente se dijo que el sistema operativo del teléfono, entonces llamado iPhoneOS, sería una versión del sistema operativo de escritorio OSX. Más tarde, se reveló que realmente iPhoneOS era un Unix derivado de OSX pero no exactamente el mismo, y por lo tanto, no podría ejecutar las mismas aplicaciones.

Sin duda, este primer paso supuso toda una revolución en el mercado de los smartphones, vendiendo Apple 1 millón de teléfonos durante el verano de 2007. Pero aún vendría la segunda parte, y bajo mi punto de vista, aún más importante en la historia, no solo de los smartphones, sino del modelo de distribución de software que existía hasta la fecha. Fue en 2008 cuando Apple anuncio el SDK de desarrollo para el iPhone, y el AppStore, la tienda de aplicaciones para el teléfono. Y es que, pagando una minúscula cuota anual, cualquier desarrollador podría subir su aplicación a un mercado en el que tendría como potencial cliente a cualquier poseedor del teléfono. Este modelo en el que el acceso a un mercado tan grande era totalmente libre era un cambio muy grande en la forma en la que los desarrolladores, o empresas de desarrollo, podían llegar a sus clientes. A menudo se considera que Apple revolucionó el mercado de los teléfonos móviles, pero realmente este cambió fue mucho más grande ya que no solo afectó al mercado de estos dispositivos.

Junto con el terminal, Apple fue renovando el sistema operativo, cambio de nombre incluido, pasando de iPhoneOS a iOS, ya que fue haciéndolo compatible con los nuevos dispositivos que iba lanzando, como el iPad o algunos de los iPod. Además, trasladó ideas que originalmente eran de iOS al sistema operativo de escritorio.

Ya desde el punto de vista más técnico, iOS heredó el sistema de programación de OSX. El framework de desarrollo moderno en OSX era

Cocoa, que estaba basado en el lenguaje Objective-C, un superconjunto de C al que se le incluye orientación a objetos. El que se utiliza en OSX es CocoaTouch, es decir, una versión algo más reducida de su hermano mayor de escritorio. Pese a la barrera de entrada que puede suponer aprender un lenguaje nuevo, y casi desconocido para la mayoría de los desarrolladores, los que se aventuraron, vieron que el Framework de desarrollo ponía las cosas muy sencillas, y hacer las primeras aplicaciones era una tarea sencilla. CocoaTouch estaba centrado en proveer a los desarrolladores de todo tipo de componentes gráficos para realizar cualquier tipo de aplicaciones.

Para aquellos que no quisieran dar el salto al desarrollo en Objective-C, siempre estaba la posibilidad de seguir con C o C++, sin embargo, en este caso, no tendrían acceso a los componentes gráficos, ya que solo estaban disponibles en CocoaTouch y por tanto Objective-C. En cualquier caso, esta solución fue muy bienvenida por desarrolladores de ciertos tipos de aplicaciones, como juegos, ya que no necesitaban esos tipos de componentes.

A lo largo de la vida de iOS, se han desarrollado muchas tecnologías para hacer aplicaciones. Hoy en día es posible desarrollar aplicaciones usando Ruby, C#, Java, Flash o HTML, sin embargo, hubo un momento en la historia de iOS, donde publicar aplicaciones que no estuvieran hechas con C, C++ o Objective-C estuvo prohibido, en el AppStore. La razón es que Apple siempre ha querido tener un control bastante cerrado de las cosas que se publican y que llegan al consumidor final, y según su criterio, las aplicaciones escritas en otro lenguaje no estaban a la altura. La realidad seguramente es otra, y simplemente no quería perder el control de las herramientas de desarrollo de aplicaciones. Sin embargo esa prohibición duró muy poco tiempo, y hoy en día es posible publicarlas sin ningún problema.

El presente de iOS es, sin duda, brillante. Con una cifra de dispositivos cercana a los 400 millones, solo superada por Android. Además, no solo es la cantidad de dispositivos lo que marca la diferencia, cada cliente es muy probable que tenga su tarjeta de crédito vinculada a su dispositivo, de tal manera que realizar compras es una operación que lleva apenas unos segundos. Esta estrategia de Apple ha convertido su tienda de aplicaciones, en la tienda más rentable de todas, y donde se han podido ver casos en los que un grupo pequeño de personas ha pasado desde el anonimato hasta ser adquiridos por una multinacional[77].

Para finalizar el apartado sobre los dispositivos de Apple, voy a hablar un poco más en detalle sobre cómo se desarrollan aplicaciones.

Uno de los patrones básicos de diseño que se aplican cuando desarrollamos una aplicación para iOS es el "famoso" MVC, o modelo vista-controlador. De esta manera, las clases de nuestras aplicaciones estarán organizadas en las que se encargan de mostrar contenidos al usuario (las vistas), las que se encargan de gestionar la interacción con las vistas (los controladores), y las clases que se encargan de guardar los datos de nuestra aplicación (los modelos). Todas las vistas en iOS heredan de *UIView*, que es la clase que nos aporta la funcionalidad básica, por otro lado, los controladores heredan de *UIViewController*. Esta pareja de clases, y sus subclases, son las que nos ocuparán la mayor parte del tiempo cuando desarrollemos una aplicación.

Otro patrón de diseño ampliamente usado es la *delegación*. La manera habitual en iOS de dar comportamiento a las clases, es mediante el uso de delegados, que son clases que implementan una determinada interfaz. Así, cuando un *ViewController* necesita obtener información de alguna otra clase, es a sus delegados a quien se la pregunta. La tendencia en otras plataformas es a la herencia (como veremos más adelante en Android), sin embargo en iOS se prefiere la delegación antes que la herencia. Por ejemplo, la clase *UITableViewController* se encarga de mostrar una tabla de datos en pantalla, cuando necesita obtener los datos, esta clase pide sus datos a su delegado, no necesitamos hacer una subclase de *UITableViewController* para añadirle esta funcionalidad.

Además de estas dos clases, CocoaTouch y otros frameworks incluidos en el SDK como CoreData, o CoreAnimation, nos

---

[77] Uno de los casos más famosos es el de Rovio, creadores de Angry Birds, que fueron adquiridos por Electronic Arts.

proporcionaran toda la funcionalidad que necesitaremos para construir una gran aplicación.

Android

En numerosos sitios, Android se presenta como el gran competidor de iOS en el mercado de los teléfonos móviles de hoy en día, sin embargo, en mi opinión, las aspiraciones de Android son mucho más amplias que las que pueda ser el sistema operativo de Apple. El abanico de dispositivos en los que Android está presente es muy amplio: aparte de los ya conocidos teléfonos móviles, hoy en día Android es el sistema operativo de aparatos tan diversos como cámaras de fotos, consolas de videojuegos, televisiones o incluso lavadoras. Es por eso por lo que Android, muy posiblemente, será el sistema operativo que más usemos en un futuro muy próximo, por encima de Windows, OSX o cualquier otro.

El origen de Android guarda ciertos parecidos con los que vimos anteriormente cuando hablábamos de Symbian. Android nació en una empresa con el mismo nombre, que más tarde fue adquirida por Google. Android además surgió como el fruto de la colaboración entre compañías de ámbitos muy diversos, desde operadoras hasta fabricantes, y que se denominó Open Handset Alliance.

Pese a ser anunciado el mismo año que se anunció el primer iPhone, fue un año más tarde, en el 2008, cuando el primer teléfono con Android vio la luz. La correspondencia en tiempo y en funcionalidad lo convirtió en la alternativa al dispositivo de Apple, sin embargo la funcionalidad de este primer terminal aún estaba algo lejos del iPhone.

Una de las grandes diferencias de Android, y uno de sus puntos fuertes, es que el código del sistema operativo es liberado por Google con una licencia Apache, esto es, se puede decir que el código del sistema operativo es Open Source. De esta manera, cualquier persona puede obtener el código y modificarlo a su antojo. Es por ello que comentaba en la introducción el hecho de que Android realmente *juega en otra liga diferente* a la de iOS, ya que cualquier fabricante de cualquier tipo de dispositivo puede elegirlo para instalarlo en él.

Esta opción de que cualquier fabricante pueda modificarlo, es desde luego, muy atractiva respecto a lo que supone la competencia completamente cerrada que representa el sistema operativo de Apple. Sin embargo Google se guarda un as en la manga. Sus propias aplicaciones como Google Maps, Gmail o el mercado de aplicaciones, no se distribuyen libremente. Para que un fabricante pueda instalar dichas aplicaciones, es necesario que pase un proceso de certificación impuesto por la propia Google. Es por eso que existen dispositivos Android que no han pasado dicha certificación, y por tanto no poseen dichas aplicaciones. Dicho sea de paso, las aplicaciones de Google se considera que están dentro del grupo de más útiles que se pueden instalar en un dispositivo Android.

Hablando ya en la parte algo más técnica, el corazón de Android es el núcleo del sistema operativo Linux. Sobre este núcleo están las librerías necesarias para el funcionamiento del sistema, y que en gran parte han sido desarrolladas por la propia Google para su uso en Android. Sobre esta parte, irían las aplicaciones que son las que utilizan los usuarios finales. Una de las peculiaridades de Android es que las aplicaciones se suelen desarrollar en Java, pero el sistema no se basa en la implementación de Sun[78] de la máquina virtual que está presente mayoritariamente en otros dispositivos.

La máquina virtual que se encarga de ejecutar los bytecodes no es la misma que distribuida por Sun. Android utiliza una propia implementación llamada Dalvik. Esta diferencia hace que no se pueda ejecutar código Java generado con la JDK de otro sistema operativo, pero por otro lado al ser el mismo lenguaje hace que sea compatible el compilar código de Java en Dalvik, siempre y cuando las librerías que se utilicen estén disponibles.

Aparte de Java, las aplicaciones pueden ser desarrolladas también en C, usando el SDK nativo que provee Google. Sin embargo, salvo ciertas ocasiones en las que estemos portando código o tengamos unos requisitos de rendimiento muy exhaustivos, no suele ser muy habitual desarrollar aplicaciones usando este mecanismo. Donde más suele aplicar el hecho de

---

[78] Ahora Oracle

usar el SDK es si un módulo de nuestro sistema tiene estos requisitos, en ese caso accederemos a dicho módulo usando JNI.

El presente y futuro de Android es sin duda prometedor, hoy en día es el sistema operativo móvil que domina ampliamente el mercado. El número de dispositivos que ejecutan Android es muy superior al de cualquiera de sus competidores. Sin embargo, pese a su superioridad en números aun no supera a la plataforma de Apple respecto a ingresos, y es que la experiencia de compra y la calidad de las aplicaciones disponibles para este sistema aún está por debajo de la opción de Apple.

En cuanto los detalles más técnicos de este sistema operativo, las aplicaciones manejan un concepto clave, que se denomina *Activities*. Una aplicación es un conjunto de *Activities*. Cada activity es una subclase de *Activity* que es la clase que se encarga de dotar de funcionalidad a las pantallas que forman nuestra aplicación. Si buscamos un símil con el mundo de iOS, se podría decir que una *Activity* es algo similar a un *UIViewController*.

Al igual que en iOS, el SDK nos proporciona una serie de clases que representan controles gráficos que podemos usar en nuestras aplicaciones, sin embargo, a diferencia de iOS, las interfaces están definidas en un XML y usando mecanismos que sitúan los controles de forma relativa denominados *Layouts*. El principal motivo de esta forma de desarrollar las interfaces pasa por lo que hemos comentado a lo largo del artículo: la cantidad de dispositivos diferentes que pueden correr Android. Esta *fragmentación* de dispositivos es uno de los grandes problemas que un desarrollador se encuentra a la hora de desarrollar una aplicación para Android.

Windows Phone

Como hemos visto anteriormente, Microsoft no es precisamente nuevo en el mercado de sistemas operativos para móviles, durante un espacio de tiempo incluso domino este incipiente mercado, pero lo cierto es que la salida de iPhone y Android dejaron, de un plumazo, su Windows Mobile totalmente anticuado.

Microsoft se dio cuenta de esto, y comenzó a trabajar en una nueva versión de su Windows Mobile, aunque con el paso del tiempo, seguro que piensan que retrasaron este comienzo más de lo necesario, ya que dejaron demasiado margen a la competencia para que dominara el mercado.

La idea de Microsoft era mantener el núcleo basado en Windows CE, pero ofreciendo una interfaz totalmente novedosa, también entraba en sus planes el mantener la compatibilidad hacia atrás con Windows Mobile 6.5. Sin embargo el cambio fue tan significativo, en cuanto a interfaz de usuario, que se descartó dicha retrocompatibilidad. Este cambio también produjo un cambio de nombre y de marca, pasándose a llamar Windows Phone en lugar de Windows Mobile. Finalmente en 2010, se anunció el primer dispositivo con Windows Phone 7.

La interfaz de este dispositivo era bastante novedosa respecto a lo que planteaban sus competidores, sin duda un gesto muy valiente por la compañía de Redmond, ya que dio un giro importante a lo que eran las interfaces de usuario en dispositivos móviles.

Tras Windows Phone 7, se anunció la versión 7.5 denominada *Mango*, y a continuación se anunció la versión 8 del sistema operativo que introdujo numerosos cambios en la arquitectura del dispositivo. Entre otras cosas, esta versión 8 fue la primera en no utilizar el *viejo* Windows CE. Windows Phone 8 fue otro movimiento arriesgado de Microsoft, ya que ningún dispositivo anterior podía ser actualizado a Windows Phone 8, con lo que se obligó a los clientes a adquirir un nuevo terminal si querían actualizar su sistema operativo.

Desde el punto de vista técnico, hasta la versión 7, solo se podían desarrollar aplicaciones usando .NET y habitualmente C#. Esto ha cambiado en la versión 8, pudiendo realizar aplicaciones en C, aunque de una forma algo limitada. En concreto las aplicaciones de Windows Phone pueden ser de dos tipos, o bien aplicaciones XNA, que es un framework de Microsoft para desarrollar juegos[79] o bien aplicaciones basadas en Silverlight, que es una versión reducida del framework de .NET y que fue

---

[79] A grandes rasgos, XNA es la versión en .NET de su DirectX

ideado originalmente para embeber *Rich Internet Applications* (o *RIA*) en paginas web, de una manera muy similar a como lo hacia Flash.

De su herencia de Silverlight, las aplicaciones son un conjunto de páginas, en este caso la parte visual de las aplicaciones se desarrolla utilizando el lenguaje XAML, que es una variante de XML. Si hay que destacar algo negativo puede ser la elevada curva de aprendizaje que tiene este sistema, pero por otro lado hay que destacar, de una manera muy positiva, el gran conjunto de desarrollo que Microsoft nos brinda.

El gran problema de Windows Phone es su escasa penetración en el mercado. Pese a su gran y sonada alianza con Nokia[80], el número de dispositivos que ejecutan Windows Phone es muy bajo y más incluso con su último movimiento de lanzamiento de Windows 8 al dejar obsoletos todos los terminales distribuidos.

Firefox OS

Uno de los últimos contendientes en el mercado de los dispositivos móviles es el sistema operativo desarrollado por Mozilla.

El propósito de este sistema operativo es desarrollar una alternativa totalmente abierta, y liderada por los propios estándares de la Web, en contraposición a todas las otras alternativas existentes que están dominadas en mayor o menor medida por una gran empresa, y que decide que es lo que se puede o no se puede hacer con el dispositivo.

El principio de desarrollo de este sistema operativo es utilizar únicamente tecnologías que están disponibles habitualmente en un navegador, pero dentro de un dispositivo móvil. El sistema operativo y el motor de ejecución de aplicaciones se encargarán de proporcionar acceso a las partes del dispositivo que habitualmente no existen en un sistema de escritorio, como puede ser el módulo de telefonía, o el acelerómetro. Lo importante de todo esto es que esa forma de acceso se hará como dicte el

---

[80] Alianza por la cual Nokia abandonó Symbian para que todos sus dispositivos ejecutaran Windows Phone 7 y sucesivos.

estándar, si es que lo hubiera. En caso de no existir, el propósito es crear un nuevo estándar para ese propósito.

Técnicamente el sistema operativo se compone de varias partes, por un lado la parte más interna está basada en Linux, de hecho utiliza gran parte de Android para funcionar. Por encima de esta parte interna está el motor de ejecución de aplicaciones, denominado Gecko, que es similar a un navegador web, implementando los estándares de la web, como son HTML5, Javascript o CSS. Este módulo será el que se encarga de ejecutar las aplicaciones. Gecko no es exclusivo de Firefox OS, ya que también es el motor del navegador de escritorio, sin embargo la versión de móvil proporciona funcionalidades que no las proporciona su hermano de escritorio.

Los componentes gráficos del propio sistema operativo es lo que se denomina Gaia, y se encarga de realizar las tareas habituales de un dispositivo móvil, como es, realizar llamadas de teléfono o la aplicación para hacer fotografías.

Como se puede deducir, las aplicaciones se desarrollan utilizando HTML, Javascript y CSS, lo que hace que los desarrolladores que tengan experiencia desarrollando para este entorno encuentren muy sencillo el portar sus aplicaciones a Firefox OS.

Sin duda el sistema operativo de Mozilla tiene un futuro bastante prometedor, y dada su naturaleza diferente a las alternativas existentes, puede que encuentre un hueco entre los dos grandes. En cualquier caso es algo que veremos cuando los primeros terminales vean la luz.

 Todo empezó cuando los padres de Roberto Pérez (Madrid, 1981) le regalaron un Spectrum 128Kb, desde entonces, no se ha separado de un teclado de ordenador. Muchas siglas han pasado por delante de su teclado desde entonces, BASIC, ASM, C++, Java, Ruby… Actualmente invierte gran parte de su tiempo en el área de Future Communications en Telefónica I+D desarrollando las aplicaciones de comunicaciones más interesantes e innovadoras.

análisis de seguridad en el código

por Juan Roldán Parra

Introducción

Este capítulo presenta las técnicas para la detección de vulnerabilidades en el código de una aplicación a través del análisis de los flujos de datos y llamadas entre métodos internos de la aplicación.

Este tipo de análisis identifica las conexiones internas entre los métodos de la aplicación, reflejando como las llamadas entre métodos se propagan desde las interfaces de la aplicación (puntos de enlace con el exterior) hacia los métodos internos que pueden ser objetivo de un ataque.

Se presentan algunas técnicas propias de este tipo de análisis de forma que el lector adquiera los conocimientos básicos para comprender cuál es la finalidad de este tipo de análisis y como se ejecutan.

Aunque este artículo refleja aspectos generales del análisis que es posible utilizar con cualquier tipo de herramienta, la bibliografía utilizada y los ejemplos prácticos se apoyan en las herramientas de análisis de código de McCabe[81].

Las herramientas usadas para este tipo de análisis emplean diferentes técnicas que ayudan al analista a seguir los caminos de ejecución del código, a localizar el uso de métodos vulnerables y detectar puntos donde determinados tipos de datos pueden inducir un malfuncionamiento de la aplicación, y ser explotados por un ataque o generar inestabilidad en el funcionamiento de la aplicación.

El resultado de este análisis es válido para detectar vulnerabilidades debidas a implementaciones inadecuadas del código, pero también sirve para mejorar la calidad de la aplicación. El resultado obtenido de la herramienta refleja las vías en que un ataque podría provocar un malfuncionamiento, sin embargo, en muchas ocasiones la criticidad de la vulnerabilidad es baja. Ello puede ser debido a que el impacto resultante, en caso de que el ataque consiga su objetivo, es bajo; o también porque las probabilidades de que un ataque ocurra por esa vía son despreciables. No

---

[81] http://www.mccabe.com/

obstante, en cualquier caso, estos resultados muestran implementaciones del código que pueden ser mejoradas.

Análisis inicial

El análisis comienza identificando las conexiones entre los puntos de entrada a una aplicación, es decir puntos de acceso desde el exterior, y puntos internos de la aplicación susceptibles de recibir un ataque. Esas conexiones serían las que un ataque explotaría para obtener su efecto. El ataque accedería a través del punto de entrada, llegando a ese punto interno que provoca el efecto no deseado, como por ejemplo, el desbordamiento de un puntero.

Usando la terminología de estas herramientas, el conjunto de todos los puntos de acceso es la *attack surface* (superficie de ataque); mientras que los puntos internos se denominan *attack target* (blanco del ataque). La representación de los caminos recorridos por las llamadas entre métodos de la aplicación desde *attack surface* hasta *attack target* se denomina *battle map* (mapa de batalla).

La forma de atacar una aplicación consiste en proporcionar datos malformados a la aplicación, que se introducen a través de la *attack surface*, de forma que exploten una vulnerabilidad interna y consigan el propósito del ataque.

La forma de aumentar la seguridad de una aplicación consiste en reducir la extensión de la *attack surface*, disminuyendo el número de puntos de entrada conectados con métodos potencialmente vulnerables.

La superficie de ataque consta de las áreas del código donde la aplicación obtiene entradas desde el exterior de forma que se condicione el comportamiento de la aplicación, como por ejemplo, una lectura de ficheros. El análisis ha de identificar los puntos que forman la *attack surface*, ya que en estos puntos es donde se originan los ataques contra la aplicación.

Identificar los métodos que forman el conjunto del *attack target* también es una tarea igualmente importante. Aunque el ataque se inicia a través de un punto de *attack surface*, es en los métodos que componen el *attack target* donde el ataque lleva a cabo su efecto.

Las herramientas de análisis disponen de conjuntos de métodos preclasificados que podrían ser aprovechados para atacar la aplicación. El uso inadecuado de estos métodos provoca vulnerabilidades de seguridad que pueden ser aprovechadas por un ataque. Al mismo tiempo, las herramientas de análisis de código tienen la funcionalidad de descubrir las conexiones entre los puntos de *attack surface* y los de *attack target*. Como ya comentamos anteriormente, el conjunto de estas conexiones se denomina *attack map*.

El proceso para crear el *attack map* se inicia identificando los métodos que componen la *attack surface* y el *attack target*. Para ello las herramientas disponen de un editor mediante el que es posible clasificar los métodos de la aplicación, agrupando métodos. El criterio de clasificación se basa en seleccionar y unir en conjuntos los métodos de la aplicación que pueden utilizarse atacar la propia aplicación, analizando las llamadas a estas funciones y el trayecto de la llamada desde la *attack surface* hasta llegar a la función objetivo.

Las herramientas de auditoría disponen de mecanismos para identificar y clasificar los métodos que pertenecen a la *attack surface*. Estos mecanismos se basan en crear conjuntos, en los que posteriormente se incorporan los métodos, que recogen entradas a la aplicación en pruebas y que serán estudiados. Por ejemplo, analizando una aplicación que tenga como entrada de datos la lectura de un fichero mediante el método `readLine()`, incorporaríamos esta función al conjunto de métodos a considerar como *attack surface*.

Por otra parte, las herramientas de análisis tienen conjuntos de métodos preclasificados, que pueden ser usados para incorporar a la *attack surface*. Si el analista incluye parte (subconjunto) de estos métodos en la *attack surface*, el proceso de análisis identifica qué métodos de la aplicación corresponden con los considerados por el analista. Esto aumenta la eficacia del análisis, ya que nos ahorramos el tiempo de identificar el total de los métodos de entrada usados por la aplicación para introducir datos.

Puede considerarse que forman parte de la *attack surface* tantos métodos como se estime oportuno. Sin embargo, hay que tener en cuenta que cuanto mayor sea este número, tanto mayor será el tamaño del *attack map* y más complejo. En este sentido hay que configurar una estrategia adecuada, de forma que los resultados sean manejables, y considerando sucesivos análisis para acotar las incidencias detectadas.

Tras especificar la *attack surface*, el siguiente paso es especificar el *attack target*. El procedimiento es similar al seguido para definir la *attack surface*. El analista define en la herramienta un conjunto de métodos que contendrá todos aquellos que sean susceptibles de ser atacados y para ello se apoya en conjuntos de métodos aportados por la herramienta. El analista ha de decidir que funciones son de interés para la aplicación bajo análisis. También es posible definir métodos individuales incluyendo el nombre de esos métodos.

No hay un límite de cuantos métodos utilizar, pero cuantos más métodos se consideren, mayor es la representación de las conexiones entre *attack surface* y *attack target*, y podría llegar a ser complejo de interpretar. Una estrategia, vuelve a ser intentar acotar el análisis, separando en diferentes *attack target* y con aproximaciones sucesivas hasta identificar claramente los patrones de ataque.

Finalmente, se genera la asociación entre un conjunto *attack surface* y un conjunto *attack target*. La asociación entre ambos conjuntos se denomina *attack map*. Éste representa las conexiones entre los métodos por donde entran datos a la aplicación (puntos de entrada) y los métodos que procesan esa información y pueden ser vulnerables. La representación de estas conexiones sirve al analista para identificar los posibles patrones de ataque que existen en la aplicación, determinando que vías son más o menos probables.

El analista define tantos "attack map" como necesite, asociando diferentes *attack surface* y *attack target*, separando diferentes caminos de ataque y focalizando cada mapa sobre un modelo de ataque distinto.

Ajuste del análisis

Tras la creación del *attack map* asociando una *attack surface* y un *attack target*, se inicia una fase de ajuste de las conexiones sobre las que el analista centra el análisis.

- En primer lugar podemos realizar un ajuste sobre los métodos reflejados en el *battlemap*, excluyendo aquellos métodos no conectados entre los métodos de *attack surface* y *attack target* de un mismo *attack map*. De esta forma clarificamos la vista, visualizando solo los métodos invocados en la cadena de llamadas desde los métodos de entrada, o bien que procesan los datos introducidos en los puntos de entrada.
- Otra forma de agrupar los métodos es agrupar los métodos bien de *attack surface*, o bien de *attack target* de forma que en la visualización del *battlemap* los métodos aparezcan representados de forma simplificada por un único elemento, y las conexiones correspondientes se concentran alrededor de estos elementos.

Las métricas usadas en el análisis, se aplican únicamente sobre las funciones visualizadas y, de esta forma, ajustamos las medidas a los métodos involucrados en el ataque.

El análisis descrito hasta ahora ha consistido en la elaboración de los *attack maps* y su estudio. De esta forma hemos identificado de qué forma un ataque podría impactar en la aplicación, a través de los puntos de comunicación con el exterior. Sin embargo, el análisis puede ampliarse revisando otras vías de ejecución para los métodos del *attack target*, así como otros métodos excluidos en el análisis anterior.

Un ejemplo de estos análisis consiste en buscar otros caminos para llamar a las funciones vulnerables del *attack target*. Las herramientas de análisis prestan ayuda de forma que seleccionando que métodos del *attack target* se estudiarán más en detalle, la herramienta identifica los caminos posibles por los cuales estos métodos pueden ser llamados. Tales métodos pueden provocar un comportamiento inesperado de la aplicación bajo determinadas circunstancias. Estas técnicas facilitan la detección de estas situaciones.

Análisis de métodos raíz

Un método raíz es aquel que no es llamado desde ningún otro punto de la aplicación; podría ser el punto de inicio de la aplicación, por ejemplo el método main; y también puede haber múltiples métodos raíz, por ejemplo en aplicaciones que atienden eventos. El *battlemap* muestra los árboles encontrados que cuelgan desde los métodos raíz y crecen mediante ramas que representan las cadenas de llamadas entre métodos.

Con este análisis se detectan patrones de ataque no analizados previamente, que solo consideraban los métodos entre puntos de entrada de datos y métodos vulnerables. La aplicación obtiene datos del *mundo exterior* que aun no provocando un ataque directamente, pueden ocasionar que una llamada entre métodos, no pertenecientes a la cadena de llamadas entre *attack surface* y *attack target*, produzca una alteración en el correcto funcionamiento de la aplicación.

Las herramientas de análisis permiten seleccionar un árbol o varios, de forma que se muestren solo los árboles y ramas relevantes. También permiten aplicar métricas que, por ejemplo, midan la dependencia entre diferentes caminos.

Es posible obtener también un análisis del flujo de ejecución de un método, visualizando las variables internas y los caminos que siguen los datos desde los puntos de entrada al método.

Diccionario de datos para investigar flujos de control específicos

Otra técnica para realizar una investigación más detallada de donde se usan las funciones *banned* (prohibidas). El diccionario localiza datos y llamadas de función y después identifica los caminos en el interior de la función que son los responsables de esas llamadas.

La herramienta identifica las secuencias de ejecución dentro de cada método y localiza la secuencia que conlleva la llamada a otro método, por ejemplo un método vulnerable. Al mismo tiempo es capaz de identificar qué datos se pasan de un método a otro en estas llamadas. Igualmente, la herramienta localiza las llamadas que pueden realizarse sobre un método, por ejemplo uno vulnerable, y bajo qué circunstancias se produce esa llamada y qué datos pasan de un método a otro. Un ejemplo de este tipo de análisis es la búsqueda de invocaciones al método `strcpy()`, considerado una función vulnerable. Mediante el uso de la herramienta se localizan todas las llamadas a este método y sus variantes. A continuación, se filtran estas llamadas en función del tipo de datos pasados entre métodos, de forma que al final se obtiene el mapa que contiene los métodos que invocan `strcpy()` empleando los datos seleccionados.

Prueba del software

Una vez se ha realizado el análisis del código, identificando donde pueden surtir efecto un ataque, llega el momento de probar la aplicación. Es decir, probar el comportamiento de la aplicación ante diferentes circunstancias.

Para ello, consideramos una técnica que consiste en incrementar el código añadiendo contadores en los caminos identificados en la fase de análisis. De esta forma se registra el número de veces que cada camino es ejecutado. El analista decide sobre qué partes del código se realiza el seguimiento.

Esta aplicación modificada se ejecuta en el mismo lugar que se ejecutaría la aplicación original. Su comportamiento será idéntico al de la aplicación original, pero dejará trazas indicando cuántas veces se ejecuta cada parte del código. Los datos son recogidos de forma que luego pueden interpretarse en conjunto con el análisis teórico realizado previamente.

De estas pruebas se obtiene una medida que permite valorar la probabilidad de que un ataque llegue a producirse, y el impacto que podría tener. Menos relacionados con la seguridad, aunque aportan valor para la calidad y fiabilidad del software, es la medida de la complejidad de ejecución y de la probabilidad de que se produzca un funcionamiento inesperado.

Conclusiones

La mayor pretensión de este capítulo es señalar la aportación de la seguridad a la calidad del código en una aplicación. La revisión del código se integra con el desarrollo durante el ciclo de vida de la aplicación, siendo repetida varias veces de forma iterativa antes de que el producto se considere finalizado. La primera revisión se realiza cuando existe una versión del código avanzada que ya es probada en los entornos de integración. Las iteraciones se realizan tras cada modificación importante del código, ya que en ese punto es donde hay mayor posibilidad de introducir código nuevo que suponga una vulnerabilidad. Tras sucesivas iteraciones y las modificaciones realizadas para corregir las vulnerabilidades detectadas en cada iteración, se obtiene una versión donde no aparecen avisos de seguridad, o bien los avisos que aparecen son asumidos.

El análisis se inicia con una revisión automática del conjunto de código que compone la aplicación, obteniendo como resultado una lista de potenciales problemas de seguridad. Cada punto de la lista es revisado conjuntamente entre personal de desarrollo y personal de seguridad, identificando cual es el riesgo asociado y el impacto sobre el uso final de la aplicación. Desarrollo ha de estar presente para identificar los riesgos asociados con el aviso detectado por la herramienta y valorar el impacto en el contexto de la aplicación. Seguridad ha de velar por la mejora del código e identificar las vías reales que un ataque podría usar para explotar una vulnerabilidad. La siguiente fase consiste en elaborar una lista de acciones que corrijan los problemas de seguridad, e igualmente una lista de riesgos que son asumidos. Este procedimiento es el más comúnmente utilizado.

En este capítulo se han expuesto diferentes técnicas para estudiar más en profundidad las relaciones entre métodos, y seguir los datos introducidos en la aplicación desde los puntos de entrada hasta los métodos internos que son vulnerables. Cada herramienta de análisis dispone de diferentes funciones implementadas para realizar este análisis en profundidad, pero la forma de proceder es común a todas ellas.

El punto donde usar este análisis más específico es durante la revisión de resultados conjuntamente entre los equipos de desarrollo y seguridad. La generación de un *battlemap* permite seguir el flujo de datos y la conexión entre métodos, ayudando a identificar los riesgos reales, y desestimar aquellos que no llegarían a ser explotados. Las bibliotecas de funciones ayudan a considerar qué funciones incluir en el estudio. Las funciones de filtrado ayudan a aislar análisis concretos de conexiones entre métodos, acotando el *battlemap* e identificando problemas no detectados en un análisis inicial del código. El seguimiento de bloques de datos en el conjunto de la aplicación también ayuda a estudiar el alcance de un dato de entrada, y que métodos pueden verse afectados por datos inadecuados. Por último, las simulaciones e incluso añadir capas de depuración al código y probar en el entorno real, aporta información muy útil para discriminar problemas.

El esfuerzo y tiempo requerido para el análisis en profundidad puede llegar a ser considerable, por tanto el sentido común y la experiencia de las personas que evalúan el código, es la componente que dirige el análisis y determina la efectividad de éste.

 Juan Roldán Parra (Villarrobledo - Albacete -, 1970) es Ingeniero de Telecomunicaciones por la Universidad Politécnica de Valencia. Su primer trabajo remunerado fue creando aplicaciones de control industrial. Tras redirigir su vida profesional hacia las comunicaciones, empezó a trabajar en una empresa pequeñita haciendo servicios para la Guardia Civil y luego pasó a trabajar en el entorno de Telefónica, y desde entonces ha participado en multitud de proyectos, en su mayor parte centrados en la seguridad.

la motivación del desarrollador

por Germán Toro del Valle

REPITE CONMIGO.
¡VOY A IMPLEMENTARLO TODO!
¡VOY A IMPLEMENTARLO TODO!

Introducción

¿Qué es motivación? Según la Real Academia de la Lengua Española (RAE), motivación es un *ensayo mental preparatorio de una acción para animar o animarse a ejecutarla con interés y diligencia.*

¿Por qué es tan importante la motivación, principalmente en el ámbito del desarrollo software? Porque de ella depende en gran medida el éxito de todo proyecto en este entorno, más allá incluso de la propia complejidad técnica o tecnológica del mismo. De hecho, fue en 1987 cuando Tom DeMarco y Timothy Lister, a raíz de un conjunto de estudios de campo, acuñaron el término *peopleware* para dejar constancia de la trascendencia de la componente psicológica y, sobre todo, sociológica en el éxito de todo proyecto de desarrollo software.

Sin embargo, ha llovido mucho desde entonces: nuevos lenguajes de programación, nuevas plataformas, nuevos entornos de trabajo, y, en definitiva, una nueva sociedad que hace necesario repasar la validez de los modelos de motivación tradicionales ante un nuevo espécimen como es el desarrollador moderno.

En este capítulo realizaremos un apasionante viaje por más de 80 años de teoría de la motivación y desarrollo software, partiendo de los modelos de Maslow hasta llegar a las técnicas más recientes basadas en mecánicas de juego y diversión.

Del deseo personal a la acción dirigida

El deseo es algo común en las personas y, consecuentemente, también en los desarrolladores. ¿A quién no le gustaría recibir un reconocimiento público tras resolver un problema? ¿O quizás un ascenso o evolución profesional? Sin embargo, el deseo no es suficiente. Se necesita acción. Y no hablamos de cualquier acción, sino de acción bien dirigida que permita alcanzar los deseos u objetivos fijados. De hecho, esto es motivar: animar a las personas a tomar las acciones oportunas que les permitan conseguir sus objetivos.

Es importante advertir que la motivación está presente en prácticamente todo lo que hacemos, no sólo en las tareas más complejas o exigentes. Toda acción requiere generalmente un esfuerzo y todo esfuerzo requiere una motivación, de la cual depende en gran medida lo exitoso y satisfactorio de la acción.

De igual forma que decíamos anteriormente que el deseo es algo común en las personas, es posible afirmar que las motivaciones son algo extremadamente personal e intransferible. No existe una motivación universal válida para todos. De hecho, factores que motivan a unas personas pueden provocar el efecto exactamente contrario en otras.

Con todo ello, existen factores que podríamos denominar básicos, cuya ausencia provoca un efecto desmotivador en el común de los mortales, como, por ejemplo, un espacio de trabajo limpio dentro de un ambiente de respeto y seguridad. Al margen de estos factores básicos, cada persona es un mundo cuando de motivaciones hablamos, y es esto lo que lo hace tan complejo de gestionar de manera eficiente.

Teorías de la motivación clásicas y desarrollo software

La motivación ha sido materia de estudio científico durante décadas. Las teorías de la motivación son un intento de identificar generalidades o abstracciones en el universo de posibles fuentes de motivación y sus efectos sobre las personas.

Una de las teorías de la motivación más ampliamente aceptadas es la denominada *Teoría de la Motivación de Maslow*. Según Maslow, existen un conjunto de necesidades que toda persona desea satisfacer en un determinado orden:

1. Fisiológicas
2. Seguridad
3. Pertenencia o afiliación
4. Reconocimiento o estima
5. Autorrealización

Al margen de las necesidades propias de los desarrolladores como personas (comida, vestimenta, etc.), existen particularizaciones de las necesidades de Maslow que es importante conocer con vistas a una gestión efectiva de las mismas en entornos de trabajo de desarrollo software.

En el ámbito fisiológico, aspectos como disponibilidad de tiempo libre, un descanso adecuado o niveles de estrés bajo control han surgido como agentes motivadores de gran calado en el mundo del desarrollo software. Prácticamente todos conocemos compañeros que llegaron incluso a cambiar de trabajo motivados por alguno de los agentes anteriores o que eligieron uno u otro puesto en función de aspectos como, por ejemplo, el tiempo de desplazamiento hasta el centro de trabajo.

Una vez satisfechas las necesidades fisiológicas, surgen las necesidades de seguridad. En el ámbito del desarrollo software, un puesto de trabajo seguro o niveles de compensación que nos hagan sentir seguros financieramente hablando se han convertido en los principales agentes motivadores.

Los aspectos de pertenencia y afiliación se manifiestan con una tremenda fuerza entre los desarrolladores de software. De hecho, la práctica totalidad de estudios realizados en torno a los proyectos de código libre destacan la pertenencia a un grupo, la búsqueda de un objetivo común, como uno de los aspectos directrices más importantes. Estas necesidades de pertenencia y afiliación han incluso provocado el nacimiento de movimientos específicos del entorno de los programadores o desarrolladores de software como es el caso del *hacktivismo*[82] (del inglés, *hacktivism*).

Una vez que las necesidades fisiológicas, de seguridad y sociales han sido satisfechas, es el reconocimiento o la estima, la necesidad que entra en juego. Nuevamente en el ámbito del desarrollo software, y más específicamente en el ámbito del desarrollo de código libre, el reconocimiento dentro de la comunidad se erige como uno de los factores

---

[82] *We are a legion. The history of the hacktivists.* Luminant Media. http://www.imdb.com/title/tt2177843/?ref_=fn_al_tt_1

motivadores más potentes y efectivos. De hecho y como veremos un poco más adelante, son estos factores motivadores de reconocimiento y estima los que se intentan explotar en muchas de las plataformas de motivación que se están creando en el ámbito del desarrollo software.

La última de las necesidades de Maslow es la autorrealización. Una vez que todas las necesidades anteriores han sido satisfechas, las personas y los desarrolladores por extensión, se sienten llamados a sentirse plenos y realizados. Ésta suele ser la razón por las que muchos programadores se sienten llamados a iniciar sus propias aventuras y crear sus propias startups basadas en ideas y proyectos personales, que les permitan realizarse como desarrolladores.

Nuevas teorías de la motivación y desarrollo software

Al margen de las teorías de la motivación clásicas, válidas en principio para el común de los mortales, en los últimos años se han planteado nuevas teorías, o al menos hipótesis, específicas para el ámbito del desarrollo software. Algunas de las más originales y novedosas son las postuladas por Paul Graham en su libro *Hackers & Painters. Big ideas from the computer age*[83], Ka Wai Cheung en su libro: *The Developer's Code. What real programmers do*[84] y Gabe Zichermann en su libro: *Game-based marketing: Inspire customer loyalty through rewards, challenges and contests*[85]. Veamos sus líneas principales.

A grandes rasgos, Paul Graham propugna que desarrolladores y pintores (artistas en general) tienen mucho en común. Más concretamente, ambos gremios son creadores. Tanto los primeros como los segundos sienten la misma fascinación ante un editor de textos o ante un lienzo en blanco. Ambos les ofrecen la posibilidad de crear algo de la

---

[83] Graham, P. (2004). *Hackers & Painters. Big ideas from the computer age*. O'Reilly Media, Inc.
[84] Cheung, K. W. (2012). *The Developer's Code. What real programmers do*. The Pragmatic Programmers, LLC.
[85] Zichermann, G. (2010). *Game-based marketing: Inspire customer loyalty through rewards, challenges and contests*. Jargonlab, Inc. and Joselin Linder.

nada, ya sea para ofrecer una utilidad o simplemente para crear belleza. De hecho, para ambos gremios la belleza está presente en sus creaciones, ya sea en forma de programa o en forma de creación pictórica. Los lenguajes de programación o la pintura son simplemente distintas formas de expresión. A este respecto, Paul Graham afirma que ni las universidades ni las empresas han terminado de entender la naturaleza última del programador y mientras que las primeras pretenden convertir a los desarrolladores en científicos, las segundas intentan convertirlos en ingenieros (de ahí incluso el término ingenieros de software), provocando la frustración del programador en ambos casos. Ésta es, en la opinión de Paul Graham, la razón última por las que los proyectos de código libre o las startups son mucho más exitosas que las grandes compañías de desarrollo software, básicamente porque las primeras no pervierten la naturaleza última de los desarrolladores.

Otro aspecto muy importante y común de desarrolladores y pintores es la inspiración. La inspiración hace que, en ambos casos, el trabajo sea más cíclico que lineal. No es extraño el caso del desarrollador que entra en éxtasis con un proyecto y trabaja día y noche en el mismo cuando otras veces ningún proyecto parece ser lo suficientemente atractivo.

Según Paul Graham, la felicidad y, consecuentemente, máxima eficiencia y eficacia de los desarrolladores sólo es posible en entornos diseñados por y para la creatividad.

Por otro lado, Ka Wai Cheung ensalza el concepto de pasión a la hora del desarrollo software. En su opinión, un grupo de desarrolladores poco motivados es un cáncer para todo proyecto de desarrollo software. En este sentido, Ka Wai Cheung propugna la denominada "motivación sostenible" como base del éxito de los proyectos. La motivación debe ser la misma en los primeros días de vida del proyecto que en su madurez, y esto, como cualquier otra cosa, debe cultivarse.

Al igual que otros muchos autores, Ka Wai Cheung afirma que los factores motivadores tradicionalmente utilizados en el mundo de los negocios como, por ejemplo, bonuses o incrementos salariales sólo funcionan en el caso de tareas triviales y no tanto en tareas que exijan

284

análisis profundos y técnicas creativas de resolución de problemas. En estos últimos casos, existen estudios científicos que confirman una correlación inversa entre los incentivos monetarios y el rendimiento finalmente obtenido.

Según Ka Wai Cheung, para mantener la pasión y en definitiva la motivación de los desarrolladores, éstos deben estar cíclicamente expuestos a retos (que exijan lo mejor de ellos) así como a un continuo aprendizaje.

Por último, encontramos la teoría basada en mecánicas de juego universalizadas por Gabe Zichermann y también aplicables al ámbito del desarrollo software. A grandes rasgos, esta teoría se basa en una verdad universal: a todos nos gusta jugar, e identifica patrones (también conocidos como mecánicas de juego) reproducibles para conseguir los efectos deseados, típicamente la satisfacción del desarrollador como vía para maximizar su rendimiento.

Algunos ejemplos de mecánicas de juego aplicables al ámbito del desarrollo software son:

- Obtención de puntos por buenas prácticas como desarrollar casos de prueba para nuestro código o documentarlo convenientemente. Estos puntos permiten a los desarrolladores competir entre sí.
- Sistemas de reputación o estado basados en chapas o insignias conseguidas tras superar determinados retos[86].

Claros ejemplos de la aplicación de la teoría de mecánicas de juego, también conocidas como *gamification*, al ámbito del desarrollo software lo constituyen tanto el website CoderWall[87] - donde los desarrolladores pueden no sólo socializar sino también competir entre sí para demostrar sus habilidades - como la extensión para el entorno de desarrollo Microsoft Visual Studio denominada Visual Studio Achievements[88] donde

---

[86] http://openbadges.org/
[87] https://coderwall.com/
[88] http://visualstudiogallery.msdn.microsoft.com/bc7a433b-b594-48d4-bba2-a2f24774d02f

los desarrolladores pueden desbloquear logros[89] en función del uso que hagan de la herramienta y poner de esta forma de manifiesto sus habilidades.

La motivación de los desarrolladores en las empresas

Cada vez más empresas están adoptando técnicas de motivación en la línea de lo explicado en los párrafos anteriores. En este sentido existen en Telefónica I+D múltiples iniciativas que persiguen dicha motivación:

Bolsa de trabajo

Los desarrolladores de Telefónica I+D forman parte de una bolsa de trabajo común a toda la organización en la cual regularmente se publican vacantes activas para distintos proyectos e iniciativas en función de las necesidades de la organización. En dichas vacantes se publican las características del puesto, la posición en la carrera profesional requerida y las competencias de la personas o personas que pueden optar al mismo. Cualquier empleado de la organización puede optar a la vacante, la cual se resuelve tras un periodo de valoración de las solicitudes por parte del departamento de Recursos Humanos y los ofertantes de la vacante.

Desde el plano de las necesidades de Maslow, la bolsa de trabajo permite a los desarrolladores satisfacer necesidades tanto a nivel de seguridad como de pertenencia o afiliación. Gracias a la bolsa de trabajo, los desarrolladores no están anclados a proyectos o iniciativas concretos (de cuyo futuro dependa también el futuro del desarrollador) sino que, si el desarrollador demuestra su competencia, siempre podrá seguir trabajando para la organización, aunque sea en otro proyecto o iniciativa. En este sentido, el desarrollador siente que forma parte de una organización y no tanto de un proyecto o iniciativa concretas.

---

[89] ver el listado completo en
http://channel9.msdn.com/achievements/visualstudio

Por otro lado, la bolsa de trabajo común permite aplicar igualmente la teoría de "motivación sostenible" de Ka Wai Cheung ofreciendo a los desarrolladores alternativas para no caer en la desidia o el aburrimiento y, consecuentemente, la oportunidad de "estar cíclicamente expuestos a nuevos retos (que exijan lo mejor de ellos) así como a un continuo aprendizaje".

Programa 10 Fridays & NexT

El Programa 10 Fridays[90] así como el Programa NexT permiten impulsar la innovación entre los desarrolladores de la empresa, favoreciendo la creatividad y el desarrollo de sus propias ideas.

Ambos programas ofrecen a los desarrolladores la oportunidad de disponer de 10 viernes al año para trabajar en temas de su interés propuestos por el propio desarrollador, en lugar de trabajar en sus responsabilidades cotidianas dentro de la organización.

La diferencia entre el Programa 10 Fridays y el Programa NexT radica únicamente en las temáticas de los proyectos a proponer por los desarrolladores. Mientras que el Programa 10 Fridays son llamadas de temática completamente abierta, el Programa NexT generalmente se realiza en colaboración con alguna otra organización con vistas a resolver algunos de sus problemas más acuciantes.

El Programa 10 Fridays y el Programa NexT se focalizan principalmente en la necesidad de autorrealización de Maslow ofreciendo facilidades para que los desarrolladores de Telefónica I+D puedan trabajar en proyectos de su especial interés con vistas a sentirse plenos y autorrealizados como desarrolladores.

Los Programas 10 Fridays y NexT permiten igualmente explotar las teorías de creatividad de Paul Graham así como la de "motivación

---

[90] Este programa tuvo cierta repercusión en prensa como se puede ver en http://www.eleconomista.es/interstitial/volver/acierto/empresas-finanzas/noticias/3762007/02/12/Telefonica-ofrece-a-sus-ingenieros-diez-viernes-libres-para-crear-proyectos.html

sostenible" de Ka Wai Cheung, ofreciendo a los desarrolladores de la compañía tanto un "lienzo en blanco" como una oportunidad de trabajar en proyectos especialmente motivadores y atractivos para ellos.

Innovation Calls

Las Innovation Calls son una evolución de los programas 10 Fridays y NexT contemplando 3 llamadas cada año. El objetivo de las Innovation Calls no es tan exploratorio como los otros programas sino que persiguen resolver problemas concretos abarcando la parte no sólo técnica o tecnológica sino también de explotación o negocio. En este sentido, estas llamadas valoran especialmente la realización de propuestas por parte de equipos multidisciplinares (desarrolladores, diseñadores, investigadores, expertos de negocio, etc.) que permitan cubrir todos los planos del proyecto.

En este sentido, las Innovation Calls permiten aplicar y explotar las mismas necesidades que los programas 10 Fridays y NexT, aunque también las de la bolsa de trabajo (seguridad, afiliación y motivación sostenible), ofreciendo a los empleados de Telefónica I+D la oportunidad de labrarse nuevas oportunidades de trabajo de futuro.

DevCon

La DevCon es la conferencia de desarrolladores de Telefónica I+D. Esta conferencia permite reunir durante unos días a todos los desarrolladores de Telefónica I+D en un ambiente distendido aunque también formativo ya que los propios desarrolladores pueden proponer charlas a presentar en la conferencia.

La DevCon se focaliza principalmente en las necesidades de pertenencia o afiliación y reconocimiento o estima de Maslow, permitiendo a los desarrolladores no sólo tomar consciencia del grupo u organización del que forman parte (más allá de proyectos o iniciativas concretas) y entrar en contacto directo con otros compañeros de la organización, sino también compartir sus conocimientos con dicho grupo recibiendo reconocimiento y visibilidad en la organización por ello.

Por otro lado y dentro de la componente lúdica de la conferencia, la DevCon también permite aplicar técnicas de gamification o diversión, creando un ambiente agradable entre los miembros de la organización al margen del trabajo y urgencias cotidianas de los proyectos.

Hackathones

Las *hackathones* son encuentros de desarrollares de uno o dos días para desarrollar software de forma colaborativa.

Telefónica I+D organiza hackathones con temáticas internas para sus desarrolladores donde éstos pueden proponer la resolución de distintos problemas haciendo uso de los lenguajes y tecnologías que dominan, permitiéndoles de esta forma compartir experiencias y mejores prácticas, así como competir por ofrecer la solución más eficiente, original, novedosa, etc. Todo ello en un ambiente lúdico y distendido.

A grandes rasgos, las hackatones permiten cubrir las mismas necesidades que la DevCon anteriormente mencionada (afiliación, reconocimiento y mecánicas de juego o gamification principalmente).

Comunidades

Una Comunidad es un grupo de personas con intereses comunes en una tecnología, grupo de tecnologías o conocimiento a tener en cuenta en la organización, bien porque forme parte del abanico de tecnologías del plan tecnológico de la compañía o por tener un futuro prometedor.

El objetivo de las comunidades es mejorar los conocimientos de los desarrolladores en baso a un modelo de aprendizaje 70/20/10:

- 70% de auto-aprendizaje (*learning by doing*), apoyándose en los miembros de la comunidad con un conocimiento más avanzado sobre la temática de la misma. Se trata de usar las habilidades aprendidas en la vida real.

- 20% de aprendizaje colaborativo (*learning from others*), observando a aquellos que son buenos en algo, recibiendo feedback y recibiendo *mentoring* o *coaching*.
- 10% de formación y cursos externos (tanto presenciales como *e-learning*).

Las comunidades se focalizan principalmente sobre la necesidad de pertenencia o afiliación de Maslow, creando grupos de tamaño reducido generalmente de personas con intereses e inquietudes similares.

Conclusiones

Los aspectos motivacionales constituyen un elemento fundamental para el éxito de los proyectos de desarrollo software, fundamentalmente en el medio y largo plazo. En éste sentido, deben ser cuidadosamente tratados y cubiertos por las organizaciones en búsqueda de la máxima eficiencia como grupo así como individual de sus desarrolladores.

En este capítulo hemos repasado algunas de las teorías motivacionales más importantes aplicadas al mundo de desarrollo software y hemos presentado algunas de las iniciativas lanzadas en el contexto de una empresa como Telefónica I+D con vistas a aplicarlas en nuestro entorno de trabajo.

 Germán Toro del Valle (Cádiz, 1975) es Especialista Tecnológico en tecnologías semánticas en Telefónica I+D. Durante su vida profesional ha podido experimentar con múltiples tecnologías y lenguajes de programación en el desarrollo de soluciones tan variadas como sistemas de gestión de averías e incidencias, trabajo colaborativo, e-Health y, actualmente, el prometedor Open Web Device. Germán también ha representado a Telefónica I+D en múltiples proyectos europeos desarrollando tecnología especialmente novedosa o disruptiva.

servidor de notificaciones push de open web device

por Fernando Rodríguez Sela

y Guillermo López Leal

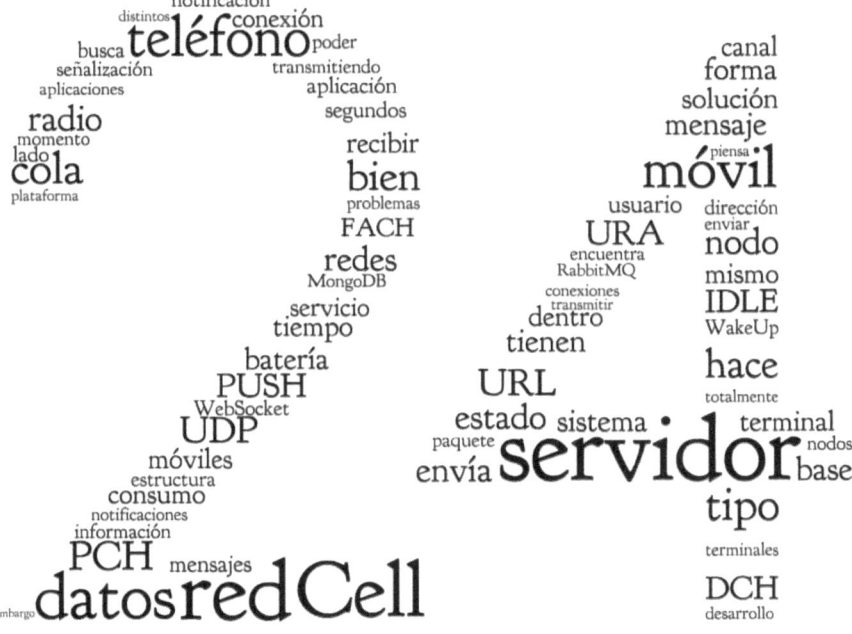

Notificaciones push y las redes móviles

El objetivo de este capítulo no es sólo explicar cómo hemos diseñado e implementado un sistema escalable para el envío de notificaciones push a terminales móviles, sino también cómo hemos hecho para que sea amigable con la red y con las baterías de los móviles. Recuerda que aunque ahora carguemos todos los días el móvil (y eso con suerte que nos dure un día), antes lo hacíamos cada varios, y nos gustaba más. Así que... ¡vamos a poner nuestro granito de arena para volver a esa época dorada!

Además también nos gustaría que te sirviera como base para reflexionar sobre cómo estás diseñando tus aplicaciones y cómo van a comportarse en un entorno de movilidad ya que las redes celulares funcionan de una forma completamente diferente a cómo funciona una red WiFi y el cómo diseñes tu aplicación afectará notablemente al consumo de batería, calidad de servicio de la red y un sin fin de problemas a nivel radio que, finalmente, repercutirá en tus usuarios.

Al finalizar la lectura del capítulo tendrás unos conocimientos básicos de cómo la red móvil establece conexiones radio para transmitir tus paquetes IP y el por qué es tan importante conocer esto para mejorar el rendimiento de tu aplicación.

Introducción

Hoy en día las aplicaciones móviles recuperan información de múltiples sitios y de manera asíncrona. Los desarrolladores tienen dos caminos para recuperar esta información:

- *Polling:* Periódicamente solicitar la información al servidor.
- *Push:* El servidor envía la información al cliente cuando está disponible.

El primer método está totalmente desaconsejado debido a la gran cantidad de conexiones que se realizan al servidor sin necesidad, ya que la información no está disponible y se pierde tiempo y recursos.

Es por ello que los métodos de recuperación de información de tipo push son ampliamente utilizados, sin embargo el cómo funciona actualmente este método hace que se haga un uso indebido de la radio móvil consumiendo gran cantidad de batería y recursos del usuario.

A continuación te explicaremos cómo se gestiona este tipo de mensajería en la actualidad, los problemas que tienen las actuales soluciones y finalmente cómo en Telefónica I+D, dentro del marco del desarrollo del sistema operativo Firefox OS[91], hemos diseñado una nueva solución más amigable con la red y con un bajo consumo de batería en los terminales móviles.

Estado del arte

Históricamente las operadoras móviles ofrecían (y ofrecen) mecanismos *reales* de notificaciones push, también conocidos como WAP push. La tecnología WAP push permite "despertar" las aplicaciones cuando se requiere alguna acción de las mismas por parte del lado servidor (sin interacción por parte del usuario). El envío de mensajes WAP push se realiza en el dominio de circuitos, el mismo utilizado para la voz y los mensajes cortos SMS, y es por ello que el usuario no necesita tener o establecer una conexión de datos para que este tipo de mensajes funcione correctamente.

La solución de WAP push funciona muy bien cuando el usuario se encuentra registrado en la red móvil, pero si se encuentra sin cobertura móvil no puede recibir este tipo de mensajes y si a esto le sumamos que los mensajes push conllevan un coste económico (básicamente se trata de un mensaje corto SMS) ha provocado que los grandes sistemas operativos para teléfonos inteligentes (iOS de Apple y Android de Google) hayan implementado una solución paralela que funcionase independientemente

---

[91] http://openwebdevice.com/

de la red móvil a la que pertenece el usuario y que pueda funcionar sin problemas cuando se encuentran utilizando redes WiFi.

Problemas de las soluciones actuales

Estas nuevas plataformas de mensajería push tienen una importante barrera que superar ya que los terminales móviles suelen encontrarse en redes privadas (no accesibles desde Internet) y cuya comunicación es gestionada a través de servidores NAT y firewalls que impiden el acceso directo al teléfono desde Internet.

Tanto Apple como Google han decidido mantener canales abiertos (conexiones) de forma permanente que obliga al teléfono a enviar pequeños paquetes de datos, conocidos como *keep-alive*, que no contienen nada de valor y sólo sirven para indicar que algún dato está atravesando la conexión para evitar que la conexión se cierre.

Esta solución tiene varios problemas:

- **Mantener conexiones abiertas:** los *routers* intermedios reducen notablemente el rendimiento, provocando grandes problemas de escalabilidad en las redes móviles. Piensa que en España podemos estar hablando de más de 15 millones de smartphones conectados a Internet.
- **Tormentas de señalización:** Las redes celulares utilizan gran cantidad de mensajes de señalización para poder gestionar la ubicación del terminal, su estado, establecer nuevas comunicaciones,... Cada vez que se envía un paquete de datos, se generan una serie de mensajes de señalización. Se produce un efecto de sobrecarga: hay más señalización que datos reales.

Así pues, estas soluciones no son válidas en un entorno de red móvil celular, ya que el funcionamiento de los *modem* radio que llevan los teléfonos están diseñados para bajar su consumo energético cuando no tienen nada que transmitir y se ven aún más empeorados cuando vemos que muchas aplicaciones (populares todas ellas) hacen sus propias conexiones sin utilizar las ofrecidas por los sistemas operativos con lo que están multiplicando los problemas por cada aplicación.

¿Qué sucede en la red móvil?

Para entender bien el problema, debemos tener en cuenta los distintos estados en los que puede estar el modem radio del terminal:

En la especificación de la 3GPP[92] podemos encontrar los diferentes estadios radio:

- Cell_DCH: El teléfono está transmitiendo o recibiendo datos usando un canal dedicado o un canal compartido HSPA. Los temporizadores de Cell_DCH son muy cortos, de manera que si no hay nada que transmitir o no estamos recibiendo datos durante los últimos segundos, el temporizador nos llevará a Cell_FACH. Este temporizador se conoce como T1 y puede variar entre 5 y 20 segundos.
- Cell_FACH: El teléfono ha estado transmitiendo o recibiendo datos hace unos segundos y debido a la inactividad (> T1) se ha movido a del estado Cell_DCH al estado Cell_FACH. Si la inactividad continua durante T2 segundos, RRM ordenará al teléfono a moverse al estado Cell_PCH, URA_PCH o Radio Idle. También es posible que el teléfono se encuentre transmitiendo o recibiendo pequeñas cantidades de datos, como pings, keep-alives, actualizaciones de celda... Normalmente el temporizador T2 es de alrededor de 30 segundos.
- Cell_PCH o URA_PCH (en estado 3G de PMM-CONNECTED): El teléfono ha estado en Cell_FACH hace unos segundos y debido a su inactividad (superior a T2) el RRM lo ha movido de Cell_FACH a Cell_PCH o URA_PCH. Sin embargo, la conexión de señalización permanece aún disponible a pesar de que no se van a enviar datos ahora. Se mantiene establecida de forma que si en cualquier momento necesita ser utilizada no se tenga que restablecer nuevamente.

---

[92] http://www.3gpp.org/

- Cell_PCH o URA_PCH (en estado 3G de PMM-IDLE): El teléfono no está transmitiendo datos y la conexión de señalización se ha borrado, de todas formas, el contexto PDP continúa activo, por tanto dispone de una dirección IP válida. Por esta razón es uno de los estados más interesantes dónde mantener un teléfono móvil el mayor tiempo posible ya que el consumo de batería es reducido pero su dirección IP se mantiene disponible para poder recibir información de la red. En este estado no se gastan recursos: ni de red, ni batería, tráfico… Aún así puede transmitir o recibir información en cualquier momento.

- Tan pronto como el enlace de datos necesite ser establecido, bien por el teléfono o bien por un servidor de la red, éste puede ser reestablecido cambiando el estado de la radio de Cell_PCH o URA_PCH a Cell_FACH o Cell_DCH. Este cambio lleva menos de medio segundo y consume muy poca señalización.

- RCC IDLE: Este caso es el mismo que el anterior con la salvedad que la radio está en modo Idle. Cuando el teléfono está en Cell_PCH o URA_PCH sin ninguna actividad durante más del tiempo establecido por T3, El RRM moverá a la radio de *_PCH a Idle. Reestablecer el enlace radio desde este estado puede llevar más de 2 segundos y muchísima señalización.

- RCC IDLE (en el estado 3G PMM-DETACHED): El teléfono no está transmitiendo datos y no hay establecida ninguna conexión de señalización y tampoco tiene abierto ningún contexto PDP. En este estado, el terminal no dispone de dirección IP. Si un teléfono tiene un contexto PDP, probablemente sea automáticamente cerrado después de unas 24 horas de no recibir ni transmitir información.

El consumo de batería en cada uno de estos estados es el que sigue:

- RRC Idle – 1 unidad relativa de consumo de batería.
- Cell_PCH – menos de 2 unidades relativas
- URA_PCH – menor que Cell_PCH en escenarios de movilidad e igual en escenarios dónde no hay movilidad
- Cell_FACH – 40 veces el consumo de IDLE.
- Cell_DCH – 100 veces el consumo de IDLE.

Como fácilmente se puede apreciar, las soluciones anteriormente comentadas y sus correspondientes mensajes de keep-alive evitan que el terminal pueda estar mucho tiempo en el estado IDLE de bajo consumo de batería.

La solución propuesta por Telefónica

Esta nueva solución, implementada y distribuida íntegramente con código abierto, define no sólo cómo el servidor de notificaciones se debe comunicar con los terminales, sino también los distintos APIs que se tienen que utilizar para comunicarse con el mismo.

Para despertar el teléfono, la plataforma de notificaciones se basa en una solución simple a la par de elegante:

- Sabemos que en el momento que el terminal móvil establece una conexión de datos estableciendo un contexto PDP, su dirección IP (ya sea pública o privada) es mantenida por los servidores de la operadora (GGSN[93]) y no por el terminal móvil, por lo que aunque este último entre en un modo de bajo consumo, su dirección IP no se pierde.

- Cuando el terminal se encuentra en IDLE pero con una conexión de datos establecida y la red tiene datos que enviarle (el GGSN ha recibido un paquete TCP o UDP para la IP del terminal) envía un mensaje de señalización conocido como *paging* utilizado para "despertar" al teléfono y sacarlo del modo IDLE. Este mensaje de paging es similar al utilizado por la red móvil para notificar al terminal que tiene que atender una llamada de circuitos (voz, SMS, ...)

- Aprovechándonos de este modo de funcionamiento, la única pieza que nos faltaba para terminar el puzzle era poder enviar un mensaje directo al teléfono, pero al estar dentro de la red móvil (con direccionamiento privado) era necesario tener un servidor dentro de cada una de las redes móviles.

---

[93] http://en.wikipedia.org/wiki/GPRS_core_network

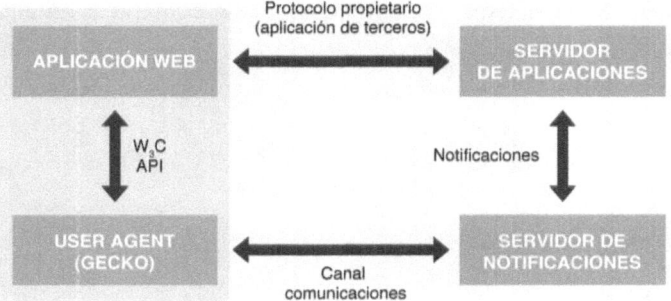

Figura 9: Arquitectura de la solución

Pues bien, esta solución utiliza precisamente esto: un servidor de *WakeUp* dentro de la red móvil que enviará un mensaje UDP a la IP del teléfono. El teléfono al recibir este mensaje será "despertado" por la red y procederá a conectarse al servidor de notificaciones utilizando la conexión basada en *WebSocket* para recuperar los mensajes pendientes.

Tecnologías software

Para el desarrollo de esta plataforma, teníamos que buscar un entorno que nos permitiera ser muy ágiles a los cambios a la vez que debería dar un rendimiento realmente alto debido a la cantidad de mensajes que se espera en un sistema de este tipo.

Después de estudiar varias alternativas nos hemos decantado por los siguientes pilares:

* **Node.JS** – Todo el código del servidor está escrito en JavaScript y se ejecuta sobre el motor V8 de Google Chrome. Es JavaScript en el lado del servidor.
* **RabbitMQ** – Ya que queríamos hacer un sistema escalable, un factor importante es que cada pieza del rompecabezas pueda ser replicada

de forma totalmente transparente e independiente hacia el resto, es por ello que cada nodo está totalmente desacoplado del resto y utilizamos un sistema de mensajería para la comunicación entre cada una de estas piezas.

- **MongoDB** – Al final los terminales, las aplicaciones registradas y los mensajes tienen que almacenarse en algún lado, así que pensamos que por el tipo de servicio un sistema No-SQL era la mejor opción.

Cada uno de los nodos

Como ya comentamos, los distintos nodos que forman parte de la plataforma de push están totalmente desacoplados del resto. A lo largo de los siguientes párrafos, os presentamos y os explicamos cada uno de los actores implicados.

- WA – Se refiere a la aplicación que se ejecuta en el móvil. Viene de *WebApp*.
- UA – Se refiere al terminal móvil y/o sistema operativo del mismo. Viene de *User Agent*.
- AS – Se refiere al servidor de aplicaciones que da servicio a la WA. Viene de *Application Server* y es totalmente ajeno a nuestra plataforma.
- WS – Se refiere a WebSocket.

NS-UA-WS

Este nodo es el encargado de dar servicio a los distintos terminales que se quieran registrar a la plataforma de push.

A través del canal de WebSocket, un terminal podrá registrarse a sí mismo y aplicaciones, eliminar registros, actualizar la información de localización del mismo (IP, MCC, MNC) así como recibir las notificaciones que vengan del servidor de push.

Su funcionamiento se basa en los siguientes aspectos básicos:

- Por un lado, para cada terminal que se registre, así como para cada aplicación, será almacenada en la base de datos MongoDB.
- Además, el nodo creará una cola en el RabbitMQ por la que recibirá las notificaciones que tiene que entregar a los clientes que tiene conectados por WebSocket.
- Cada vez que se reciba un mensaje por la cola, el servicio la enviará por el canal WebSocket correspondiente al terminal destino.

NS-UA-UDP

Este nodo realiza una tarea más sencilla que el NS-UA-WS ya que se encarga de crear una cola (llamada de forma genérica UDP) que recibirá mensajes desde el NS-Monitor, los cuales son leídos y parseados por este nodo, que comprueba el servidor de WakeUp al que tiene que enviar la notificación para que despierte al teléfono. No recibe ninguna conexión entrante (no expone ningún puerto ni API), sino que sólo escucha mensajes para realizar acciones desde la cola.

NS-AS

Es el servidor que da servicio a aplicaciones de terceros ubicadas en internet. Es el que recibe las notificaciones que se entregarán a los dispositivos (*UATokens*) relacionados con la URL a la que se ha enviado la notificación.

Dicha notificación es tan sencilla como realizar un POST HTTP a una URL determinada (la habrá dado la aplicación al servidor de terceros), con una estructura JSON determinada y debidamente firmada (lo usamos para comprobar el origen de dicha notificación, para prevenir ataques DDoS y no sobrecargar la red móvil).

Por ejemplo, si nuestra aplicación nos ha dado la URL `https://push.telefonica.es/notify/31387b27716acb88d336cda8858`, simplemente tendremos que hacer un POST con el mensaje con la siguiente estructura:

```
{ "messageType": "notification",
```

```
"id": un identificar único para nuestro servicio,

"message": datos reales para la app: puede ser un texto,
o cualquier estructura de datos que quepa en un JSON:
cifrada, sin cifrar, plano, objeto... mientras sea
serializable,

"signature": firma de "message" con la clave privada,

"ttl": tiempo en que la notificación será eliminada y
descartada (segundos sobre EPOCH),

"timestamp": momento en que enviamos la notificación
(segundos sobre EPOCH),

"priority": 1 (más prioritaria) - 4 (menos prioritaria)

}
```

Si este servidor acepta la notificación (que esté bien formada y firmada, el tiempo de vida es correcto…), se introduce en el sistema y eventualmente se entregará el teléfono: en el menor tiempo posible si está conectado o bien en el primer momento que se vuelva a registrar.

La introducción en el sistema se realiza de doble manera:

1. Se introduce en la base de datos MongoDB para mantener persistencia. Añadiendo la URL de donde procede (la URL usada para hacer POST), y un atributo interno que usaremos para identificar el mensaje y poder eliminarlo en un futuro.
2. Se manda un mensaje a la cola newMessages, indicando que hay una nueva notificación que debe ser procesada. Esto lo hace el NS-Monitor.

NS-Monitor

Es una de las piezas clave de nuestro sistema, ya que se encarga de escuchar la mayoría de las colas creadas, y es el responsable de enrutar los mensajes.

Esta entidad escucha la cola `newMessages`, la cual informa de que ha llegado un nuevo mensaje para un `appToken` (URL) en concreto y con el mensaje determinado. Una vez leído el mensaje, se busca la aplicación, que contiene todos los nodos, y para cada nodo, se busca la cola que debería enviar el mensaje, en la cual se publica este nuevo mensaje.

NS-WakeUp

Es probablemente el servidor más sencillo de todo el sistema, pero el que hace que la solución se caracterice por un uso muy bajo de batería y de recursos de red. Sin embargo, es el componente más crítico del sistema, y es porque está dentro de la red móvil. Dicho de otra manera: tiene acceso a los teléfonos móviles puesto que está en su propia red. Piensa en él como en otro móvil dentro de la red, pero con características especiales.

Pero, ¿qué hace que sea especial? Pues que tiene doble personalidad: tiene acceso a la red privada de la operadora a la vez que es accesible por la red de Internodo desde nuestro servidor central de Push, lo que nos permite que tenga el comportamiento peculiar que te explicaremos ahora.

Básicamente expone un API HTTP, el cual es básicamente hacer una petición GET pasando como parámetros una IP y un puerto. Este servidor simplemente traduce dicha `ip:puerto` en un paquete UDP que usamos como ping para despertar el dispositivo, y es aquí donde la magia sucede…

Flujo completo

Así que ahora que conoces todos los miembros del grupo, nos queda hacer la foto de familia, y por tanto conocer el flujo de un mensaje desde que se envía desde el servidor de terceros hasta que llega a la aplicación final en el teléfono.

1. El servidor de terceros envía un POST a la URL que le haya devuelto su aplicación, con un JSON determinado, como se explicaba anteriormente.

2. El NS-AS comprueba si el JSON está correctamente firmado y formado, y si es cierto, lo introduce en el sistema. En cualquier otro caso, rechaza la notificación.

3. El NS-AS manda introducir la notificación en la BBDD y en la cola `newMessages`.

4. El NS-Monitor escucha la cola `newMessages` y recupera la notificación enviada, buscando la aplicación determinada y los nodos que deberían recibir la notificación.

5. Por cada nodo, busca su información (principalmente su cola y si está conectado) y se envía a las colas determinadas.

6. Ahora hay dos caminos diferentes según la cola a la que se ha enviado:

   a. Si la cola es de un servidor de WebSocket (NS-UA-WS), quiere decir que el cliente está conectado. Se busca la conexión, y se le envía el mensaje.

   b. Si la cola es de un servidor UDP (la cola UDP):

      i. Lo escucha el NS-UA-UDP, que buscará el nodo en la base de datos, mirará cuál es su servidor de WakeUp y mandará una petición GET al NS-WakeUp.

      ii. Este servidor de WakeUp mandará un pequeño paquete UDP en forma de ping al teléfono, que será despertado por la red, recibirá el paquete y sabrá que tiene que conectarse para recoger notificaciones.

      iii. El teléfono abre una conexión WebSocket con el servidor de notificaciones, en la cual, en la respuesta, recibirá un array con todas las notificaciones que tiene guardadas en la base de datos para él.

7. Una vez recibida las notificaciones (ya sea mediante el canal WebSocket abierto, o el que se haya tenido que abrir), se manda un ACK de recepción al servidor para que pueda eliminar la notificación y no se mande en un futuro para ahorrar ancho de banda.

Lecciones aprendidas

Obviamente, durante el desarrollo hemos encontrado cosas que no habíamos planeado, básicamente porque era la primera vez que los implicados en el desarrollo trabajábamos con estas tecnologías, por lo que siempre pueden aparecer sorpresas e información que no está documentada y que podría echar al traste nuestro trabajo.

Déjanos explicarte antes lo que hemos encontrado en estas piezas de tecnología.

Node.JS

Necesitas cambiar el "chip", sobre todo si vienes de un desarrollo de *backend*, acostumbrado a trabajar de una forma muy lineal y estructurada, ya que JavaScript está basando en eventos y *callbacks*: úsalos y aprovéchate de ellos, piensa como lo que son: elementos diferenciales del lenguaje. Node.js es no bloqueante, orientado a eventos y con un montón de librerías, por lo que deberías aprovecharlo. No reinventes la rueda, busca si alguien la creó por ti.

MongoDB

Aviso: si recuerdas algo de SQL, de la estructura lógica de las tablas, y de normalización: olvídalo para MongoDB.

Lo que tuvimos que hacer fue curioso: olvidar SQL. MongoDB no tiene una sintaxis SQL y probablemente rompa las reglas ACID que suelen tener otras RDBMS, al igual que una estructura libre y sin esquemas predefinidos. Así que piensa mil y una maneras de organizar tu BBDD, y… ¡no importa si duplicas los datos! Suele ser más importante ser rápido en las respuestas, consultas e inserciones teniendo que gastar más espacio, a ser lento (das peor servicio) y tener una BBDD impoluta.

Pon todo en RAM y en el caso de que no tengas suficiente dinero para hacerlo, piensa en que igual es interesante crear bases de datos en equipos montados con discos SSD, más caros que los HD magnéticos, pero mucho más rápidos y con una latencia muy baja.

MongoDB tiene varias opciones disponibles para poder tener alta disponibilidad y escalabilidad, desde *ReplicaSet* hasta *Sharding*. Mientras que el ReplicaSet es fácil de montar (con tres máquinas te vale), lo más interesante es crear un sharding, que es autobalanceado y permite hacer consultas más rápidas, para lo cual tendrás que identificar y crear una buena clave de sharding que es la que envía datos y hace consultas llamando sólo a algunas máquinas y no a todas.

Los JOINs son caros. Muy caros. Intenta olvidarte de ellos. Y si para ellos tiene que ser a expensas de cargarte el estilo ACID, hazlo. ¿No estás usando ya una BBDD que no es relacional? No pasa nada por darle una vuelta más de tuerca.

RabbitMQ

RabbitMQ es un sistema de colas muy potente y muy versátil. Y está escrito en lenguajes funcionales, esos que se ven de pasada en la carrera pero que cada vez se están imponiendo más frente a lenguajes más tradicionales.

Sin embargo, RabbitMQ tiene que ser bien configurado para que rinda de forma excelente: elige tu mejor opción de entrega de mensajes, usa los *topics* (suscripciones a temas), prueba, juega, diviértete y encuentra la mejor solución.

Además, te recomendamos que en vez de realizar sólo una sola conexión con RabbitMQ, hagas varias en cada proceso, y en diferentes momentos (espera milisegundos), porque hay problemas con conexiones concurrentes muy rápidas.

Conclusión

No temas investigar. Pégate con la tecnología. Invierte tiempo en cosas que, probablemente, vayan a mejorar lo que tú tienes montado. Haz pruebas, falla y vuelve a intentarlo. Pregunta a gente que sepas que ha estado trabajando con estas tecnologías.

Y sobre todo, piensa a lo grande.

 Fernando Rodríguez Sela (Avilés, 1975) es Especialista Tecnológico en Telefónica I+D. Ha dedicado su vida profesional a la Investigación y Desarrollo en las áreas de redes móviles, terminales y sistemas operativos abiertos para móviles, sistemas financieros en móviles y actualmente en el desarrollo del sistema operativo FirefoxOS. Tiene experiencia en sistemas móviles, administración de sistemas UNIX y desarrollo de sistemas. Además ha impartido clases como profesor del departamento de Ingenierías TIC de la Universidad Alfonso X el Sabio y actualmente es profesor del master orientado a los modelos y arquitecturas software de desarrollo para móviles de la citada Universidad.

 Guillermo López (Aranda de Duero, 1988) es becario de Telefónica I+D en la iniciativa Open Web Device. Se ha dedicado a vagar por el mundo de internet desde su tierna juventud, gastando su tiempo en colaborar con Mozilla y en seguir aprendiendo tecnologías de todo tipo por diversión. Casi-ingeniero informático, cree que el futuro de todo y de todos está en la web.

entendiendo y gestionando el desarrollo de software

por Rubén González Blanco

¿Es la industria de desarrollo de software una industria fallida?

A pesar de los avances tecnológicos, tanto en hardware como en software, año tras año el *CHAOS Report de Standish Group*[94] (años 2000-2008) nos muestra el mismo tipo de resultados:

- Sólo entre el 28% y el 32% de los proyectos software se entregan a tiempo, cumpliendo con el presupuesto y funcionalidad requerida.
- Entre el 44% y el 53% de los proyectos entregan software de una forma deficiente: fuera de fecha, sobrepasando el presupuesto asignado, sin la calidad requerida o no entregando toda la funcionalidad especificada.
- Entre el 15 % y el 24% de los proyectos son sistemáticamente cancelados.

Es decir, se puede afirmar que aproximadamente el 70% de los proyectos de desarrollo de software son considerados insatisfactorios en distintos grados de insatisfacción (desde cancelados a deficientes en algunos de sus aspectos).[95]

¿A qué se debe tanto fallo y deficiencia en los proyectos de desarrollo de software? ¿No se supone que tenemos muy buenos cerebros trabajando en este sector?

Siempre que se analiza y se mide una actividad, hay que tener en cuenta la naturaleza de dicha actividad. Habría que definir qué es exactamente no entregar a tiempo o no cumplir con la funcionalidad especificada. Por ejemplo: ¿Qué ocurre si la funcionalidad especificada no se puede realizar mediante software debido a limitaciones tecnológicas? ¿Qué pasaría si no se tuviera la certidumbre de que la funcionalidad esté bien especificada? ¿No podría ser que el software necesite ser especificado a posteriori en lugar de a priori? ¿Y si las medidas del tipo de Standish

---

[94] http://blog.standishgroup.com/
[95] Hay un conocido chiste al respecto de la gestión de proyectos que podéis encontrar aquí: http://hermandaddelmetal.files.wordpress.com/2012/04/proyectos.jpg

Group estuviesen basadas en asumir que el desarrollo de software es predecible y sistematizable? ¿Y si resultase que no lo es?

Quizás entonces, sólo el 30% de los proyectos (los que no son fallidos según el estudio de Standish) sean sistematizables y predecibles. El resto, aproximadamente el 70%, quizás no lo sean, y por tanto no sería justo decir que son proyectos fallidos porque no cumplen con las expectativas definidas a priori. Lamentablemente, la mayoría de las empresas trabajan con modelos predictivos del desarrollo de software, modelos que generan una alta insatisfacción como la que se describe en los informes de Standish.

En mi humilde opinión, muchos de los problemas a los que se enfrentan los proyectos de desarrollo de software (malas estimaciones, plazos fallidos, funcionalidad no entregada, software de mala calidad, horas extras, etc.) creo que se deben a que la naturaleza real de desarrollo de software no suele ser bien comprendida por las personas que participan, gestionan y ejecutan el proyecto de desarrollo software. Se tiende, *sin querer*, a intentar sistematizar el desarrollo de software con el fin de hacerlo predecible, cuando precisamente es todo lo contrario: es incierto y complejo. Si se fijan expectativas en entornos inciertos y complejos, como es el caso de los proyectos de desarrollo software, es fácil que no se cumplan.

El desarrollo de software es incierto y complejo

La incertidumbre en un sistema o entorno, entendida como la falta de un modelo que nos permita predecir el comportamiento de un sistema, está directamente relacionada con la existencia de dinámicas complejas, la interpretación subjetiva y la ambigüedad en el entendimiento de la información acerca del sistema.

Si algo tiene el software son dinámicas complejas, las cuales son una de las principales fuentes de la incertidumbre en el desarrollo del mismo. Desde los años 70, la capacidad de cómputo es muy superior al cerebro humano consciente, tanto en volumen como en velocidad de cómputo. Dicha capacidad ha crecido exponencialmente durante los últimos 40 años. Año tras año, hemos ido creando máquinas más potentes y complejas. Según las observaciones de George Moore[96], transformadas en la Ley de Moore , el número de transistores de una CPU se duplica cada dos años y, por tanto, también lo hace su potencia de cómputo.

Para manejar la complejidad de las máquinas se han creado sistemas operativos y lenguajes de programación de alto nivel que abstraen la complejidad del computador, estableciendo modelos representacionales o abstractos de la máquina que simplifican la tarea de programación de la misma. Pero aun así, los programas tienen una dimensión temporal de ejecución, que hace que sea muy difícil para un cerebro humano predecir a priori el resultado de la ejecución de un programa o sistema software, especialmente cuando el problema a resolver es complejo y/o existen múltiples interacciones del software con humanos y/u otros sistemas, cada uno de ellos con su dimensión temporal de ejecución (a mucha velocidad) y estado con múltiples variables.

Un computador es en el fondo una máquina matemática y lógica, por tanto, predecible a priori. Sin embargo, la velocidad y paralelismo a la que ocurren sus procesos, junto con el volumen tanto de instrucciones como de datos procesados hace que para un cerebro humano sea muy difícil, poco práctico e incluso inviable, predecir su comportamiento cuando ejecuta programas. Nuestro cerebro podría repetir uno a uno los pasos que realiza la máquina, pero no sería práctico cuando hay mucho volumen de instrucciones, interacciones y velocidad de ejecución. Al final, lo más práctico es ejecutar el programa, observar los resultados de su ejecución y evaluar si el comportamiento es el esperado.

Siempre que los humanos se enfrentan a problemas en entornos con dinámicas complejas, como es el caso del desarrollo software, es necesario intercambiar conocimiento e interpretar información de una forma creativa, tanto del problema a resolver como de sus posibles soluciones. Por un lado, las interpretaciones de los humanos suelen ser subjetivas, basadas en su conocimiento y experiencia. Por otro, en muchas ocasiones las fuentes de información acerca del problema a resolver o su solución son ambiguas. Todo ello son causas de incertidumbre.

---

[96] http://en.wikipedia.org/wiki/Moore's_law

314

Para complicar aún más la situación de incertidumbre, a mayor número de humanos en un entorno de complejidad alta (el caso del software), donde es necesario alto conocimiento, interpretación de información y aplicar creatividad, mayores son las posibilidades de tener una alta incertidumbre. Esta situación podría explicar por qué los proyectos software, cuanto más grandes en número de personas, mayor probabilidad de fallo *a la Standish*. Proyectos por encima de 10M$ de coste de personal, tienen una probabilidad de fallo del 98%, entre 3M$ y 750K$ tienen una probabilidad de fallo de 62%. Mientras que proyectos por debajo de 750K$ (un equipo de aproximadamente 6-7 personas/año) tienen la mayor probabilidad de éxito según los criterios de Standish" (un 62%).

Durante muchos años y aún en la actualidad, el desarrollo de software se ha entendido como un proceso que ocurre después de que haya una especificación o definición de dicho software, primero a nivel de usuario o externo (*Use Cases*, *User Experience*), luego a nivel interno (arquitectura, análisis y diseño del software) y finalmente la construcción o síntesis del software que viene dirigida por la definición previa. Esta construcción incluye la programación, *testing* y despliegue del software.

Este modelo *waterfall* que está presente en la mente de muchas personas, asume que el software puede ser definido y planificado a priori. Pero como hemos visto, la complejidad e incertidumbre hace que sea muy difícil disponer de un modelo predictivo tanto del proceso de desarrollo como del sistema software. Lo normal es que un plan no se cumpla o que una especificación no se entregue o que una arquitectura definida a priori no funcione, tal como muestran los informes de Standish.

En mi experiencia, solo hay una circunstancia en la que el desarrollo de software se puede predecir, por tanto, estimar con cierta precisión: cuando se trata de desarrollar un sistema que se ha construido previamente varias veces por el mismo equipo y en un contexto similar. Es decir, cuando el equipo de desarrollo tiene experiencia previa en el problema, en su solución y en haber trabajado e interaccionado juntos. Pequeños cambios en el contexto de un proyecto alteran sustancialmente su probabilidad de éxito *a la Standish,* incluso aunque se siga el mismo proceso, plan o la misma arquitectura.

La principal dificultad en el desarrollo de software es que la incertidumbre está presente a la vez en varias mentes que tratan de resolver varias variables esenciales que se combinan entre sí: la definición del software o *what,* junto con su realización o *how,* ambas desde un punto de vista externo o del usuario y desde un punto de vista interno o de implementación tecnológica. Todo ello combinando aspectos estructurales y de comportamiento en el tiempo. Todas estas variables *what-how,* externo-interno, estructura-comportamiento han de ser descubiertas concurrentemente y en cualquier orden durante el proceso de creación del software, lo cual hace que todo el proceso sea complejo e incierto.

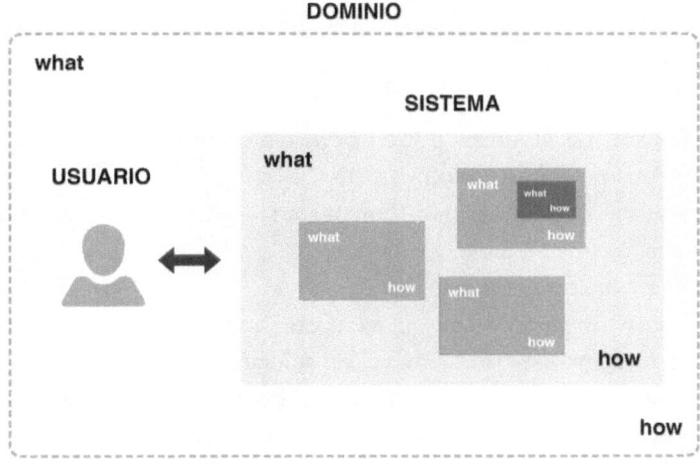

Figura 10: Múltiples niveles de detalle what-how en un sistema software

Afortunadamente, tras múltiples intentos de crear modelos predictivos, procesos y prácticas sistemáticas para la creación del software, la industria ha empezado a entender que el desarrollo de software necesita ser gestionado de una forma adaptativa en lugar de predictiva (de esto van los métodos iterativos y prácticas ágiles). En lugar de tratar de describir un método o receta para gestionar adaptativamente la incertidumbre en el software (¿es posible?), vamos a tratar de radiografiar de una forma sencilla lo que ocurre realmente durante el desarrollo de un sistema software, muchas veces de una forma tácita, otras veces de forma explícita (definido por un método). Se trata de conocer a qué nos enfrentamos y a partir de ahí poder ver cómo actuar.

Una radiografía del desarrollo de software: Ciclos de Intención – Realización

Probablemente y sin saberlo, los programadores llevan aplicando métodos de gestión adaptativa de la incertidumbre desde siempre.

En general, todos los métodos de gestión adaptativa para la creación de sistemas en entornos con alta incertidumbre sobre el problema a resolver y su solución (el sistema), se basan en ejecutar ciclos Intención-Realización del estilo:

1. Definición de hipótesis o intención, tanto sobre el problema como sobre una posible solución.
2. Síntesis de la solución para obtener una realización del sistema que sea evaluable o medible.
3. Evaluar y medir la realización.
4. En base al *feedback* de 3, verificar que las hipótesis sobre el entendimiento del problema y su solución son correctas, y si no, plantear un nuevo ciclo Intención-Realización hasta que el problema y su solución emerjan (o no) en forma de sistema.

En el desarrollo de software estos ciclos de Intención-Realización ocurren a diferentes niveles, puntos de vista, dimensiones y espacios de tiempo:

- A nivel de programador, de varios programadores, sub-equipos, equipos, *product owners* y *stakeholders*.

- Desde un punto de vista externo o del usuario y a nivel interno o de realización tecnológica.
- En la dimensión estructural y de comportamiento del sistema a lo largo del tiempo.
- En diferentes espacios de tiempo: segundos, horas, días, meses.

Figura 11: Los ciclos de Intención-Realización

A nivel de un programador software, dichos ciclos de Intención-Realización ocurren continuamente durante la programación y duran desde segundos hasta horas. El desarrollador tiene una idea o intención que codifica en un lenguaje de programación, compila y ejecuta para testear y validar que funciona como se espera. En estos ciclos de Intención-Realización, la compilación puede fallar, el test puede fallar, pero también, aunque el resultado funcione como se espera, la forma en la que está codificado, o el funcionamiento dinámico del software en ejecución puede ser susceptible de mejorarse. No sólo se trata de que el software se ejecute y cumpla con lo esperado en cuanto funcionamiento, sino que la forma en la que está escrito y ejecuta cierta funcionalidad también importa. Es una cuestión del diseño de la estructura del código y de su comportamiento temporal en ejecución, y es aquí donde se aplican prácticas y paradigmas de desarrollo de software.

En cierto modo el proceso de programación de una computadora, si tuviese que compararse con alguna de las disciplinas existentes, es bastante parecido al proceso de composición musical. Un compositor necesita tocar o sintetizar la música en la dimensión tiempo para asegurar que lo que está componiendo es de su agrado (vía el sentido del oído).

En el software ocurre exactamente lo mismo: un programador necesita programar y ejecutar en la dimensión del tiempo el programa, para asegurar que funciona como espera y desea. En lugar de percibir el funcionamiento de un programa por los sentidos, como ocurre con la música, la percepción del comportamiento y estructura del software es más sutil. Requiere realizar pruebas de ejecución con la máquina y el software, revisar cómo está escrito y estructurado el código, y sobre todo, entender su funcionamiento temporal con la mente. Por eso no está al alcance de todo el mundo entender de software. Requiere conocer las dinámicas de la máquina, de los lenguajes, tecnologías y paradigmas de programación, para poder apreciar mentalmente la forma en la que se realiza el software.

A nivel de equipo los ciclos de Intención-Realización ocurren también a varios niveles y duraciones temporales, normalmente entre horas y días. Cada miembro del equipo ejecuta sus propios ciclos de Intención-Realización. Varios miembros de un equipo integran sus diferentes realizaciones software, generándose ciclos de Intención-Realización entre varios programadores, que requieren de test de integración para verificar que las diferentes partes del sistema funcionan como se esperan en su conjunto. Para que todas las partes de un software encajen y funcionen en su conjunto como un todo es necesario, lo que se suele llamar una "arquitectura", que no es más que un conjunto de decisiones clave de diseño y sus realizaciones en forma de software base. La arquitectura software proporciona un marco común e integridad conceptual al desarrollo del sistema, para que el trabajo de todos los programadores pueda funcionar como un todo (la arquitectura del software daría para otro capítulo).

Siguiendo con la comparativa de la música, un equipo de desarrollo sería como una banda de jazz, donde cada músico interpreta una melodía encima de una armonía o base musical que alguien previamente ha compuesto. Esa armonía proporciona una estructura, integridad y base temporal musical que permite que las interpretaciones de los distintos componentes de la banda suenen bien. La arquitectura del software sería entonces equivalente a la armonía musical. La diferencia con el Jazz es que la arquitectura del software también se "compone" durante el propio proceso del desarrollo de software y forma parte también de los ciclos de Intención-Realización en las dimensiones internas del sistema en cuanto su estructura y comportamiento.

A nivel del *product owner* (entendido como aquel que especifica o define el software desde el punto de vista del usuario), también existen los ciclos de Intención-Realización, los cuales suelen durar días, semanas y hasta meses (cuanto más largos, peor). Un *product owner* parte de una definición intencional de cómo tiene que funcionar el software desde el punto de vista del usuario y *stakeholders* (o interesados). Normalmente describe las características del sistema y su dimensión temporal de ejecución respecto a sus usuarios (*what-how* de nuevo).

Tras varios ciclos de integración del trabajo de los programadores, con sus correspondientes tests de integración se van componiendo versiones completas o *working software* del sistema, las cuales cumplen las características y el funcionamiento definido por el *product owner*. Esas versiones completas del sistema software se evalúan mediante test de sistema, que también hay que diseñar y ejecutar (por ingenieros de calidad software). Con todo ello, se tiene una realización de la intención del *product owner* en forma de *working software* que se puede desplegar y ejecutar para validarla desde el punto de vista de un usuario y de los *stakeholders*. En esa validación, además del *product owner*, suelen intervenir los usuarios finales del sistema. Si el funcionamiento del sistema no es como se espera, se ejecuta un nuevo ciclo de Intención-Realización, hasta que el *what-how* del *product owner* emerge.

A nivel de "arquitectura" del sistema, también es necesario ejecutar ciclos de Intención-Realización, para descubrir el *what-how* de la base software que proporciona integridad al desarrollo del sistema. Esto ocurre como una parte más del desarrollo de software, y dicha arquitectura está sujeta también a evaluación y validación. En este caso, no sólo mediante testing, sino también mediante revisiones acerca del diseño, efectividad y funcionamiento de la misma.

En la evolución de los ciclos de Intención-Realización se suelen mezclar, consciente o inconscientemente, dos tipos de desarrollo:

- Desarrollo iterativo: cuando se tiene que descubrir, evolucionar y enriquecer el *what-how*.
- Desarrollo incremental: cuando ya se ha descubierto el *what-how* y se construye y entrega (*release*) por partes.

Se puede decir que el desarrollo de software es iteratimental = iterativo + incremental[97].

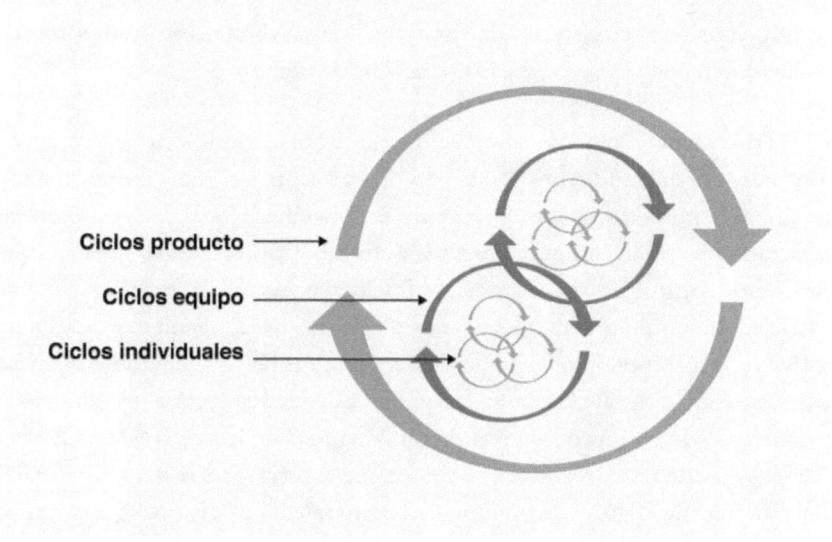

Figura 12: Los ciclos de Intención-Realización a múltiples niveles

---

[97] http://www.agileproductdesign.com/blog/dont_know_what_i_want.html

Todos los ciclos de Intención-Realización anteriores, no ocurren solo por capas (programador, integrador, tester, *product owner*), sino de una forma entrelazada y concurrente en la mente de las personas que trabajan en el desarrollo de software. Esas personas colaboran e intercambian información para conseguir descubrir el *what-how* a múltiples niveles, y precisamente dicha concurrencia, intercambios de información y entrelazamientos entre personas, hace que el desarrollo de software sea tan complicado de gestionar y de hacer converger. En equipos pequeños la interacción entre *product owner* , programadores y testers suele ocurrir continuamente, cada uno tratando de descubrir sus *what-how*. Una buena práctica, es que esos equipos pequeños funcionen como una pequeña unidad que tenga por misión definir-construir-testear una parte del software en sus múltiples dimensiones *what-how*.

Gestionando la incertidumbre

Dada la idiosincrasia de su naturaleza cada vez que se intenta regular el desarrollo de software mediante procesos y metodologías, no siempre se consigue y se genera mucha insatisfacción, no solo en cuanto a resultados, sino entre los participantes (sobre todo entre los programadores) al sentirse encorsetados en sus ciclos de Intención-Realización. En los últimos años, han surgido varios métodos y prácticas ágiles para ayudar en este propósito, pero lamentablemente la forma en la que se han definido algunos métodos "agiles" y peor aún, cómo se han aplicado por algunas compañías, han degenerado de nuevo en procedimientos de trabajo sistemáticos, que dificultan, a la práctica, el desarrollo de software.

En el fondo, se trata de gestionar y hacer converger el trabajo de varios creativos con alto conocimiento como son las personas que trabajan en el desarrollo de software, en especial los buenos programadores, que se deberían entender como los artistas que crean experiencias digitales en las computadoras (son los compositores musicales). Todo el proceso de creación de software debería estar orientado a cultivar el sistema software en sus múltiples dimensiones y variables (*what-how*, interno-externo, estructura-comportamiento), mediante ciclos de Intención-Realización que hagan emerger el sistema deseado tanto a nivel del usuario, como a nivel de implementación.

No existe ninguna receta mágica, ni una solución definitiva, simplemente ideas y conceptos que se pueden tener en cuenta. Como decía Fred Brooks: *"There is no silver bullet"*[98].

Sobre el desarrollo de software:

- El desarrollo de software es incierto y complejo.
- El desarrollo de software se basa en la creatividad y procesos mentales de transformación de conocimiento que realizan humanos acerca del what-how del sistema, tanto desde un punto de vista externo como desde uno interno al sistema, considerando a la vez dimensiones estructurales y de comportamiento temporal.
- Tanto la funcionalidad como la arquitectura del software emergen. Hay que evitar *BUFDS: Big Up Front Designs and Specifications*[99].
- La única medida de progreso es el *working software*, todo lo demás puede ser útil, pero es colateral.
- Los planes, fechas, definiciones de producto, diseños de experiencia del usuario y arquitecturas han de ser intencionales. Hasta que no hay síntesis en forma de *working software* no se puede asegurar que sean los adecuados.
- En el desarrollo de software existen múltiples ciclos de intención-realización a diferentes niveles y en momentos del tiempo. Cuanto más cortos sean los ciclos Intención-Realización, más rápido se puede hacer converger el software hacia la solución esperada o detectar si se desvía de ella.
- Los ciclos y síntesis del software deberían estar dirigidos y priorizados por el valor que genera el *working software* para los usuarios y *stakeholders* del proyecto.
- Es esencial disponer de buenos creativos de software, en especial de buenos programadores. Estos son los que terminan marcando la diferencia en los resultados.

[98] http://es.wikipedia.org/wiki/No_hay_balas_de_plata
[99] http://en.wikipedia.org/wiki/Big_Design_Up_Front

- Todas las personas que trabajan en un proyecto/producto software deberían entender el desarrollo software y su idiosincrasia. Muchas de las expectativas de los *stakeholders* no se cumplen porque se fijan a priori sin conocer la naturaleza real del desarrollo del software.

- Los equipos de trabajo deberían ser pequeños, alrededor de 5-7 personas. Si el proyecto de desarrollo es grande se debería dividir en sub-equipos.

- Hay que mantener a raya la complejidad accidental, entendida ésta como aquella complejidad que añaden los humanos cuando tratan de buscar soluciones a la complejidad inherente del problema a resolver. En el desarrollo de software se suele manifestar en forma de diseños, arquitecturas software, librerías, *frameworks*, organizaciones y procesos.

- Adaptar los métodos y prácticas existentes en la industria al equipo, no al revés.

Sobre cómo gestionar la incertidumbre en el desarrollo de software para llegar a tener una *release* (versión que se entrega al usuario/*stakeholders*) en una fecha fijada a priori (ya que vivimos en entornos empresariales que demandan predictibilidad):

- Limitar los objetivos del software: Cuantos menos objetivos a cumplir (características, especificaciones, arquitectura) tenga el software, más fácil es hacer que converja y llegar a una solución en fecha. Es evidente, pero es fácil olvidarlo. Hay que saber escoger y priorizar lo que es verdaderamente importante y qué da valor para el usuario y los *stakeholders*, y qué además, es sintetizable como software en el período de tiempo que hay hasta la fecha de la *release*.

- Evitar comprometerse demasiado pronto con el contenido de una release. Mantener abierto el contenido de la release hasta que se tenga una idea clara del what-how. Usar las iteraciones para descubrirlo. Una vez descubierto el *what-how*, usar el desarrollo incremental.

- Añadir iterativamente e incrementalmente calidad a las características del software. Disponer de una base de *working software* que funcione cuanto antes para, ciclo tras ciclo, refinar su calidad y funcionamiento. Se trata de hacer crecer el *working software* iteración tras iteración, con el fin de generar el máximo valor posible en la fecha de la *release*. El desarrollo de una característica no es iterativo si solo se hace una vez.

Los tres consejos anteriores tratan de mantener la fecha de la release fija, pero dejando variable el contenido de lo que se entrega en esa fecha. Ese contenido se hace emerger mediante las iteraciones e incrementos en los ciclos de intención-realización. La clave está en maximizar el valor para el usuario y los stakeholders mediante working software de calidad.

Sobre las características de una buena "obra" software (aplica a nivel del usuario pero, sobre todo, a nivel interno de realización del software):

- Alta cohesión: cada parte del sistema está focalizada en una o un mínimo de tareas primarias.
- Bajo acoplamiento: cada parte del sistema está encapsulada y tiene un mínimo de dependencias con otras partes del sistema.
- Integridad conceptual: el estilo de diseño es consistente en las diferentes partes del sistema.

En resumen

Después de leer todo lo anterior, probablemente pueda parecer que conjugar el cumplir con las fechas y a la vez tener una buena obra de arte software no es nada fácil y de hecho, no lo es. Lo importante es entender que desarrollar software es en sí un proceso de transformación de conocimiento (sobre el *what-how*) basado en la colaboración, comunicación, conocimiento y creatividad de varias personas. Esas personas cultivan y hacen emerger, como resultado de esa transformación creativa de conocimiento, el sistema software, el cual termina siendo la forma en la que se realiza su conocimiento sobre el problema y una de sus posibles soluciones. Pero sobre todo, para los que nos gusta esta profesión, desarrollar software es una vivencia creativa apasionante.

 Rubén Gonzalez Blanco (Oviedo, 1972) es el responsable de la disciplina de desarrollo de software en Telefonica I+D. Es un apasionado de todo lo que tiene que ver con el desarrollo de software, desde lenguajes de programación, pasando por paradigmas de desarrollo, tecnologías, hasta prácticas y procesos. Ha trabajado para diferentes tipos de compañías asumiendo diferentes funciones en el desarrollo de software: developer, tester, architect, manager, consultor, formador y ha sido también profesor asociado de ingeniería del software. Pero procurando estar siempre cerca del código, la tecnología y sobre todo tratando de entender cómo hacer mejor el software.

christmas tree

recopilado por Salvador de la Puente González

El problema

En nuestra empresa, el área de desarrollo está liderada por una persona llamada Rubén González Blanco. Aprovechando que llegaban las vacaciones de Navidad, junto con su felicitación para el área, Rubén adjuntaba un interesante problema de programación:

Imprime un bonito árbol de Navidad con su propia estrella en la punta usando el código más corto posible. La estrella del árbol es un asterisco (*) y el cuerpo del árbol está hecho de 0 El árbol debe tener 10 filas de altura. Cada fila debe estar correctamente sangrada de manera que la fila anterior quede centrada sobre la nueva. Cualquier fila dada debe tener dos 0s más que la anterior, excepto la primera que es la estrella y la segunda, con solamente un 0.

El resultado es algo como esto:

```
         *
         0
        000
       00000
      0000000
     000000000
    00000000000
   0000000000000
  000000000000000
 00000000000000000
```

Se trata de un desafío de tipo "code golf". En la jerga, el término *code golf*[100] se refiere a un pasatiempo que consiste en implementar un algoritmo de la manera más corta posible en un lenguaje dado. De hecho, existe un lenguaje de programación denominado Golfscript cuyo objetivo es ser lo más escueto posible. Por ejemplo, el código fuente para generar el árbol de Navidad ocupa tan sólo 27 caracteres[101]:

---

[100] http://en.wikipedia.org/wiki/Code_golf
[101] http://codegolf.stackexchange.com/questions/4114/print-a-christmas-tree#answer-4185

Lenguaje:	Autor:	Longitud:
GolfScript	Ventero	27 caracteres
`"  "9*"*"9,{n\.4$>\.+)"0"*}%`		

Aunque sencillo, este desafío navideño me llevó a pensar en muchas cosas relacionadas principalmente con la capacidad para describir mensajes de los lenguajes de programación. Las reflexiones se convirtieron en ligeras investigaciones partiendo del concepto de complejidad y alrededor de la teoría de la información visitando hitos como computabilidad, máquinas de Turing, gramáticas, compresión de datos y criptografía.

Antes de dar a conocer los lenguajes de programación utilizados y presentar el compendio de soluciones propuestas me gustaría compartir con vosotros una de estas reflexiones: aquella acerca de la complejidad de una cadena de caracteres, precisamente por ser el punto de partida de todas las demás y por estar en relación directa con el desafío propuesto.

Complejidad descriptiva

Mi versión de la solución en Python contiene 59 caracteres contando un retorno de carro y, desde luego, no es la mejor respuesta al desafío:

Lenguaje:	Autor:	Longitud:
Python	Salvador de la Puente González	59 caracteres
`print' '*8+'*'` `for n in range(9):print' '*(8-n)+2*n*'0'+'0'`		

En general, comparando la longitud de los programas con la longitud del árbol, 136 caracteres, resulta curioso comprobar cómo unos pocos bytes bastan para describir mensajes más o menos complejos como podrían ser este patrón "árbol de Navidad" o por poner un ejemplo más impresionante, véase el código siguiente en Python

Lenguaje:	Autor:	Longitud:
Python	Jeff Preshing[102]	1033 caracteres

```
_                          =   (
                          255,
                         lambda
             V        ,B,c
            :c    and Y(V*V+B,B,  c
            -1)if(abs(V)<6)else
      (          2+c-4*abs(V)**-0.4)/i
       )  ;v,     x=1500,1000;C=range(v*x
        );import   struct;P=struct.pack;M,\
      j  ='<QIIHHHH',open('M.bmp','wb').write
for X in j('BM'+P(M,v*x*3+26,26,12,v,x,1,24))or C:
     i  ,Y=_;j(P('BBB',*(lambda T:(T*80+T**9
        *i-950*T  **99,T*70-880*T**18+701*
       T  **9   ,T*i**(1-T**45*2)))(sum(
        [         Y(0,(A%3/3.+X%v+(X/v+
                  A/3/3.-x/2)/1j)*2.5
            /x   -2.7,i)**2 for  \
            A        in C
                [:9]])
                /9)
                )   )
```

---

[102] http://preshing.com/20110926/high-resolution-mandelbrot-in-obfuscated-python Fíjate que el código fuente además reproduce la forma del fractal

Este código (ofuscado) genera un fractal de Mandelbrot. Y ahora compárese dicho código con el propio fractal (ver *Figura 13*): un programa de 1033 bytes contiene de alguna manera una imagen de 4.5 MiB. Podría decirse que, en cierto modo, los programas condensan la información contenida en sus resultados.

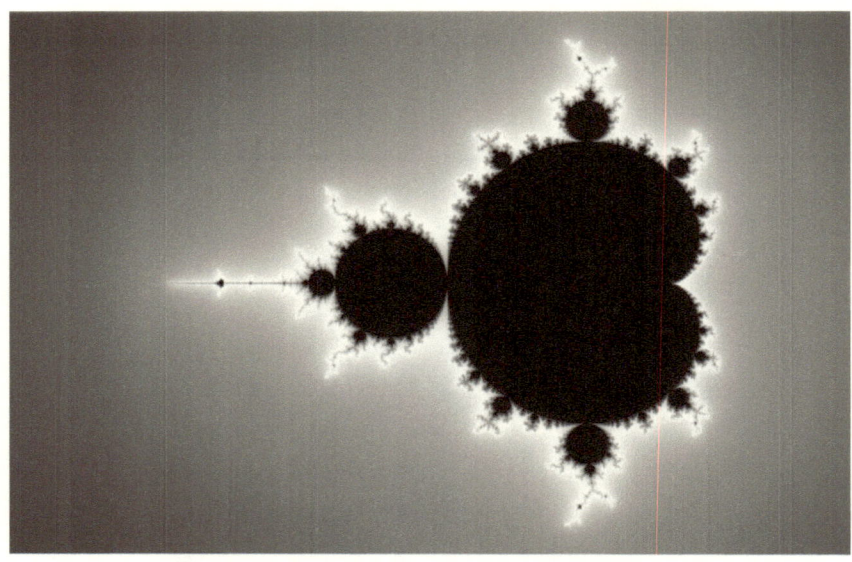

Figura 13: Fractal de Mandelbrot

Esta reflexión se muestra aún más interesante si parametrizamos la implementación para que tenga en cuenta la altura deseada del árbol. Supongamos pues que el árbol de Navidad representa sólo la cúspide de un árbol infinitamente grande y que simulamos que nos alejamos del mismo añadiendo más y más filas. Es posible alejarnos tanto como queramos de este árbol *infinito* mediante un programa *finito*. Es decir, y aquí está lo sorprendente, estamos dando una descripción finita de un mensaje infinito[103].

---

[103] Si tomamos el número de 0s en cada fila como los decimales del número irracional 0.1357911131517... podemos hacer que nuestro programa calcule cualquier decimal del número. Esto lo convierte en un número real computable. Más información a este respecto puede encontrarse en el artículo

A esta forma de creación de patrones se la conoce como generación procedimental y ha tenido un fuerte impacto en el mundo de la animación, los videojuegos y las simulaciones permitiendo la creación de texturas y entornos virtuales complejos y dinámicos, como en el videojuego Subversion[104].

Pero volvamos al programa en Python. Pensar que los 59 caracteres del fuente contienen toda la información para reconstruir el mensaje original de 136 caracteres (1 asterisco, 9 retornos de carro, 45 espacios y 81 ceros) es algo ingenuo. Sin la máquina virtual de Python no disponemos del conocimiento necesario para interpretar el código fuente. El intérprete de Python es, de hecho, bastante pesado y ocupa 2.655.776 bytes. Sin embargo es ahí donde se encuentra el grueso del *conocimiento* necesario para recuperar el árbol. Si pensamos que mi programa añade otros 59 bytes[105] de código fuente, en total son necesarios 2.655.776 + 59 = **2.655.835** bytes para recuperar el patrón. Comparado con los **136 bytes** del mensaje original el resultado ya no es tan impresionante.

De todas formas, no hay que dejarse desanimar por tan desalentador resultado donde el mensaje original resulta más corto que el programa necesario para generarlo. Esto sucede porque el árbol de navidad es pequeño pero recordemos que una mínima alteración del programa permite generar árboles arbitrariamente grandes. Llevando n filas y sin contar la estrellita, una nueva fila aporta $1+n+(2n+1)$ caracteres extra al árbol (1 retorno de carro; n espacios, uno para cada fila anterior con el fin de mantener centrado el árbol y $2n+1$ ceros). Así que el programa en Python comienza a ser rentable a partir de considerar un árbol de altura 1332 (el árbol ocuparía 2.658.006 bytes).

Es curioso observar que pese a que lenguajes más modernos, normalmente interpretados, permiten escribir archivos fuente más

---

de Alan Turing, *On computable numbers*:
http://www.cs.virginia.edu/~robins/Turing_Paper_1936.pdf,
http://en.wikipedia.org/wiki/Computable_number
[104] http://www.introversion.co.uk/subversion/
[105] Suponiendo alguna codificación en 8 bits como UTF-8

cortos[106], los lenguajes compilados producen objetos más cortos además de ser normalmente más rápidos[107]. Por ejemplo, la versión en C enviada por Carlos Romero Brox ocupa 106 caracteres y compilada **8704 bytes**.

Lenguaje:	Autor:	Longitud:
C99	Carlos Romero Brox	106 caracteres

```
#include <stdio.h>
int main(){printf("%8s*\n","");for(int
i=0;i<9;i++)printf("%*s%0*d\n",8-i,"",2*i+1,0);}
```

Al no necesitar nada más que el ejecutable, no tendremos que añadir al tamaño del programa, ningún intérprete o entorno de ejecución: el código objeto es directamente ejecutable sobre nuestra máquina y es rentable a partir de una altura de 78 (el tamaño del árbol sería de 8931 bytes).

Bien pensado, podría observarse que falta un gran componente a contabilizar en estos ejemplos: el sistema operativo. No obstante, he decidido deliberadamente descontar el tamaño del SO principalmente por la razón de que se trata de un componente constante para todas las soluciones ejecutándose en él.

El soporte teórico de esta reflexión se denomina *complejidad descriptiva*. En palabras llanas, la complejidad descriptiva de una cadena mide la

---

[106] Este artículo de 2009 del blog de Guillaume Marceau muestra una comparativa entre el tamaño del código de los programas presentados a The Computer Language Benchmark Game y la velocidad de ejecución de las mismas en distintos lenguajes: http://blog.gmarceau.qc.ca/2009/05/speed-size-and-dependability-of.html

[107] Tampoco es tan curioso: los compiladores no generan código máquina que no vaya a ejecutarse mientras que los intérpretes son programas simulando máquinas completas y por tanto, más complejas.

longitud del menor programa capaz de generar esa cadena en un lenguaje de programación dado[108].

Una interpretación ligera de esta definición puede llevarnos a resultados extravagantes. Por ejemplo, podríamos haber pensado en crear un nuevo lenguaje de programación (un clon de C, sin ir más lejos) que para una entrada de longitud cero produjera directamente el árbol de navidad. Si se nos hubiera ocurrido una solución así, desde luego habríamos ganado el desafío: nuestra implementación sería un fuente de 0 caracteres y el lenguaje utilizado, ese que acabamos de inventar. Me atrevo a afirmar que no fui el único al que algo así se le pasó por la cabeza.

De hecho, esto mismo apuntan los autores del artículo *Language Wars, Description Complexity and Universal Machines*[109] y compañeros de la empresa:

> *"(...) a concrete output can be generated by a zero length program, if we have control on the language definition."*

> *"(...) una salida en particular puede generarse por un programa de longitud cero, si tenemos control sobre la definición del lenguaje."*

No obstante, la definición formal de la complejidad contempla máquinas de Turing (no lenguajes de programación) codificadas en cadenas de bits y el patrón de bits representando su entrada. Cuando una máquina de Turing $<M>$ se alimenta con una entrada w y produce la cadena s de la que queremos medir su complejidad, es la longitud de la cadena de bits $<M>w$ el valor efectivo de la complejidad de s.

Viéndolo así, aunque el tamaño de w fuera 0, aun nos haría falta contar con el tamaño de la máquina[110]. Uno de los programas enviados,

---

[108] El lector puede buscar más acerca de la complejidad descriptiva buscando en su lugar complejidad de Kolmogorov o complejidad de Kolmogorov-Chaitin. Buenos puntos de partida son los artículos de Mathwordl y Wikipedia: http://mathworld.wolfram.com/KolmogorovComplexity.html y http://en.wikipedia.org/wiki/Kolmogorov_complexity

[109] http://cdninside.blogspot.com.es/2013/01/language-wars-description-complexity.html

aunque bromeando, resuelve el problema indicando la máquina de Turing que debemos utilizar.

Lenguaje:	Autor:	Longitud:
Máquina de Turing	David Guijarro Guillem	5 caracteres[111]
turing-machine 156244363635		

Sólo nos falta conocer la codificación que utilizó David para obtener la máquina original y verificar que se pinta el arbolito ;)

Cabe indicar que la complejidad descriptiva no aborda el problema de definir la eficiencia o eficacia de un lenguaje de programación dado. No responde a la pregunta ¿qué lenguaje es mejor? Ni tampoco da respuesta a cuestiones como ¿qué lenguajes son más expresivos? Esto es así porque la complejidad descriptiva no es una propiedad del lenguaje de descripción sino del texto descrito. Para poder responder a las preguntas anteriores necesitamos otros tipos de métricas. Me atrevería a decir que tales medidas están basadas en las propiedades de los árboles sintácticos medios de los programas de un lenguaje pero esto es otra historia.

Hasta aquí mis reflexiones sobre complejidad computacional. No es mi intención presentar ninguna conclusión sino haber despertado la curiosidad de los lectores. Sólo con los enlaces en las notas a pie de página debería haber material suficiente para pasar un mes entretenido.

En la siguiente sección se enumeran los distintos lenguajes utilizados, presentados en orden alfabético y a continuación de cada uno, las distintas

---

[110] Esto resulta bastante tranquilizador dado que confirma que no se comprimir la información (sin pérdida) de manera infinita además de evitar otros resultados computacionalmente *incómodos*.

[111] Suponiendo que 156244363635 es un número en base 10, la máquina 156244363635 se codifica con log2(156244363635) = 38 bits ó 5 bytes

soluciones enviadas a la lista de correo destinataria de aquella felicitación de Navidad.

Soluciones al desafío

Bash

Bash es un intérprete de comandos escrito por Brian Fox en 1989 para el proyecto GNU en reemplazo de la popular consola de Bourne, *sh*. Compatible con el estándar POSIX, se trata del intérprete por defecto en los sistemas operativos Linux y Mac OS X. Pese a no estar orientado a la implementación de algoritmos, dispone, como todas las consolas UNIX, de algunas características orientadas a la automatización de tareas que permiten ejecutar programas.

Como acrónimo, *BASH* significa *Bourne-Again SHell* que no es sino un juego de palabras debido a la pronunciación parecida a *born-again shell*.

Lenguaje:		Autor:	Longitud:
	Bash	Paulo Villegas	161 caracteres

```
cat << EOF
        *
        0
       000
      00000
     0000000
    000000000
   00000000000
  0000000000000
 000000000000000
0000000000000000000
EOF
```

Lenguaje:	Autor:	Longitud:
Bash	Pablo Enfedaque Vidal	161 caracteres

```
h="        *";z="00000000000000000";echo "$h";i=0;until [ $i
-gt 8 ];do echo "${h:0:$[9-i-
1]}"${z:0:$[i*2+1]};i=$[i+1];done
```

MSX - BASIC

Beginner's All-purpose Symbolic Instruction Code son las palabras que las siglas BASIC representan. Sin duda un acrónimo forzado para denotar el énfasis de los autores en la simpleza del lenguaje. El BASIC original fue diseñado en 1964 por John George Kemeny y Thomas Eugene Kurtz para alumnos que no fueran estudiantes de ciencia pero la versión de MSX fue comercializada por Microsoft siguiendo su estándar GW-BASIC para ordenadores de 16bits.

Pese a que Microsoft desarrolló un compilador para los programas con necesidades especiales de velocidad que generaba código para los IBM PC, la versión de MSX seguía siendo un intérprete.

Lenguaje:	Autor:	Longitud:
MSX Basic	Emilio Javier García Escobar	121 caracteres

```
10 CLS
20 LOCATE 10,1: PRINT "*"
30 FOR I=0 TO 10: FOR J=1 TO I*2+1
40 LOCATE 10-(I+1)+J,I+2: PRINT "0"
50 NEXT J: NEXT I
```

C

El archiconocido lenguaje de programación C fue inventado en los Laboratorios Bell por Dennis Ritchie entre 1969 y 1973. C destaca por haber sido diseñado con la intención doble de que su compilador fuera lo más trivial posible y de no requerir apenas soporte en tiempo de ejecución haciendo que se popularizase rápidamente debido a la facilidad para llevar el mismo código de una máquina a otra y al tamaño de los programas resultantes.

El kernel de Unix es uno de los primeros núcleos de sistema operativo escrito en un lenguaje que no es ensamblador. Fueron Dennis Ritchie y Ken Thompson quienes desarrollaron el lenguaje a partir de BCPL (abreviadamente, B) con el fin de reescribir el kernel que ellos mismos habían implementado en el ensamblador de la máquina PDP-11.

Lenguaje:	Autor:	Longitud:
C99	Carlos Romero Brox	106 caracteres

```
#include <stdio.h>
int main(){printf("%8s*\n","");for(int
i=0;i<9;i++)printf("%*s%0*d\n",8-i,"",2*i+1,0);}
```

Lenguaje:	Autor:	Longitud:
C99	Jose Manuel López López	138 caracteres

```
#include <stdio.h>

int main() {
char *maxr="00000000", *r=maxr+9;
printf("%9c\n", '*');
while (r-->maxr) {
```

```
printf("%8s0%s\n", r, r);
}
}
```

C#

El buque insignia de la plataforma .NET de Microsoft presentado en el año 2000. Diseñado para ser un lenguaje orientado a objetos multiparadigma corriendo sobre la máquina virtual CLR. Ha sido criticado por ser una copia de Java aunque su líder de desarrollo, Anders Hejisberg, sostiene que se parece más a C++ en su diseño.

El lenguaje iba a llamarse *Cool* (de hecho, así se llamó durante su desarrollo) pero al final nos quedamos con un nombre no menos guay. El símbolo de sostenido ♯ o *sharp*, en inglés, indica en música que la partitura debe tocarse en un semitono más alto indicando así una especie de evolución de C.

Lenguaje:	Autor:	Longitud:
C#	Juan Aguí Martín	169 caracteres

```
Console.WriteLine(Enumerable.Range(0, 9).Select(i => new
string(' ', 9 - i) + new string('0', (2 * i) +
1)).Aggregate(new string(' ', 9) + '*', (a, b) => a + '\n' +
b));
```

C++

Desarrollado en 1979 y popularizado a mediados de los años 80, por Bjarne Stroustrup, también investigador en los Laboratorios Bell, con la idea de incorporar características propias del lenguaje orientado a objetos Simula al lenguaje C. El primer compilador escrito por Stroustrup no era sino un preprocesador de C llamado CFront. No fue hasta 1985 que vio la luz el primer compilador comercial de C++.

Sus numerosas características son al mismo tiempo criticadas y alabadas por los programadores experimentados. Existe una broma que afirma que Stroustup diseño C++ para que fuera un lenguaje complicado, que alejara al programador nobel de forma que sólo unos cuantos programadores de élite pudieran dominar por completo aumentando así los salarios.

Lenguaje:	Autor:	Longitud:
C++	Gonzalo Fernández Rodríguez	274 caracteres

```
#include <iostream>

using namespace std;

void tree (int level, int deep)
{
    if (level>deep) return;
        cout.width(deep-level); cout.fill(' ');cout<<"";
    cout.width(2*level); cout.fill(level==1?'*':'0');
cout<<"\n";
        tree(++level, deep);
}


int main()
{
  tree(1,10);
}
```

Lenguaje:	Autor:	Longitud:
C++	Andreu Urruela Planas	120 caracteres

```
#include <iostream>
int main(){int i=11,j;while(i--){j=20-i;while(j--
)std::cout<<(j?j>19-2*i?" ":"0":i-10?"\n":"*\n");}}
```

Lenguaje:	Autor:	Longitud:
C++	Luis Osa Gómez del Campo	295 caracteres

```
#include <iostream>
#include <string>

int main()
{
    std::cout << std::string(10, ' ') << "*" << std::endl;
    for (int i = 0; i < 10; i++) {
        std::cout << std::string(10 - i, ' ')
                  << std::string(2 * i + 1, '0')
                  << std::endl;
    }
    return 0;
}
```

Clojure

Moderno dialecto de LISP desarrollado por Rich Hickey en 2007. Los objetivos de diseño abarcan la creación de un lenguaje funcional moderno, capaz de convivir con Java y con especial énfasis en la concurrencia. Clojure produce *bytecode* para la máquina virtual de Java. Su sintaxis está basada, como LISP, en expresiones simbólicas o listas anidadas.

Existen numerosas variantes de Clojure para otras máquinas virtuales como ClojureCLR, ClojureScript para JavaScript o Clojure-py para Python.

Lenguaje:	Autor:	Longitud:
Clojure	Sebastián Ortega Torres	197 caracteres

```
(->> "          *          "
    (iterate #(.. %
                (replace " 0" "00")
                (replace "0 " "00")
                (replace "*" "0")))
    (take 11)
    (map println)
    dorun)
```

Erlang

Erlang es un lenguaje funcional con soporte para programación concurrente mediante un modelo de actores. La comunicación entre actores tiene lugar mediante mensajes lo que elimina el uso de locks propios de comunicaciones a través de memoria compartida.

Fue creado por Joe Armstrong en Ericsson en 1986 y su nombre hace referencia al matemático danés Agner Krarup Erlang pero también resulta ser el acrónimo de ERicsson LANGuage. Pese a haber sido software propietario durante más de una década, se convirtió en software libre en 1998 y desde entonces goza de gran aceptación en aplicaciones con alto grado de paralelismo.

Lenguaje:	Autor:	Longitud:
Erlang	Gonzalo Fernández Rodríguez	234 caracteres

```erlang
-module(t).
-import(string,[concat/2, copies/2, chars/2]).
-import(io,[format/1]).
-export([start/0]).
p(L,N,C)->format(copies(" ",N-L)++copies(C,(L-1)*2+1)++"\n").
t(1,N)->p(1,N,"*");t(L,N)->t(L-1,N),p(L,N,"0").

start() -> t(10,10).
```

Lenguaje:	Autor:	Longitud:
Erlang	Adamos Loizou	108 caracteres

```erlang
format("~s~n",[join(["          *"|map(fun(X)->++(chars($
,10-X),++($0,2*X+1))end,seq(1,10))],"\n")]).
```

Go

Desarrollado por Google y anunciado en 2009, este moderno lenguaje diseñad por Robert Griesemer, Rob Pike, y Ken Thompson pretende ofrecer una sintaxis sencilla basada en C al tiempo que aporta soporte para concurrencia mediante corrutinas y paso de mensajes, un recolector de basura sin problemas de latencia y tiempos de compilación asombrosos incluso en hardware modesto.

Es curioso encontrar un lenguaje moderno sin soporte para excepciones. En su lugar, Go ofrece una especie de comandos de control *defer* / *panic* / *recover* que solventan algunos problemas relacionados con la generación de excepciones y el control del flujo del programa.

Lenguaje:	Autor:	Longitud:
Go	Carlos Romero Brox	114 caracteres

```
package main;import . "fmt";func main()
{Printf("%8s*\n","");for i:=0;i<9;i++{Printf("%*s%0*d\n",8-
i,"",2*i+1,0)}}
```

Haskell

Nombrado por el lógico Haskell Curry, Haskell es un lenguaje funcional puro. Quiere esto decir que no se permiten actualizaciones destructivas del estado: las variables se usan en el sentido matemático del término quedando ligadas a ciertos valores y sin poderse actualizar nunca más.

La invención de Haskell en 1990 se la debemos al interés que causó el lenguaje Miranda sobre los lenguajes funcionales con evaluación perezosa. Durante la conferencia Functional Programming Languages and Computer Architecture de 1987, algunos asistentes decidieron organizar un comité que liderara los esfuerzos para elaborar un lenguaje funcional puro estándar con evaluación perezosa.

Lenguaje:	Autor:	Longitud:
Haskell	Ignacio Blasco López	119 caracteres

```
main=mapM putStrLn$"            *":map tree [0..10]
       where tree = (\x ->replicate (10-x) '
'++replicate(2*x+1) '0')
```

Java

Propuesto en 1996, probablemente sea el lenguaje de programación más popular de todos los tiempos junto con C, como puede observarse en los resultados de la comunidad TIOBE[112]. Fue desarrollado por James Gosling con ciertos objetivos o principios en mente: simple, orientado a objetos y familiar; robusto y seguro; neutro desde un punto de vista arquitectónico y portable; en tiempo de ejecución, debe ser rápido; y además ha de ser interpretado, dinámico y tener soporte para múltiples hilos de ejecución.

Java popularizó el concepto de máquina virtual e influyó notoriamente sobre otros lenguajes y entornos de ejecución como C# y CLR. Hoy día son muchos los lenguajes que compilan al bytecode de la máquina virtual de Java, como Clojure, incluido en este artículo.

Lenguaje:	Autor:	Longitud:
Java[113]	Luis Osa Gómez del Campo	19,5 KB

```
<?xml version="1.0" encoding="UTF-8"?>
<project xmlns="http://maven.apache.org/POM/4.0.0"
        xmlns:xsi="http://www.w3.org/2001/XMLSchema-
instance"

xsi:schemaLocation="http://maven.apache.org/POM/4.0.0
http://maven.apache.org/xsd/maven-4.0.0.xsd">
    <modelVersion>4.0.0</modelVersion>
```

---

[112] http://www.tiobe.com/index.php/content/paperinfo/tpci/index.html
[113] Si bien esto no es Java, se trata del fichero POM necesario para construir el programa que genera el arbolito en Java. El autor ha querido bromear con el resto de compañeros y él mismo se explica así:
"(...) nos hemos dado cuenta de que la mayoría de las propuestas –los programas que generan los árboles– no cumplen con las guías de estilo de la empresa. Hemos intentado cumplir con ellas en una versión industrializada en Java, y hemos conseguido hacerlo en un artefacto Maven de sólo 172 líneas (que se podrían considerar un 172-liner), incluyendo sus tests unitarios."

```
    <groupId>jchristmas</groupId>
    <artifactId>jchristmas</artifactId>
    <version>1.0-SNAPSHOT</version>
    <dependencies>
        <dependency>
            <groupId>commons-configuration</groupId>
            <artifactId>commons-configuration</artifactId>
            <version>1.8</version>
        </dependency>
        <dependency>
            <groupId>junit</groupId>
            <artifactId>junit</artifactId>
            <version>4.9</version>
        </dependency>
    </dependencies>
    <build>
        <plugins>
            <plugin>
                <groupId>org.codehaus.mojo</groupId>
                <artifactId>exec-maven-plugin</artifactId>
                <version>1.1</version>
                <executions><execution>
                    <goals><goal>java</goal></goals>
                </execution></executions>
                <configuration>

<mainClass>es.tid.dev.christmas.Main</mainClass>
                </configuration>
            </plugin>
            <plugin>
                <groupId>org.apache.maven.plugins</groupId>
                <artifactId>maven-shade-plugin</artifactId>
```

```
                    <version>1.5</version>
                    <configuration>
                        <transformers>
                            <transformer

implementation="org.apache.maven.plugins.shade.resource.Manif
estResourceTransformer">

<mainClass>es.tid.dev.christmas.Main</mainClass>
                            </transformer>
                        </transformers>
                    </configuration>
                    <executions>
                        <execution>
                            <phase>package</phase>
                            <goals>
                                <goal>shade</goal>
                            </goals>
                        </execution>
                    </executions>
                </plugin>
            </plugins>
        </build>
</project>
```

JavaScript

El lenguaje de programación de la Web por antonomasia. Desarrollado inicialmente por Brendam Eich vio la luz en 1995 junto con el navegador web Netscape 2.0. JavaScript ofrece un modo imperativo clásico, OOP basada en prototipos y programación funcional gracias a sus funciones *closures* de primer orden.

JavaScript se encuentra en alza de popularidad y los avances en el estándar, los intérpretes más rápidos, las extensiones propuestas de tipado estático junto con la proliferación de numerosos traductores de muchos lenguajes a código JS animan a pensar en su establecimiento definitivo como el lenguaje *ensamblador* de Internet.

Lenguaje:	Autor:	Longitud:
Javascript	Marcos Reyes Urueña	761 caracteres

```javascript
function generateTreelevels(nLevels, topSymbol, leavesSymbol, skySymbol,
  ballSymbol) {
  var tree = [], strLevel;

  for (var i = 0; i < nLevels; i++) {
    strLevel = [];
    //Build Sky Level
    for (var j = 0; j < nLevels - i; j++) {
      strLevel.push(skySymbol);
    }
    //Build Leave Level
    for (var k = 0; k < i * 2 - 1; k++) {
      if (Math.random() * 10 > 8) {
        //Random Shinny Balls
        strLevel.push(ballSymbol);
      } else {
        strLevel.push(leavesSymbol);
      }
    }
    tree.push(strLevel);
  }
  //Build Top
```

```
  tree[0][nLevels - 1] = topSymbol;


  return tree;
}


function printTree(tree) {
  tree.forEach(function(str) {
    console.log(str.join(''));
  });
}


printTree(generateTreelevels(10, '*', '0', ' ', '$'));
```

Lenguaje:	Autor:	Longitud:
Javascript	Armando Antonio García Mendoza Sánchez	125 caracteres
<td colspan="3">

```
function T(s,h){s=h?" "+s.substr(0,s.length-
2):s.replace('0','*');if(h)T(s,h-1);console.log(s)}T(
'0000000000000000000000',10)
```

</td> | | |

Lenguaje:	Autor:	Longitud:
Javascript	Iván Montes	131 caracteres
<td colspan="3">

```
var i=10, s='           00000000000000000000';
console.log(s.substr(0,i) + '*'); while(i--){
console.log(s.substr(9-i, i+(10-i)*2)) }
```

</td> | | |

Lenguaje:	Autor:	Longitud:
Javascript	David García	112 caracteres

```
var a=[],b=[];a[9]='*';while(a.length-1){console.log(a.join('
')+b.join('0'));a.pop()&&a.push('');b.push('0');};
```

Lenguaje:	Autor:	Longitud:
Javascript	Jesús Manuel González Espinilla	191 caracteres

```
document.write( "<pre>" + new Array(9).join(" ").toString() +
"*");
for( i=1;i<10;i++) document.write( "<pre>" + new Array(10-
i).join(" ").toString() + new
Array(2*i).join("0").toString());
```

LOGO

Lenguaje de programación preferido para trabajar con niños, fue diseñado con fines didácticos por Wally Feurzeig y Seymour Papert teniendo en mente el lenguaje LISP. La intención era que los niños pudieran disfrutar de un entorno donde jugar con palabras y sentencias con el fin de asentar principios matemáticos.

Su característica más representativa fue la inclusión de *gráficos tortuga*, es decir, un entorno de representación gráfica vectorial donde las líneas se dibujan dando órdenes a un cursor (la *tortuga*) sobre un plano cartesiano.

Lenguaje:	Autor:	Longitud:
LOGO	Emilio Javier García Escobar	124 caracteres

```
to tree
CS HT
PU FD 40 PD
LT 165 FD 100 LT 105 FD 52 LT 105 FD 100
LT 60
REPEAT 5 [LT 45 FD 10 RT 135 FD 10 LT 90 RT 72]
end
```

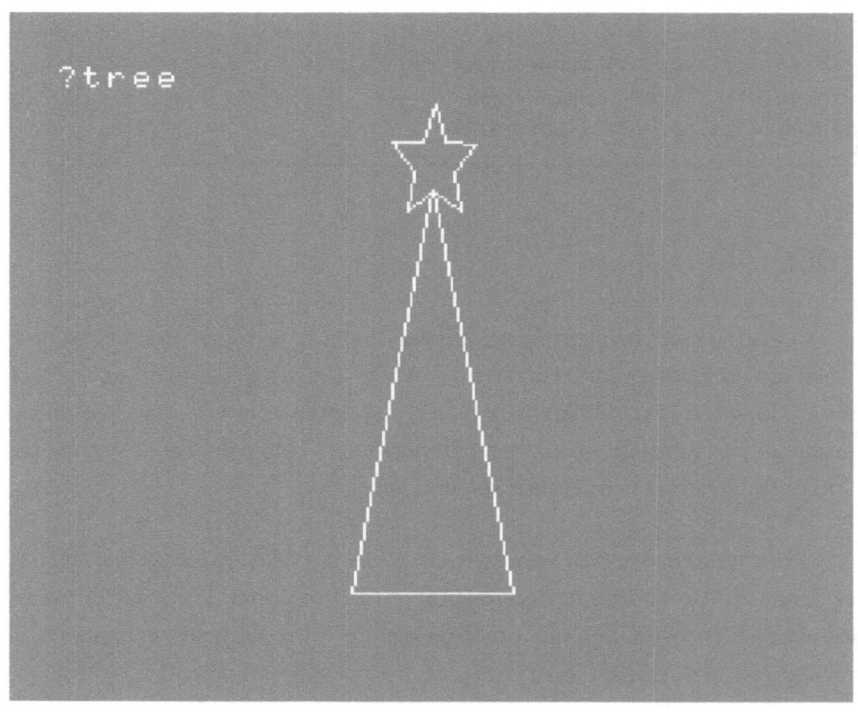

Figura 14: Árbol generado mediante gráficos de tortuga.

MSX assembler

Hablar del ensamblador de MSX es hablar de la popular máquina propuesta por Kazuhiko Nishi, director de ASCII Corporation y vicepresidente de Microsoft Japón. Fue precisamente en Japón donde MSX se convirtió en la computadora doméstica dominante pero también triunfó en Sudamérica, Europa y la Unión Soviética. De hecho antes de la llegada de Nintendo, MSX se había convertido en la máquina preferida para la elaboración de juegos de importantes productoras como Konami o Hudson Soft.

Surgió para intentar estandarizar el hardware de computadoras de forma que periféricos de una marca funcionaran con estaciones base de otra. Sus características originales incluían un procesador Zilog Z80 a 3,58Mhz, una ROM de 32KiB dividido en una BIOS de 16KiB y el intérprete MSX BASIC, una RAM de mínimo 8KiB, un chip de sonido General Instrument AY-3-8910 y un procesador de vídeo dedicado de 16KiB de memoria con modos de texto 40x24 y 32x24 y modo vídeo de 256x192 píxeles a 16 colores.

Lenguaje:	Autor:	Longitud:
MSX	Antonio Manuel Amaya	256 bytes[114]

```
ld    a,3    ; SCREEN 3 (64x48 gfxmode)
ld    (0fcafh),a
ld    ix,05fh
ld    iy,(0fcc0h)
call  01ch   ; Inter-slot call

halt         ; Wait for vertical blank

ld    a,0 ; Set write address to VDP
```

---

[114] El fuente son 1551 caracteres pero esto traduce directamente a ensamblador de MSX dónde ocupa sólo 256 bytes.

```
        out     (099h),a
        ld      a,0
        or      040h
        out     (099h),a


    ld a, 0bbh ; 0bbh  yellow 022h  green
    push af


    ld   d, 7
    ld   e, 1
       ld     b, 16 ; size of our tree block, it's not square
                    ; but I don't have enough pixels. Or patience

filloop:
    ld   c, d ; whitespaces
    ld a,0
    call printblocks

    ld c, e
    pop af
    call printblocks
    ; 16 - (d+e) => rest of line no \n for us
    push de
    ld a,d
    add a,e
    ld e,a
    ld a,16
    sub e
    pop de
    ld c,a
    ld a,000h
    call printblocks
```

```
    ; Done with one line, prepare the next one
    inc e
    inc e
    ld a, 022h
    push af
    dec d
    jp nz, filloop
    pop af

wait:
    in      a,(0aah) ; Check whether space is pressed
      and     0f0h
      or      8
      out     (0aah),a
      in      a,(0a9h)
      and     1
      jp      nz,wait

      xor     a    ; SCREEN 0 (40x24 textmode)
      ld      (0fcafh),a
      ld      ix,05fh
      ld      iy,(0fcc0h)
      call    01ch    ; Inter-slot call

      ret    ; Back to DOS

printblocks:
      push de
      push af ; a <- color
      push bc ; b <- size of block c<-number of blocks
      ld d,b
```

```
fill1:
    ld b,d
fill2:
    out     (98h),a     ; Write fill byte to VRAM. VDP
increases the address

    djnz fill2 ; automatically
    dec    c
    jp     nz,fill1


    pop bc
    pop af
    pop de
    ret
```

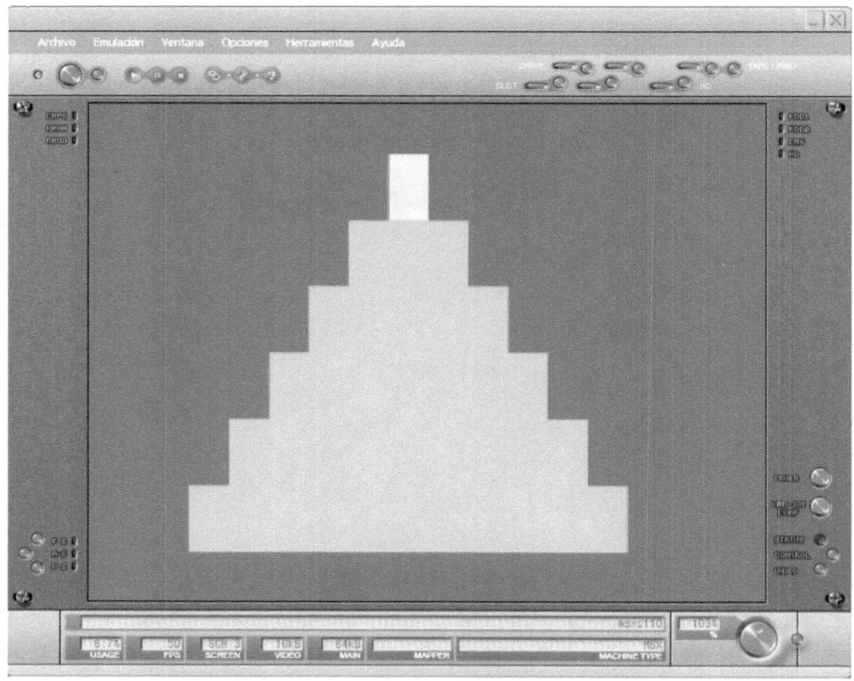

Figura 15: Árbol de Navidad en el emulador de MSX.

Perl

Desarrollador por Larry Wall en 1987, el lenguaje Perl se caracteriza por una sintaxis muy parecida a la del intérprete de comandos sh. Se ha popularizado principalmente por sus extensas capacidades para la manipulación de texto y en su versión más reciente, Perl 5 incluye soporte para estructuras de datos complejas, funciones de primer orden y programación orientada a objetos. La sintaxis de expresiones regulares introducida por Perl ha ganado popularidad y se encuentra presente

El nombre Perl no significa nada, ni se trata de un acrónimo. Larry quería un nombre corto con connotaciones positivas y como *pearl* ya era el nombre de otro lenguaje de programación, Larry decidió cambiar la ortografía del lenguaje.

Lenguaje:	Autor:	Longitud:
Perl	Antonio Manuel Amaya	69 caracteres

```
print " "x8 ."*\n";for(;$i<9;$i++){print " "x(8-$i).0
x(1+$i*2)."\n"}
```

Lenguaje:	Autor:	Longitud:
Perl	Sotirios Matzanas	71 caracteres

```
foreach(0..9){$f=" "x(9-$_);print $f.(!$_?"\b*":"0"x($_*2-
1)).$f."\n";}
```

PowerShell

PowerShell es un framework de automatización de tareas, que consiste en una línea de comandos (*shell*) y un lenguaje de scripts totalmente integrado dentro de .NET. Powershell permite la administración de componentes y aplicaciones tanto en ordenadores locales como en sistemas remotos. Los scripts de PowerShell se construyen mediante el uso de *cmdlets*, clases implementando una operación particular que pueden ser instanciadas y utilizadas usando una sintaxis imperativa.

Llamado originalmente MONAD, se trata del intérprete de línea de comandos de Windows Vista, encontrándose también en las versiones de Windows XP, Windows 7, Windows Server y Windows 8.

Lenguaje:	Autor:	Longitud:
PowerShell	Francisco José Pérez López	41 caracteres
`" "*8+"*";0..8|%{" "*(8-$_)+"0"*(2*$_+1)}`		

Python

Diseñado por Guido van Rossum a finales de los 80, se trata de un lenguaje de programación multiparadigma que incluye tipado dinámico y manejo de memoria. El nombre de Python hace referencia al programa *Monty Python's Flying Circus* porque Guido pretendía que la experiencia de programación en Python fuera divertida.

Los principios que guían la filosofía de diseño están recogidos en el documento PEP 20 (*Zen of Python*) que incluye:

- Bello es mejor que feo
- Explícito es mejor que implícito
- Simple es mejor que complejo
- Complejo es mejor que complicado
- La legibilidad cuenta

Mostramos aquí contribuciones de varios participantes que compitieron entre ellos para ver quién conseguía el mínimo número de caracteres.

Lenguaje:	Autor:	Longitud:
Python	Iván Montes	71 caracteres

```
print'\n'.join([' '*10+'*']+[' '*(10-i)+'0'*(i*2+1)for i in
range(10)])
```

Lenguaje:	Autor:	Longitud:
Python	Pablo Enfedaque Vidal	70 caracteres

```
for i in ['*']+['0'*(i*2+1) for i in
range(9)]:print'{:^19}'.format(i)
```

Lenguaje:	Autor:	Longitud:
Python	Tomás Montserrat Mora	69 caracteres

```
for i in ['*']+['0'*i for i in
range(1,20,2)]:print'{:^19}'.format(i)
```

Lenguaje:	Autor:	Longitud:
Python	Salvador de la Puente González	57 caracteres

```
print' '*8+'*'
for n in range(9):print' '*(8-n)+2*n*'0'+'0'
```

R

El lenguaje de programación R, creado por Ross Ihaka y Robert Gentleman es una ampliación del lenguaje S creado por John Chambers en los laboratorios Bell. R está fuertemente orientado al procesamiento de estructuras matemáticas como vectores y matrices pero dada su herencia S, proporciona un gran soporte para la programación orientada a objetos.

Además de un lenguaje de programación R es un framework estadístico que provee una amplia variedad de técnicas de análisis estadístico, gráficos de alta calidad y un completo sistema de documentación al estilo LaTeX.

	[,1]	[,2]	[,3]	[,4]	[,5]	[,6]	[,7]	[,8]	[,9]	[,10]	[,11]	[,12]	[,13]	[,14]	[,15]	[,16]	[,17]
[1,]	1	2	3	4	5	6	7	8	9	8	7	6	5	4	3	2	1
[2,]	2	3	4	5	6	7	8	9	10	9	8	7	6	5	4	3	2
[3,]	3	4	5	6	7	8	9	10	11	10	9	8	7	6	5	4	3
[4,]	4	5	6	7	8	9	10	11	12	11	10	9	8	7	6	5	4
[5,]	5	6	7	8	9	10	11	12	13	12	11	10	9	8	7	6	5
[6,]	6	7	8	9	10	11	12	13	14	13	12	11	10	9	8	7	6
[7,]	7	8	9	10	11	12	13	14	15	14	13	12	11	10	9	8	7
[8,]	8	9	10	11	12	13	14	15	16	15	14	13	12	11	10	9	8
[9,]	9	10	11	12	13	14	15	16	17	16	15	14	13	12	11	10	9
[10,]	10	11	12	13	14	15	16	17	18	17	16	15	14	13	12	11	10

	[,1]	[,2]	[,3]	[,4]	[,5]	[,6]	[,7]	[,8]	[,9]	[,10]	[,11]	[,12]	[,13]	[,14]	[,15]	[,16]	[,17]
[1,]	2	4	8	16	32	64	128	256	512	256	128	64	32	16	8	4	2
[2,]	4	8	16	32	64	128	256	512	1024	512	256	128	64	32	16	8	4
[3,]	8	16	32	64	128	256	512	1024	2048	1024	512	256	128	64	32	16	8
[4,]	16	32	64	128	256	512	1024	2048	4096	2048	1024	512	256	128	64	32	16
[5,]	32	64	128	256	512	1024	2048	4096	8192	4096	2048	1024	512	256	128	64	32
[6,]	64	128	256	512	1024	2048	4096	8192	16384	8192	4096	2048	1024	512	256	128	64
[7,]	128	256	512	1024	2048	4096	8192	16384	32768	16384	8192	4096	2048	1024	512	256	128
[8,]	256	512	1024	2048	4096	8192	16384	32768	65536	32768	16384	8192	4096	2048	1024	512	256
[9,]	512	1024	2048	4096	8192	16384	32768	65536	131072	65536	32768	16384	8192	4096	2048	1024	512
[10,]	1024	2048	4096	8192	16384	32768	65536	131072	262144	131072	65536	32768	16384	8192	4096	2048	1024

Figura 16: La matriz superior es la deseada; para lograr una equivalente se usan potencias de dos.

Lenguaje:	Autor:	Longitud:
R	Arturo Canales González[115]	68 caracteres

```
v=ifelse(2^(0:9)%*%t(2^c(1:9,8:1))>2^9,0,'');v[1,9]='*';print
(v,q=0)
```

Lenguaje:	Autor:	Longitud:
R	Miguel Ángel Cañas Vaz	83 caracteres

```
ROWS <- 9

for (i in 0:ROWS) {
  cat(rep(' ',ROWS-i), rep(0, 2*i + 1), cat('\n'))
}
```

Ruby

Creado por Yukihiro "Matz" Matsumoto a mediados de los 90, Ruby es un moderno lenguaje de programación orientado a objetos, dinámico y reflexivo. Fue ampliamente popularizado por el framework de desarrollo

---

[115] Arturo Canales envió otra versión más tradicional de 63 caracteres pero me parece que está es más fiel al espíritu de R por lo que he decidido incluir esta y no la otra. El autor explica que la idea es aplicar una regla de conversión a una matriz. La matriz representada en la parte superior de la ilustración que acompaña esta entrada tiene prácticamente la forma que queremos. Habría que cambiar los componentes mayores que 9 por 0s y los demás por espacios. Cada nueva fila añade 1 a los componentes de la anterior pero para que sea escueto, generar esta matriz debería usar la multiplicación de matrices. Buscamos entonces otra representación usando potencias de 2 dado que la multiplicación de potencias no es más que la suma de los exponentes. Así, el segmento 2^(0:9)%*%t(2^c(1:9,8:1) produce esta matriz. El resto es el código que convierte cada componente en el carácter adecuado.

web Ruby on Rails a mediados de los 2000. Su sintaxis lo ha hecho famoso entre los creadores de lenguajes específicos de dominio o DSLs.

Su diseñador, Matz, dijo en una ocasión que deseaba un lenguaje de scripting más potente que Perl pero más orientado a objetos que Python por lo que decidió crear su propio lenguaje.

Lenguaje:	Autor:	Longitud:
Ruby	Roberto Pérez Cubero	54 caracteres

```
p' '*9+'*';(1..18).step(2){|x|p' '*(10-(x+1)/2)+'0'*x}
```

Scala

Diseñado para ser un "mejor Java", Scala corría inicialmente sobre la máquina virtual de Java aunque también existe una implementación en .NET. Integra muchas de las características propias de la programación funcional provistas por Scheme, Standard ML o Haskell con los principios de la programación orientada a objetos de Java.

Lenguaje:	Autor:	Longitud:
Scala	Juan de Bravo Díez	269 caracteres

```
def tree(total: Int, number: Int = 0): String = {
    if(number==0) " "*(total-1) + "0" + "\n" + tree(total,
number + 1)
    else if(number == total) "*"*(2*number-1)
    else " " * (total-number) + "*"*(2*number-1) + "\n" +
tree(total, number + 1)
}


println(tree(10))
```

Scala fue desarrollado en la Escuela Politécnica Federal de Lausanne por Martin Odensky en 2001.

Conclusiones

Aunque haya recopilado las soluciones, creo que no es mi función decidir un ganador. Muchos de los envíos pueden mejorarse eliminando saltos de línea o espacios y antes de juzgar nada convendría normalizar los programas para que estuviesen en igualdad de condiciones. Prefiero que el lector juzgue por sí mismo.

Señalaré no obstante que el más corto en longitud de caracteres es el código en PowerShell de Francico José Pérez López con 41 caracteres. Lo escueto del programa viene de la rica semántica de los operadores de PowerShell. Además, no es necesario mucho esfuerzo para entender el programa lo que supone otro punto a su favor.

Aun así, y retomando la reflexión sobre complejidad descriptiva, la mayoría de las soluciones son interpretadas. Podría haber compilado todos los fuentes compilables pero me atrevería a decir que el más corto, sin duda, es la solución de Antonio Amaya con tan sólo 256 bytes. Es cierto que no pinta precisamente el árbol de 0s pero el programa es fácilmente modificable para que lo haga. No obstante, para ser justo habría que compilar los programas en C, C++ y Go al ensamblador de MSX pero, contando con las llamadas a la biblioteca estándar, podemos elucubrar que el objeto resultante será más pesado.

Me permitiré indicar un par de soluciones que me han llamado la atención. Una es la propuesta en R con vectores. La solución me parece interesante porque que es fiel al paradigma que representa el lenguaje y además aporta una descripción matemática del arbolito. Tampoco pierdo de vista la de Clojure que resulta un buen ejemplo de cómo funciona un lenguaje funcional.

Finalmente quisiera agradecer a todos los compañeros su participación, sus explicaciones del código y las revisiones recibidas, así como las diversas opiniones sobre este artículo. Ha sido muy divertido y enriquecedor y espero poder escribir pronto otro artículo así.

Otros envíos

Junto con las soluciones recibidas en lenguajes de programación, también se han recibido otras soluciones menos ortodoxas que se resumen aquí:

HTML

Popularmente denominado el lenguaje de Internet, se describe en numerosas ocasiones como el lenguaje de programación para hacer páginas web. Se trata no obstante de un lenguaje de descripción de textos basado en marcas e inspirado en otros lenguajes más antiguos como SGML. Fue especificado por Tim Berners-Lee en 1990 y desde entonces ha evolucionado incluyendo nuevas marcas y estructuras.

Desde 1996, su desarrollo es guiado por la organización independiente W3C. La versión actual es HTML5. Este nombre, además, define una pila de tecnologías entre las que se incluye JavaScript y CSS3, lenguajes de programación y reglas de estilo sin los cuales HTML luciría mucho peor.

Lenguaje:	Autor:	Longitud:
HTML	Álvaro Martínez Reol	274 caracteres

```html
<!DOCTYPE html>
<html>
<head>
  <meta charset="utf-8" />
  <title>Feliz Navidad</title>
</head>
<body>
  <img src="http://www.todofondosdenavidad.com/wp-content/uploads/images/todofondosdenavidad.com-1294.jpg" alt="Arbol de Navidad" width="70%" height="70%">
</body>
</html>
```

PowerPoint

El famoso programa de presentaciones de Microsoft no es, ni mucho menos, un lenguaje de programación por mucho que incluyera, como toda la suite de Office, el lenguaje de scripting Visual Basic. No obstante, como afirma el autor del siguiente envío:

El mejor lenguaje de programación es PowerPoint,
en el que siempre funcionan los desarrollos

Lenguaje:	Autor:	Longitud:
PowerPoint	Emilio Javier García Escobar	51 KB

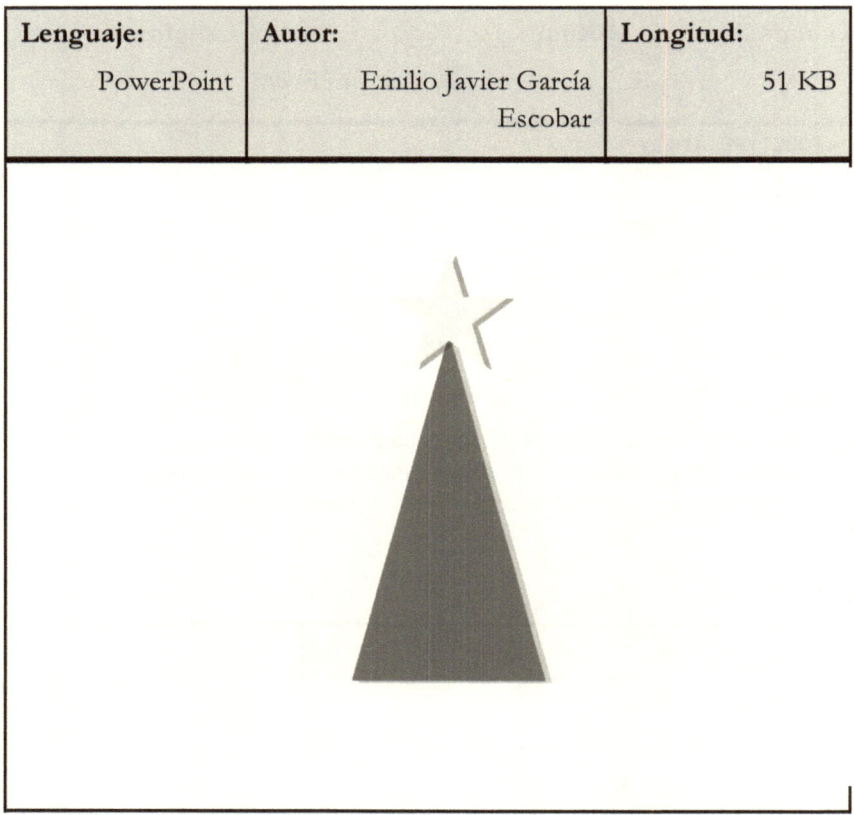

LilyPond

No se trata de un lenguaje de programación sino de un software para la escritura de partituras de alta calidad. Implementado en C++, junto con una librería Scheme, LilyPond toma como entrada una descripción de una partitura en un lenguaje de descripción propio y produce una salida en PDF, SVG, PNG o incluso MIDI.

LilyPond puede considerarse el TeX de las partituras musicales. Tiene en cuenta las reglas tipográficas de composición provenientes del grabado manual y se considera que produce mejores resultados que la mayoría del software comercial.

Lenguaje:	Autor:	Longitud:
LillyPond	Juan Fabio García Solero	309 caracteres

```
\score {
 \relative c'{
  \time 17/1
  c1
  <c e>
  <c e g>
  <c e g b>
  <c e g b d>
  <c e g b d f>
  <c e g b d f a>
  <c e g b d f a c>
  <c e g b d f a c e \xNote g>
  <c e g b d f a c>
  <c e g b d f a>
  <c e g b d f>
  <c e g b d>
  <c e g b>
  <c e g>
  <c e>
  c \bar "||"
 }
 \midi {}
 \layout {}
}
```

Figura 17: Partitura generada por la descripción en LillyPond.

Salvador de la Puente, "Salva" (Valencia, 1985), es actualmente Ingeniero I+D en Telefónica I+D. Además de trabajar para el sector privado en pequeñas y medianas empresas, ha prestado sus servicios como investigador en el campo de los entornos virtuales, la optimización térmica de compiladores y la visión por computadora. Actualmente colabora desde Telefónica con el proyecto Firefox OS de Mozilla Corporation.

bola extra:
5 claves para comprender a un diseñador

por Cristina Santa Cecilia

Dos universos distintos

Al igual que los hombres vienen de Marte y las mujeres de Venus, el desarrollador y el diseñador pertenecemos a mundos diferentes. Nuestros modelos mentales son muy distintos, y de aquí derivan una gran parte de nuestros desacuerdos.

Nosotros los diseñadores somos de Mac, vosotros de Linux. Nosotros vemos colores, vosotros códigos hexadecimales. Nosotros creamos la carcasa y vosotros los engranajes.

Basándome en mi experiencia y en diversas conversaciones con mis compañeros de trabajo, voy a enumerar las claves que, en mi opinión, os permitirán acercaros un poco más a nuestro universo mental.

1. *"Eso no se puede hacer"*

El 98% de los encuestados coinciden. Es la frase más odiada y temida por todo diseñador a la hora de mostrar a los developers sus propuestas gráficas y de interacción. Es totalmente demoledora. Nos frustra y echa por tierra todas nuestras ilusiones de sacar adelante ese diseño que con tanto amor hemos creado. Para que os hagáis una idea, es el equivalente emocional a que tu pareja te diga: "Parece que has cogido algo de peso" o "Cariño, te estás quedando calvo".

Y este temor es bidireccional. Por un lado por parte del ingeniero, que observa temeroso cómo el diseñador se acerca a él, papel en mano, con lo que con toda certeza será un diseño imposible. Y por otro lado el diseñador, que aún antes de mostrar su propuesta puede sentir con angustia cómo burbujea esa lapidaria frase en vuestra garganta.

En nuestro mundo ideal, la reacción de un desarrollador ante una de nuestras ambiciosas propuestas, sería algo así:

- ¡OMG![116] Esta interacción y estos acabados visuales son extremadamente complejos de implementar. Pero no te preocupes, esto supone un reto personal para mí, y trabajaré noche y día, sin descanso, hasta lograr hacerlo exactamente como deseas."

2. El Síndrome del Desarrollador

El Síndrome del Desarrollador es una reacción psicológica en la cual el developer desarrolla un fuerte vínculo afectivo con el código que ha creado.

Pongamos el ejemplo de un menú de una aplicación, el cual al desplegarse debe realizar una desaceleración y un doble rebote final con giro con tirabuzón. Es una difícil tarea para el desarrollador, que dedica todos sus esfuerzos en encontrar la mejor manera de programarlo. Busca, investiga, entra en foros,... y tras horas de trabajo por fin encuentra la fórmula matemática más óptima para obtener el efecto que buscaba. Contempla el resultado y es la perfección hecha código, una hermosa secuencia de ceros y unos unidos en completa armonía.

Tras fumarse un cigarro, se reúne con el diseñador y le muestra orgulloso su gran obra. Al verlo implementado, el diseñador se da cuenta de que no funciona, y pide al developer que lo sustituya por una animación más plana y lineal, ya que tanta complejidad en el movimiento despista al usuario además de ralentizar la acción principal.

Al oír esto, la ira se apodera del desarrollador, todo se vuelve oscuro y gris, y llamaradas de fuego cruzan el cielo.

- "¡¡¡¿Cómo puede no verlo?!!!"- se pregunta mientras intenta contener las lágrimas.

Pero el diseñador permanece impasible, ajeno a toda esta realidad, con una sonrisa en los labios, feliz por haber realizado un buen trabajo. La belleza del código pasa totalmente inadvertida para él, es completamente

---

[116] *Oh my God* (¡Oh, Dios mío!)

invisible, del mismo modo que el famoso cuadro *Cuadrado blanco sobre fondo blanco* de Malevich[117] no es más que un lienzo vacío para todo aquel que no entiende de Arte.

3. El minimalismo te da lo mismo

El diseño minimalista es aquel que se muestra en su forma más básica, donde la estructura se reduce a sus elementos necesarios y se despoja de toda decoración accesoria.

Es una tendencia visual muy utilizada por los diseñadores, ya que se consiguen resultados muy funcionales y elegantes que convierten el contenido en el punto focal.

Sin embargo, y a pesar de no existir pruebas científicas concluyentes, se han observado ciertos comportamientos en un porcentaje elevado de developers, que evidencian el hecho de que el cerebro del ingeniero produce una sustancia química que le predispone a aborrecer esta tendencia de diseño, y hace que conecte mucho mejor con el *Horror Vacui*[118] característico del Barroco.

Para comprobar esto, sólo tenéis que comparar una presentación PPT de un diseñador con la de un desarrollador. Dejando a un lado el tratamiento visual, podréis observar la información por píxel cuadrado recogida en cada una de ellas, y estoy segura de que os quedaréis *ojipláticos* al comprobar la cantidad de slides que necesitamos los diseñadores para mostrar lo que vosotros sois capaces de contar en tan sólo una.

---

[117] http://suite101.net/article/kasimir-malevich-cuadro-blanco-sobre-fondo-blanco-a52013#axzz2MHEJg8Vs
[118] http://es.wikipedia.org/wiki/Horror_vacui

4. Dime API y me quedaré dormid@

Developer 1: participants puede ser null o empty, lo cambio en ios

Developer 2: simplemente si es null o empty no se añade al json

Developer 1: por?

Developer 2: porque si añades un participants vacío también devuelve bad request

Developer 3: cuando nos llega por sip de tipo mensaje y hacemos la petición de getGroup, ¿qué hacemos en caso de fallo?

Developer 4: 02-06 12:37:36.455: E/libpjsip (15776): 12:37:36.461 pjsua_media.c ..NAT type detection failed

Esto es un extracto de una conversación de un grupo de Skype con los desarrolladores del proyecto en el que trabajo actualmente. No me cabe la menor duda de que el debate fuera apasionante, pero la cantidad de términos técnicos utilizados hizo que en mi cabeza sólo hubiera un mono tocando los platillos.

Partiendo de la base de que la unidad de comunicación del diseñador no es la palabra sino el post-it, y de que en la mayoría de los casos nos expresamos y comprendemos mejor con la ayuda de dibujos, permanecer con los ojos abiertos en una reunión en la que se maneja mucho vocabulario técnico, es para nosotros una misión imposible.

En un proyecto en el que participé hace un par de años, tuve que llegar a un acuerdo con los miembros de mi equipo para poder sobrevivir. Había un momento en las reuniones en el que comenzaban (no me preguntéis por qué) a hablar sobre *ontologías*, y en ese punto todo se tornaba bastante denso e incomprensible para mí. De modo que acordamos que *ontología* se convertiría en la palabra clave que, al ser pronunciada en una reunión, me otorgaba automáticamente el derecho a abandonar la sala.

5. 20px. no son 20cm.

A finales de los años 90, cientos de diseñadores empezaron a acudir cada día a los hospitales con fuertes dolores en los ojos, desprendimientos de retina, derrames oculares y cegueras transitorias. Los oftalmólogos estaban desconcertados.

- ¿Cuál será la explicación para estos desagradables sucesos? - se preguntaban.

Unos científicos de la universidad de Michigan (o de Wisconsin) dieron con el origen del problema:

Los diseñadores gráficos, que hasta la fecha sólo habían realizado trabajos para imprenta, estaban acostumbrados a tener todo el control del proceso hasta el arte final. Con la popularización de Internet, muchos de ellos dieron el salto al mundo digital diseñando páginas Web, y a la hora de maquetar tenían que dejar sus diseños en manos de ingenieros con poco sentido estético. Fue entonces cuando sus ojos, capaces de detectar a gran distancia errores a nivel de subpixel, no pudieron soportar los resultados.

A partir de aquí se comenzaron a utilizar las guías de estilo, unos documentos donde el diseñador registraba medidas, colores y fuentes de sus trabajos para que sirvieran de referencia al maquetador.

No se conocen muchos datos sobre el inventor de este método, pero se dice que pronunció estas palabras en su lecho de muerte:

Yo he visto cosas que vosotros no creeríais: He visto developers reinventar a capricho las medidas de un diseño. Sustituir una Helvética por una Comic Sans. Ignorar la Proporción Áurea de una composición. He visto rollovers improvisados de esos que hacen que el alma duela. Todos esos momentos se perderán... en el tiempo... como lágrimas en la lluvia. Es hora de morir.

En resumen

Y estas son para mí, amigos developers, las cinco claves más importantes para entender nuestro mundo. Espero que os sirva de ayuda la próxima vez que trabajéis con diseñadores. Y si no es así, no os preocupéis. Puede que, después de todo y aunque nunca jamás lo reconozcamos, tal vez sea cierto eso que se dice de nosotros:

Al diseñador gráfico no se le comprende, sólo se le ama

Cristina Santa Cecilia (Salamanca, 1978). Diseñadora visual en el departamento de User Experience de Telefónica I+D. Empezó su andadura en el mundo del diseño en el año 2001, y desde entonces ha participado en proyectos de diferentes ámbitos, desde el diseño editorial, web, móvil, TV, y 3D. Ha trabajado para clientes como Amena, Orange, Vodafone, Repsol y Cartoon Network. Actualmente participa en el diseño de aplicaciones móviles en el área de Future Comms.

índice de términos